〈弱者〉の帝国

ヨーロッパ拡大の実態と新世界秩序の創造

ジェイソン・C・シャーマン
矢吹 啓 訳

中央公論新社

まえがきと謝辞

本書を執筆しながら、過去、現在、未来の政治をめぐる考え方にとって極めて重要な歴史的問題をじっくりと考察する機会が得られたことは、一つの大きな喜びであった。国際政治における本当に大きな変化は、しばしば国際関係論の教科書や学問の主たる論点となっている、ヨーロッパの主要な連合による戦争《コアリション・ウォーズ》とはほとんど関係がない。ヨーロッパの戦争は、大国（国際的《コスモポリタン》かつグローバルな基準では必ずしも大国ではないとしても、偏狭《パロキアル》なヨーロッパの基準では大国）の顔ぶれこそ徐々に変えながら、基本的には分裂したヨーロッパという現状《ステイタス・クオ》を維持してきた。したがって、国際政治の変容に関しては、少なくとも過去五〇〇年間に——あるいは〔一四五三年の〕ローマ〔ビザンツ〕帝国の崩壊以来——ヨーロッパにおいて興味深いことは何一つ起きていない、と言うことさえできるかもしれない。

国際政治を根本的に変化させた転換《シフト》を探すなら、別の場所に目を向けなければならない。こうした変容の中で目立つのは、第一にはグローバルな国際システムおよびそれに伴う多文明秩序の創造〔の時期〕、第二には一〇〇年ほど続いたヨーロッパの諸帝国による世界支配という短期間だが極めて重要な時期、そして最後に脱植民地化とアジアの大国の復活というさらに短い時期である。私はこのうち第一のテーマ、つまり最初のグローバルな国際システムの創造に主に興味を持っている。この国際システムの創造は、ざっと一五世紀末から一八世紀末にかけて起きたが、これはそれ以前には切り離されていた地域システムの接合を促した、ヨーロッパ拡大というプロセスを中心としている。

重要なのは、この「ヨーロッパ拡大」を、ヨーロッパによる征服や帝国と同義だと解釈したりしないことである。それどころか、アフリカとアジアでは、この拡大のプロセスは、ヨーロッパ人の支配よりも服従に多くを負っていた。ことに当時のヨーロッパのどの大国よりもはるかに強大な東洋の諸帝国に出会った時、ヨーロッパ人には恭順する以外の選択肢がほとんどなかったのである。おとがめなしで済ませられると考えた時には、ヨーロッパ人はいつもすぐ暴力に訴えた。しかし、ヨーロッパ拡大を説明する際に、軍事力よりも重要なのは、現地の大国は陸と領土を支配することに関心を持っていたが、海についてはほとんど無関心だった一方で、ヨーロッパ人の目標は主として海洋的なもの——交易路と港湾拠点——だった、という偶然の一致である。こうした相補的な選択が、粗削りな《ラフ・アンド・レディ》共存を許したのだ。加えて、東洋と大西洋世界におけるヨーロッパの冒険的事業は、現地の同盟者と保護者、従属者との関係構築に決定的に依存していた。最後に、南北アメリカ大陸では、さまざまな伝染病《パンデミック》の流行のために、ヨーロッパ人の冒険者が現地の諸帝国を崩壊させることができたが、これらの有名な勝利の一方で、あまり知られていない敗北もあった。近世から現代にいたるまで、有効性（effectiveness）や効率性（efficiency）に関する機能的問題とはほとんど無関係の文化的刺激を受けて、各文明の軍事制度および政治制度における変化が進んだのである。

　このように極めて長期間、多くの地域にまたがる主張を展開し、こうした主張を裏付けるには、本書は非常に長くなるか、かなり短くなるか、のいずれかでなければならなかった。短い本を書くことになった理由は、普段は歴史にあまり関心を持っていない、学界内外のやや幅広い読者、またできれば普通は社会科学の本に触れることのない一部の人々に読んでもらうことを期待しているからだ。しかし、著者と読者の双方にとって短い本に恩恵があるとすれば、同時にその代償も大きいことを認めるのが筋だろう。

　短い本の主な不利益は、私の思考の源となった、このテーマに関する優れた著作すべてについて深く掘り下げ、議論する紙幅がないということだ。多方面の寛大な同僚や三人の匿名査読者《レビュアー》（彼らについてはまた後で言及する）からフィードバックが寄せられる中で、本書の叙述の中でもっと注意を向けることができるし、またそうすべき他の著者や理論、議論が数多く存在するということを繰り返し指摘されることになった。これらの評者の指摘は妥当である。もっと注意を向ける（ないし少なくとも言及する）ことができるし、またそうすべき他の著者や理論、議論はたくさんある。しかし本書では、これらの著者や理論、議論をおおむね取り上げなかった。これは各著者やコメントをしてくれた方々への冒瀆《ぼうとく》や、見解の相違の印ではないことを強調しておくことが非常に重要だ。また、私が依拠した研究を軽んじることで、本書の独創性を誇張しようとしているわけでもない。むしろ、本書の叙述は、研究や著述、またその他多くのことがトレードオフに基づいており、読みやすい短い本を書く際には、以前の膨大な研究を軽視することがそれでもなお正当化される、という熟慮を反映しているのである。

本書は、読者を既存の研究に没頭させることにはあまり関心がない。しかし、本書は部分的には、われわれがいまだにいかにヨーロッパ中心主義的であるのか、またそのために何を犠牲にしているのかについてもう少し熱心に考えるよう、（怒鳴りつけるのではなく）そっと注意を促す試みである。健全な考えを持つ、聡明な人々は皆、理屈のうえではヨーロッパ中心主義が悪いことだとすでに同意していることはまず間違いない。それでもなお、この問題がいかに根強く存在しているかを理解するには、国際政治や歴史に関する多くの書籍の目次や索引を眺めるだけでよい。世界の他の地域と比較した時に、ヨーロッパの地名やアクター、出来事が驚くほどに圧倒的多数を占めることが分かるだろう。まさにこうしたバイアス〔偏り〕が本書にも多少はあるが、より少ないことを願っている。

もっと詳細な文献レビューを含めるべきであるという賢明な助言の多くをあからさまに無視するにせよ、本書で提示する、私の議論の主要な論点の多くについて、親切にも草稿や口頭発表にコメントしてくれた方々に負うところが大きいのは事実である。〔オーストラリアの〕グリフィス大学という非常に刺激的で協力的な学術的環境でこの研究プロジェクトを開始し、〔イギリスの〕ケンブリッジ大学というとてもよく似た研究機関で完結させることができた私は、特に幸運だった。このために、私は二組の同僚たちの支援を受けることができたのである。

グリフィス大学が所在するブリスベンにおける研究の初期段階では、サラ・パーシー（Sarah Percy）と、特にイアン・ホール（Ian Hall）が、このプロジェクトの最初の試みのどこが問題なのか、またなおよいことに、どう修正すればよいかについて重要な助言を与えてくれた。私はグリフィス大学とオーストラリア国立大学で初期の草稿を発表した。またその少し後で、現在の研究拠点であるケンブリッジ大学の政治・国際関係学部、さらにヨーロッパ国際関係学会（European International Studies Association）で発表する機会を得た。一部の研究会には公式の討論者が呼ばれていた。彼らは、私の未完成な草稿を理解し改善するよう努めるという、かなり報われない要請をはるかに超える貢献をしてくれた。したがって、特にダニエル・ネクソン（Daniel Nexon）、ショーン・フレミング（Sean Fleming）、アレックス・ウィシガー（Alex Wiesiger）に感謝したい。本書の草稿を読んだ三人の匿名査読者も、同様に自らの利益を顧みず貢献をしてくれた。私のアイディアをこれほど入念かつ建設的に検討してもらうのは光栄なことであった。

アンドルー・フィリップス（Andrew Phillips）は、長年にわたるさまざまな議論――そのうち一部は本書に直接関わっているが、他は間接的にしか関わっていない――の中で、こういった研究をどのように行えばよいかについて多くを教えてくれた。ケンブリッジ大学では、政治・国際関係学部、またマヤ・スパヌ（Maja Spanu）とオール・ローゼンボイム（Or Rosenboim）が主催する国際関係・歴史研究グループが、この研究を完成させるのに理想的な環境を提供してくれた。ケンブリッジおよびロンドンでは、アイシェ・ザラコル（Ayse Zarakol）、ダンカン・ベル（Duncan Bell）、ジョージ・ローソン（George Lawson）が、国際関係論における大きな歴史的問題について熟考するのをさらに助けてくれた。また、プリンストン大学出版との最初の橋渡しをしてくれたデイヴィッド・ランシマン（David Runciman）には非常に感謝している。プリンストン大学出版では、サラ・カロ（Sarah Caro）が、草稿が受理され完成するまで一貫して著者を導くという極めて重要な役割を果たしてくれた。

この研究はタックス・ヘイヴンや資金洗浄《マネー・ロンダリング》、政治腐敗への私の関心とは大幅に異なるが、どんな研究にも時間がかかり、時間を確保するにはしばしばお金が必要だという点では共通する。オーストラリア・リサーチ・カウンシルは、研究助成金 FT120100485 と DP170101395 を通じて、とても気前よく研究資金を提供してくれた。『ヨーロッパ国際関係論雑誌』（*European Journal of International Relations*）に掲載された論文「軍事革命の神話――ヨーロッパ拡大とヨーロッパ中心主義」（"Myths of Military Revolution: European Expansion and Eurocentrism"）では、本書と同様の議論が初めて提示された。

ある意味で、本書は〔私がまだ子供の頃、〕ほぼ四〇年前に試みて失敗した、さらに野心的なプロジェクト「セカイの歴史」（"History of the Wold"［ママ］）への回帰を画している。運がよければ、その後に小学校、中学・高校、大学の教育を受けたことが、この二回目の試みを多少なりともより成功したものとする助けとなるだろう。

長期的視点について言えば、いつものように私の家族とビリャナに最大の感謝を捧げる。

目次

〈弱者〉の帝国——ヨーロッパ拡大の実態と新世界秩序の創造

私の家族とビリャナに捧ぐ

序論――軍事革命と最初の国際システム

一五世紀末から一八世紀末にかけてのヨーロッパ拡大は、最初の真にグローバルな政治・経済システムを創造する過程で、世界を変容させた。ヨーロッパ拡大は、クリストファー・コロンブス（Christopher Columbus）やヴァスコ・ダ・ガマ（Vasco da Gama）などの冒険者たちによる、ほぼ同時に進行した航海によって口火が切られた。大西洋を横断して南北アメリカ大陸にいたる西への航海、またアフリカの海岸を回り、インド洋を横断してアジアにいたる南と東への航海である。その後に起きた、海洋のいたる所でのヨーロッパ人の存在感増大《プレゼンス》は、しばしば優勢な軍事力、つまりより高性能の兵器およびそれを用いる優れた組織の所産であるとされている。軍事革命論として知られるこの議論は、ヨーロッパ拡大は主としてヨーロッパの軍隊と国家が海外の敵との競争に勝った結果だと主張する。なぜなら、ヨーロッパ人は出身地における激しい競争を生き延び、競争から学んだために、戦争の要求により適合していたからだ、というのである。この議論は、合理的学習とダーウィン主義的淘汰《とうた》が組み合わさることによって、競争が環境によく適合するより効率的な組織を生み出すという想定に基づいている。

本書で、私はこの説明の各要素に異議を唱え、これとは異なる説明を提示したい。近世には、ヨーロッパ人は、ヨーロッパにおいてさえ、非西洋の敵と比較して重要な軍事的優位を少しも享受していなかった。ヨーロッパ拡大は、ヨーロッパ人による支配の物語であるのと同じくらい、ヨーロッパ人の恭順（deference）と服従（subordination）の物語だったのである。拡大の先陣を切ったのは、国家の陸軍や海軍ではなく、少人数の冒険者の一団や特許会社であり、彼らは現地の同盟者との関係構築に依存していた。

ヨーロッパ人の成功と生き残りにとって重要だったのは、現地政体の陸上における優先事項《プライオリティ》への挑戦を避ける海洋戦略であり、また南北アメリカ大陸においては、人口の大変動を引き起こした病気であった。近世の偉大な征服者と帝国建設者は、実際には、近東のオスマン帝国から、南アジアのムガル帝国、中国の明《みん》朝と清《しん》朝にいたるアジア諸帝国だったのである。これらの大国に相応の関心を払うことが、しばしば既存の研究を偏らせてきたヨーロッパ中心主義を正し、戦争遂行と国家建設に関する、従来の因果関係の物語に疑問を投げかけるうえで役に立つであろう。よりコスモポリタンな視点は、軍事的発展と政治的発展の関係の多様性を明らかにすることになる。その関係では、共通の目的地へとつながる唯一の道ではなく、さまざまな結果をもたらす多くの道が存在していた。

この新しい視点は、ヨーロッパ拡大が国家主導の試みであり、ヨーロッパ人同士の戦争と同じ戦術と技術の利用を前提とする、という伝統的な見方とは対照的なものだ。新しい兵器、戦術、大規模な常備軍と、主権国家の勃興との間に密接な因果関係があるという考えに対して、この新しい視点は疑義を差し挟む。さらに広く見ると、本書で提示される議論は、軍事的競争が学習と排除の組み合わせを通じて、うまく適応した効率的な戦闘組織を生み出すというモデルを否定し、これに取って代わることになる。

最初のグローバルな国際システムが創造されたプロセスの重要性は、多くの点から明らかである。古来存在する、それまでは隔絶されていた広大な諸文明が、世界の他の地域と日常的に接触することになった。人々や物、病気、そして思想が初めて世界をめぐることになり、その結果として、各地の社会や自然環境が変化した。ただし、本書の目的として、世界政治に加えて、われわれが世界政治を研究する仕方に及ぼす、いくつかの重要な影響を集中的に論じることにしたい。

ほぼ五〇〇年間、一続きのグローバルな国際システムが存在してきた。この時期は、しばしば西洋による支配の時代と同義だとみなされている。国際システム研究の根底にあるさまざまな想定と、それを説明するために発展してきた諸理論は、いずれもこの西洋の軍事的、政治的覇権という前提に端を発している。しかし実際には、グローバルな国際システムが存在した期間の半分以上、このシステムは西洋によって支配されてはいなかったのである。その逆に、ムガル帝国や中国の明朝、清朝のようなアジアの大国と比べると、ヨーロッパ諸国は人口や富、軍事力の点で取るに足りなかった。このことがしばしば忘れられているという事実は、国際政治の歴史的発展に関するわれわれの感覚がいかに深刻にゆがめられているかを示しているし、また過去、現在、未来に関するわれわれの理解に大きな影響を及ぼしている。時と場所のバイアスは、ヨーロッパ諸国の重要性を一貫して誇張すると同時に、他の地域の大国の重要性を過小評価してきただけでなく、軍事および制度の発展の単一かつ決定論的な道筋を、歴史的規範の構成要素として定めてきたのである。

戦争の歴史は、社会科学の多くの理論を生み出し、検討するための素材として重要である。軍事力は、世界政治において究極の決め手とみなされている。大国間で繰り返される戦争がヨーロッパにおける軍事革新と国家建設を突き動かし、その結果として、これらの諸国は非ヨーロッパの政体を圧倒するために行使できる競争上の強みを手にすることになった、とする軍事革命論は、歴史を志向する社会科学研究の多くの根底にある。このテーゼは、主権国家の勃興と近代国家システムに関する、われわれの理解の土台になっている。研究者は国際秩序の盛衰にますます関心を持つようになっている。一五〇〇年から一八世紀末までの時期は、無数の歴史的遺産を通じて現代と密接に結びついている事例を提供している。その一方で、同時に、単一の文明による支配を受けることなしに、多元的な国際秩序がどのように機能していたのかを認識するよう促すほどに異質な事例でもある。国際政治の機能についてわれわれが知っていると考えていることのうち、実際にはどこまでが、西洋の国際政治の機能に関するヨーロッパ中心主義的な偏狭な視点なのだろうか？　近世ほどに、この疑問への答えをもたらす可能性を秘めている時期はない。

軍事的優位に基づくヨーロッパ人による支配という、「コロンブス的」ないし「ヴァスコ・ダ・ガマ的」な従来の歴史的視点からすると、日本や、直近では中国とインドのような新興国に関する懸念によりかき立てられた、西洋が支配するのではないグローバルな国際システムという展望は、前代未聞の出来事――未知への跳躍《リープ・イントゥ・ザ・アンノウン》――のように見える。近世アジアの大国を適切な文脈に位置づければ、こうした将来の世界はそれほど希有《けう》なことでも、奇妙なことでもないと分かるだろう。もしかするとそれは、比較的短期の不均衡を経た、歴史的規範への回帰なのかもしれない。これは、過去に関する見方を変えることが、現在と未来に関するわれわれの見方を根本的に変える一つの例である。

国際政治の機能に関する、時代を超える理論に、歴史がどう素材を提供してくれるのかを検討して、歴史学と社会科学という異なる学問領域の関係についての見解を提示したい。重要な結論は、歴史家と社会科学者には、それぞれがしばしば考えがちなよりも、多くの類似性があるということである。また、社会科学、特に国際関係論と政治学の研究者には、軍事革命論を覆すために、ヨーロッパ人とアフリカ、アジア、アメリカ大陸における他の文明の間の関係についての、最近の修正主義史家による著作から学ぶべきことがあると強調したい。近世のグローバルな国際秩序の創造およびその機能ほどに大きなテーマを理解する試みには、さまざまな学問領域の洞察が必要なのである。

議論の概要

最近出版されたある著作は、以下のように述べている。「〔軍事革命論をめぐる〕論争すべての中で、軍事革命がヨーロッパ植民地主義の基礎となったというパーカーの主張を実際に検証した研究者はほとんどいない。一四五〇年から一七〇〇年にかけてのヨーロッパの軍事革新は、実際のところどの程度まで、戦争での優位をヨーロッパ人にもたらしたのだろうか」*1。本書の第一章から第三章にかけて私が提示する証拠は、軍事革命論は、新世界におけるスペイン人による征服や、アジアとアフリカにおけるポルトガル人、オランダ人、イングランド人の交戦から得られる証拠とまったく一致しないということを示している。

そもそも、ヨーロッパ人が海外で用いた戦争の方式《スタイル》は、彼らが出身地で用いたものとはほぼ完全に異なっていた。わずかな例外を除けば、戦術、軍隊、組織のいずれも、軍事革命論やヨーロッパでの大国間戦争の類型に合致しない。槍兵《パイクマン》に守られ、密集するマスケット銃兵による斉射〔一斉射撃〕は、西・中央ヨーロッパでの戦争を支配するようになったが、ヨーロッパの外ではほとんど用いられなかった。外の世界における拡大は、諸国がヨーロッパで展開した巨大な軍隊ではなく、小規模な遠征軍によって推進された。そのうえ、多くの場合、これらの部隊は、その都度編成された冒険者の一団であれ、特許を受けた「主権会社」(company sovereigns) であれ、本質的に私的な部隊であった。さまざまな場所での異なる状況は一様でない反応を必要としたのであり、単一の優れたヨーロッパ流の戦争方法が存在したという考えの説得力をそいでいる。

より根本的には、この時期にヨーロッパの他の文明に対する全般的な軍事的優位というものは、おおむね存在しなかったのである。征服者《コンキスタドール》は、病気と現地同盟者、鋼鉄製の刀剣の組み合わせによって、南北アメリカ大陸で非常に有名な勝利を勝ち取ったけれども、[*2] その一方で、それほど知られていない敗北は彼らの無敵神話が間違っていることを示している。ヨーロッパ人は、アフリカにおける足掛かりを現地の統治者に黙認されて維持していた。一八〇〇年以前にポルトガル人などがアフリカの政体に挑戦した珍しい場合には、彼らはたいてい敗北した。ヨーロッパ人は、ペルシアからムガル、中国、日本にいたる、明らかにより強大な、アジアの諸帝国への恭順と服従という姿勢を一般的に採用した。これらの地域でも、ポルトガル人とオランダ人、イングランド人、ロシア人は、これらの帝国と衝突するという例外的な事例において、やはりいずれも苦い敗北を喫した。最後に、ヨーロッパと地中海においても、ヨーロッパ人はオスマン帝国に対して抵抗し続けるのに苦しみ、北アフリカでの軍事作戦では一貫して挫折を味わった。

ここまでの議論はかなり否定的《ネガティヴ》なものである。もし軍事革命ではないとしたら、いったい何がヨーロッパ拡大の最初の数世紀を説明するのだろうか？　私の建設的《ポジティヴ》なテーゼの主要点を明確に説明することが重要であろう。第一に、拡大は決して支配や征服と同義ではないということである。[*3] 近世のアフリカとアジアでは、ヨーロッパ人の存在感《プレゼンス》は圧倒的に海洋におけるものであり、重要港やシーレーンを通じた海洋交易の軍事的支配を重視していた。対照的に、非常に強大な現地政体は概して海に関心を払っておらず、陸と人の支配に関心を向けていた。この海洋と陸地という相補的な選択の一致が、「陸の支配者」と「海の覇者」の粗削りな共存を可能にしたのである。ヨーロッパ人の一般的な姿勢は、より強大な現地支配者に対する恭順というものであったが、確かにすべてが平和と調和に基づいていたわけではない。拡大は多くの暴力を伴った。より戦術的な次元では、ヨーロッパ人による、アフリカとアジアのより弱いアクターの威圧は、現地同盟者との関係構築と、現地のさまざまな状況への軍事的、兵站的、政治的、文化的適応に依存していた。最後に、南北アメリカ大陸では、すでに触れたように、最も強大な帝国を滅ぼし、それ以降の土着民の抵抗力を奪い続けた病気と人口動態という別の要素もあった。

アジアの西端から東端に及ぶ戦争と政治、社会の相互作用に関して、それほどヨーロッパ中心主義的ではない、より大局的な視点をとることは、従来の知識の主たる原理《テネット》をさらに損なうものである。九〇〇年から一二〇〇年にかけて火薬兵器を発明し、発展させた中国人は、ヨーロッパ人よりも数世紀前に、軍事と行政に関する、近代性の重要な指標をすでに手にしていた。オスマン人とムガル人は、一六世紀と一七世紀におけるヨーロッパ諸国のいずれよりもはるかに多くの人々と富、軍事力を統《す》べる政体を創り上げた。ムガル人は、一八世紀の初めに帝国が分裂し始めるまで、支配領域の周縁における、本質的に取るに足らないヨーロッパ人の存在感を圧倒していた。オスマン人は、初めはローマ帝国の最後の残滓《ざんし》（ビザンツ帝国」を破壊することで、またその後はアラビア半島と北アフリカ、ヨーロッパ南東部を征服することで、敵を押しつぶした。

これらのアジアの諸政体に関する理解は、ヨーロッパにおける発展に関するわれわれの視点をどう変化させるだろうか？　第一に、軍事的有効性（military effectiveness）への唯一の道筋という考え、つまり技術であれ戦術であれ必要十分な要因が連鎖して、戦争が国家を作り出すという考えを否定する。第二に、ヨーロッパの小政体による比較的短期の成功が、あまりにしばしば、まるで画期的な大勝利であるかのように描かれる一方で、強大で長命のアジアの諸帝国はただ衰退を待つだけの存在とみなされるステレオタイプを打ち壊すことになる。

ここまでの議論は、最後にはヨーロッパ人が勝利したという、明白な反駁《はんばく》を避けているかのように思われるかもしれない。これに応《こた》えて、結論の章では、ヨーロッパの軍隊が前途にある（ほとんど）すべてを勝ち取った、一九世紀の「新帝国主義」の経験に照らして、近世から得られる教訓を検討する。さらに「新帝国主義」を、脱植民地化およびさまざまな共産主義者やイスラム主義者の反乱に対する西洋の敗北に特徴付けられる、二〇世紀のヨーロッパの縮小と対比する。この章では、ヨーロッパ人の帝国は崩壊し、その軍事能力は縮小したのであって、ヨーロッパ人は最終的に勝利しなかったと論じることになる。米国でさえ、過去半世紀には、非西洋の軍隊に対して勝利するよりも敗北を喫することの方が多かったのである。

私の主張はこうだ。近世の終わりから現代にかけての出来事の大枠は、合理的な効率性と淘汰に基づく説明に対する思想と正統性、文化の優越性を裏付ける傾向がある。加えて、これらの出来事は、技術と戦場での卓越が軍事的有効性と地政学的成功の頼みの綱であるという考えに疑問を投げかけるものでもある。一九世紀の帝国は、多くの場合、そのヨーロッパ国家の軍事力や経済力を拡大するのにはほとんど役立たない、本質的には威信のプロジェクトであった。脱植民地化をめぐる闘争では、技術的にも行政的にも先進的な社会と軍隊が、それよりも劣る社会と軍隊に毎度のように敗れることになった。ヨーロッパ諸国は戦闘の大半に勝利したが、戦争のほとんどに敗北したのである。このパターンは、二〇世紀末と二一世紀初頭の米国の対反乱戦争でも再現された。このことは技術の重要性、また軍の適応がより同質的な組織――非対称戦という今やなじみ深い考えの一環としての、より多様な組織ではなく――になるように導いていくという想定に疑問を投げかける。

これらのより全般的な各論点と、歴史学と社会科学の関係については、本序論の後半でさらに掘り下げることにしたい。しかし、ここではまず、軍事革命とは何か、また軍事革命がヨーロッパ拡大をどのように説明すると言われているのかを概観することを優先したい。

軍事革命とは何か?

軍事革命論の基礎となる主要な考えのうちのいくつか、特に火薬兵器およびヨーロッパにおける軍事競争が決定的な役割を果たしたという考えは、何世紀にもわたって存在している。それは特にモンテスキュー(Charles-Louis de Montesquieu)やギボン(Edward Gibbon)、ミル(John Stuart Mill)、バーク(Edmund Burke)、アダム・スミス(Adam Smith)、シュンペーター(Joseph Alois Schumpeter)らの著述に見られる。[*4] それでも、その現代的な形態としては、軍事史家のマイケル・ロバーツ(Michael Roberts)が一九五五年にこの議論を最初に提示することになった。ロバーツは、一五五〇年から一六五〇年にかけてのヨーロッパの急速な軍事的、政治的変化が相互に連鎖するプロセスにより、中世を近代世界からはっきりと切り離すものとして、軍事革命を考察した。(国際関係論の研究者にとっては、三十年戦争を一六四八年に終結させたウェストファリア条約が、慣習的に近代の始まりを画していることに留意すべきだろう。)ロバーツの議論には、四つの重要な要素がある。戦術、戦略、軍隊の規模、国家の発展である。

戦術の変化は、オランダ人の改革者が戦場で古代ローマの横隊を採用し、マスケット銃兵に斉射の訓練を始めた一五九〇年代頃に訪れた。その数十年後、スウェーデン王グスタフ・アドルフ（Gustavus Adolphus）は、この革新を軽野戦砲兵および騎兵突撃の再導入と組み合わせた。これらの新戦術を会得するには、いっそうの訓練、特に広範な教練、またより多くの士官が不可欠であり、したがって恒常的な、俸給制の職業常備軍が必要になった。中央ヨーロッパにおける三十年戦争という連合による戦争《コアリション・ウォーフェア》では、複数の軍隊が軍事目標を達成するために利用され、戦略目的が拡大した。第三の変化は、軍隊がはるかに大規模なものになったことであり、これは「戦術における革命によって可能になり、また三十年戦争の状況によって必要になった、戦略における革命の結果」であった[5]。支配者が武装させておく兵士の総数だけでなく、各戦闘に投入される兵士の数も増加したのである。

最後に、一番重要なことだが、より大規模な職業常備軍は、それを維持するのにはるかに大きな資金が必要になる。統治者は、中央集権化された階層的な行政機構を発展させ、必要な資源を引き出すために社会の深奥部まで手を伸ばさなければならなかった。ここに、戦争の変化と近代国家の発展を結ぶ重要なリンクがあった[6]。「組織的犯罪としての戦争遂行と国家建設」（“War Making and State Making as Organized Crime”）と題する優れた論文で、チャールズ・ティリー（Charles Tilly）はこのプロセスを以下のように説明する。「それどころか、一四〇〇年以降、ヨーロッパ諸国が追求したより大規模で常設、より支出の大きな類いの軍事組織は、諸侯の予算と税金、家臣を劇的に増加させた。一五〇〇年頃からは、こうした高価な軍事組織を創出することに成功した諸侯は、実際に新領土を征服することができた」[7]。このように、成功は自己強化的《セルフ・リインフォーシング》な正のフィードバック・ループをもたらすとされた。つまり、より多くの資源がより強大な軍事力を生み出し、それがさらなる資源を生み出すというのである[8]。これらの各要素は、たまたま他の要素と同時に起こった変化ではなく、同じ因果関係の連鎖における他の要素を必要とするとされた。また、このプロセス全体を突き動かすものは、軍事競争であるとされた。変化についていけない国は敗北し、あるいは完全に排除されるかもしれない。軍事革新と学習、模倣、排除を駆り立てるダーウィン主義的な軍事競争というこの考えは、歴史学と社会科学の研究において繰り返し登場するテーマであり、本序論の最後で詳細に扱われることになる。

軍事革命と西洋の勃興

ロバーツの議論の影響力は大きかったが、ヨーロッパ域外での出来事には間接的にしか関係していなかった。ジェフリー・パーカー（Geoffrey Parker）による次のステップは、ヨーロッパでの戦争における進歩を、西洋の勃興とより広範に結びつけることであった。その結果として、軍事革命論は、今では西洋の勃興をめぐる議論、またヨーロッパの内よりも外での発展をめぐる議論にとって重要になっている。[*9] パーカーはまず、変化の源泉として戦術よりも銃砲と要塞を重視し、ロバーツの元の議論を修正することから始めた。具体的には、一五世紀には、新しい大砲が中世城砦の壁を破壊できるようになった。急に無防備になった統治者は、砲撃にも耐えられる低く分厚い壁に守られ、攻撃者を交差する射界に捉える尖った稜堡《アングルド・バスティオン》〔死角をなくし、城壁付近の敵にも十字砲火を浴びせられるように、外郭に突き出した角型の防御施設〕を備える新型要塞という解決策を我先《われさき》にと追求した。しかし、問題なのは、イタリア式築城術《トラス・イタリアンヌ》を用いた新型要塞の建設には膨大な費用がかかり、要塞に駐屯させたり要塞を攻撃したりするために、大規模な、また相応に高価な軍隊を必要とすることであった。このようにパーカーは、ロバーツとは異なる議論の道筋をたどって、戦争と国家建設の交わりについて、ロバーツと同じ結論にたどり着いた。それは、より多くの資金と兵士を手に入れるためには、中央集権化された行政機構を発展させることが必要だった、というものである。やはり、軍事競争が変化の原動力であった。統治者は、戦争に負けないためには、これらの新しい流行についていかなければならない、ということを学んだのである。学ばなかった者は、征服され、舞台から姿を消してしまうリスクがあった。ロバーツとパーカーの両者は、国家装置を中央集権化し拡張する圧力に並行して、小規模な封建領主および私的に武力を振るう者は軍事革命の要求を満たすことができず、したがって次第に新しい「財政＝軍事」国家に吸収されていくという傾向が存在するという。*10

しかし、パーカーの議論で最も重要な新機軸が、ヨーロッパにおける戦争の性格の変化と、南北アメリカ大陸、アフリカ、アジアにおけるその後のヨーロッパ拡大とを直接結びつけたことだったのは間違いない。ヨーロッパの中での軍事競争の圧力は、世界の他の地域の軍事組織と比べて、軍事的有効性でまさる組織を生み出したとされた。パーカーは自身のテーゼを以下のように要約する。「一五〇〇年から一七五〇年までにヨーロッパ人が史上最初の地球的規模の帝国を築くのに成功した秘訣《ひけつ》は、『軍事革命』というヨーロッパ人の戦争遂行能力の向上にあった」*11

軍事革命論のヨーロッパ的側面とグローバルな側面とを結ぶ重要なリンクは、軍事革命に伴う海戦における進歩である。新しい専用軍艦は、もっと遠くに乗り出すために進歩した航海・設計技法を利用すると同時に、船を沈め陸上の標的を砲撃することのできる幾列もの大砲を搭載していた。新型要塞と同様に、大砲で武装するこれらの軍艦は非常に高価で、競争に負けないように、さらなる税収だけでなく社会に浸透する国家介入を求める圧力を高めた。中世の海戦を繰り広げた封建的集団や私的集団は、これらの要求に対して力不足で、したがって戦闘の第一線から外された。*12

他の文明と比較した場合の西洋の軍事技術と組織の強みは、かなり早くから利益を生んだとされる。「一六五〇年までに、西洋はすでに、中央・北東アメリカ、シベリア、サハラ砂漠以南のアフリカ沿岸部の一部、またインドネシア群島とフィリピン群島の一部という四つの個別地域で軍事的優勢を達成していた」[13]。パーカーによれば、〔以下四つの要素の組み合わせが、〕一七五〇年までにヨーロッパ人が世界の陸地の三分の一ほどを支配下に置くことを可能にしたのであった。マスケット銃や大砲のような新兵器、新戦術、海を横断し、目的地に到着したら海洋領域と沿海領域を支配することのできる新型軍艦、また最後に、新たに中央集権化された近代主権国家の財政的、兵站的《へいたん》、行政的手段の組み合わせである[14]。

一部の歴史家は、これらの特定された変化の時期と期間、革命的性格について疑問を呈しているが[15]、このテーゼはヨーロッパ拡大の説明として広く受け入れられている。これは部分的には、この説明がずっと昔からある、確立された伝統的な見解に基づいており、またそれを補完するものだからである。ヨーロッパ域内での特に激しい安全保障をめぐる競争のおかげで発展した、優れた軍事技術・技法のために、ヨーロッパが一五〇〇年頃から他の文明に対して優位に立ち始めたという考えは、広く流布し続けている[16]。

確かに、こうした議論には重要な多様性がある。一部の研究者は、ヨーロッパ人の軍事的な強み自体が、その基礎にある制度的、経済的な利点の産物であり、制度的、経済的な利点もまたヨーロッパ国際システムの並外れて競争的な性格を反映している、と信じている[17]。ヨーロッパの軍事的優位に先立つ、ないしそれを生み出した、有利な地理や文化の特性を指摘する者もいる[18]。別の研究者は、西ヨーロッパにおける軍事競争の特殊な形態が、革新を特に刺激したと考えている。例えば、世界の中でも騎馬遊牧民に脅かされない少数地域の一つである西ヨーロッパの人々は、騎兵軍に対抗するためではなく、歩兵戦に役立つような初期の銃砲の改良に集中した[19]。

国際関係論分野の研究者も、同様のロジックに依拠する傾向がある[20]。トンプソン（William R. Thompson）の「軍事的優位論」[21]を受け継ぐマクドナルド（Paul K. MacDonald）は、まさに軍事革命論を模して、なぜヨーロッパが世界の他の地域のほとんどを征服したのかをめぐる、国際関係論での支配的な理解を以下のように要約する。

ヨーロッパの戦争は、一六世紀初頭に大きな変容を遂げた。陸上では、火薬兵器の普及に加えて、これらの兵器に耐えるよう設計された特殊な要塞が戦闘の性格を変えたのである。……ヨーロッパ諸国は大規模な常備軍を召集することをますます余儀なくされ、こうした常備軍は高度に訓練され教練を重ねた歩兵隊を中心としていた。……この「軍事革命」はヨーロッパ諸国間の競争によって突き動かされていたが、その予期せぬ結果として、ヨーロッパと世界の他の地域の間で軍事力の差が拡大することになった。[*22]

ヨーロッパによる最終的な支配を経済的要因によるものとして説明する社会科学者でさえ、この説明の重要な部分としてしばしば軍事革命論を利用する。例えば、経済学者のダグラス・ノース（Douglass North）は以下のように問いかける。

最終的な世界の覇権へと導いた、西ヨーロッパの拡大を引き起こしたのは何だったのだろうか？　決して完璧とは言えないが、おおよその説明の一環として、中世後期に起きた軍事技術の革命がある。クロスボウ、ロングボウ、槍《パイク》、火薬が、戦争の組織と資本コストに大きな影響を及ぼした。戦争の費用が増大したのである。それに伴って、政治的単位（political units）の生存コストも増大した。王侯は自力で生き延びるべきとされていたので、財政収入を増加させる方法を考え出さなければならなかった。[*23]

この問題にマルクス主義の観点からアプローチする研究者も、深遠な経済的要因と地政学的結果の関係を論じるために、軍事競争のロジックを利用する。

> 中世末および近世のヨーロッパでは、一つの帝国ないし国家が大陸全土を征服する可能性はほとんどなかった……このことは、軍事競争と戦争が何世紀にもわたってヨーロッパの生活でほぼ不変の特徴となった、より不安定で流動的な地政学的環境に一役買っていた。……ヨーロッパの軍事部門の急速な成長は、もしかすると、より強大な財政能力および組織能力の発展と並んで、ヨーロッパがのちに海外征服に成功することになる重要な理由の一つだったのかもしれない。[*24]

国際関係論の研究者の多くにとって、このナラティヴははっきりと明言されないにもかかわらず影響力があり、なぜ世界がこういうものなのか、またどうしてこうなったのかを説明する基礎であると考えられている。現代の国際政治に大きな影響を及ぼす、世界史上で最も重大な軍隊と征服の持続的使用として、ヨーロッパ拡大の歴史を検証し説明することは、社会科学者にとっての最優先課題であるはずである。それにもかかわらず、最初のグローバルな国際システムの創造、「新帝国主義」の時代における、世界の他の地域に対するヨーロッパによる比較的短期間の支配、また二〇世紀のこれらの世界にまたがる帝国の崩壊という非常に大きな出来事に関して、国際関係論の研究はほとんどなされていない。これは、世界政治を絶対的な存在意義とする学問にしては驚くべきことである。ある程度まで、これは国際関係論の本来の関心が「文明」国間の関係に限定されるという姿勢の遺産を反映しているのかもしれない。[*25]

軍事革命の主な特徴と、それが西洋によるグローバルな支配をどのように説明すると言われているかを提示したので、すでに言及したより全般的な三つの論点に立ち戻ることが重要である。三つの論点とは、われわれが世界の他の地域と比べてヨーロッパを研究する仕方、歴史家と社会科学者による軍事革命の扱いの差異と類似、また学習と競争が機能上効率的で、うまく適応した有効な組織を生み出すと推論する傾向である。この最後の論点に関する議論をしっかりと補強するために、従来の合理的機能主義のロジックとより文化的なアプローチの間の差異を明瞭に際立たせてくれる、戦争で魔術を使用するアフリカの戦争の事例を用いたい。

ヨーロッパ中心主義

軍事革命論は、なぜヨーロッパ人が勝利し、他の者が皆、敗北したのかを説明する議論に拡張される前は、当初ヨーロッパにおける発展をめぐる議論であった。研究者が共有する難問は、ヨーロッパの何が特殊だったのか、というものである。なぜ、この地域は中世のさえない起源から、のちに世界を支配するまでになったのだろうか？　以前の研究者は、ヨーロッパ人が生まれつき他の民族よりも優れていたと臆面もなく確信していた。[*26] この姿勢は不評になっているとはいえ、かなりのバイアスが今でも残っている。

そもそも、ヨーロッパ、特に西ヨーロッパについては、世界の他の地域よりもはるかに多くの歴史や社会科学の著作が存在している。ヨーロッパに独特な偉業とされた主張の多くは、世界の他の地域に関する無知の裏返しだと判明することになった。他のすべての事例を無視すれば、どんな事例も独特に見えるものである。この研究の不均衡が是正されたというにはほど遠いが、他の地域に関する新研究は、ますますヨーロッパ例外主義《エクセプショナリズム》の主張を突き崩している。「ある領域において——例えば、所有権や一人当たりの収入、労働生産性、大砲製造——ヨーロッパには強みがあったと誰かが主張するたびに、その主張は間違っていると指摘するアジア史家が現れる。ヨーロッパ例外主義の論拠は、まるで毛糸玉のように解きほぐされてきた」と、ある歴史家〔トニオ・アンドラーデ〕は述べている。[*27] 特定の時や場所に囚《とら》われない政治の一般理論を打ち立てるという大望にもかかわらず、国際関係論の研究者は、しばしば近視眼的なヨーロッパ重視、またそれに付随する、世界の他の地域が経験した事柄への無関心という欠点も抱えている。[*28] 本書の主眼の一つは、ヨーロッパ以外の地域や文明に同様の重みを与えることで、このバランスを調整する一助となることである。

ヨーロッパ中心主義は、それが政治的に不適切であるというだけではない。それ以上に、われわれが過去と現在を説明する能力を大きく制約しているのである。第一に、先に引用したように、ヨーロッパには何か非常に独特な特色があると証明するためには、それ以外の地域についても慎重かつ詳細な研究を行う必要がある。例えば、ヨーロッパの軍事競争は、本当に他の地域とは大きく異なっていたのだろうか？第二に、ヨーロッパを独特なもの（*sui generis*）と捉《とら》えることとは対照的な視点として、ヨーロッパは普遍的なモデルであり、他者が従う正常かつ自然なパターンを定義する——たとえ他者が、それをもっと後の歴史段階で模倣するほどに遅れているとしても——とみなす視点がある。第三に、ヨーロッパで特定の順序に起きた出来事には因果関係があり、必ずその順序で起きなければならないと考える傾向がある。軍事革命論は、この点で好例を提供している。つまり、新しい技術と戦術が普及し、それに続いて偶然、その直後に軍隊が常備軍になり専門職化したというだけではない。それどころか、新しい技術（銃砲）と戦術が職業常備軍の出現を引き起こしたのであり、職業常備軍だけがこの新技法を用いることができた、という議論なのである。同様の必然的かつ普遍的な関係が、軍隊規模の増大と近代国家の発展の間に存在するとされる。しかし、同様のプロセスが他の地域で展開した道筋との比較をせずに、このような密接な因果関係の主張を信じることはやはり難しい。

あまり意識されないが、極めて重要なもう一つのバイアスは、背後仮説（background assumption）〔明示されない前提〕が根本的な問題と研究の出発点を定めるさまである。例えば、ヨーロッパの大陸をまたぐ拡大に関する著述のほとんどでは、拡大するための手段を手にする文明は、ヨーロッパがそうしたのと同じように自らの領域から外に出て、世界の他の地域を征服しただろうし、またある意味ではそうすべきだったという考えが暗示されている。この考えが事実として間違っているという点（中国人は一五世紀に海外帝国建設に必要な海軍技術と軍事能力を有していたが、帝国建設を追求しなかった）を除いても、そもそもなぜこう想定するのかという、より深遠で通常は問われることのない疑問がある。さらに重要なのは、この物語《ストーリー》の「結末」、つまりヨーロッパによる支配を始点として、それから歴史をさかのぼるという習慣だ。この習慣は、必然的なヨーロッパ人の成功とされるものの前兆や、同様に避けようのない他の民族の失敗を探そうとする傾向を生み出す。[*29] 説明のための歴史的始点は、その結論に影響を及ぼすことになる。「ある地域よりもある時代［一五〇〇年以降］に注意を振り向けることで、西洋の学者は、あからさまにアジアの文化や政体を非難したり、狭隘《きょうあい》なヨーロッパ中心主義に立った世界観の肩を持ったりすることなく、西洋をあらゆる議論の中心に位置づけ、また遅れたアジアを西洋の歴史に従属させることができる」。[*30] 逆に、物語の「結末」を脱植民地化後のある時期、ないし最近の中国のような諸国の再興とするなら、物語をまったく異なる角度から見ることになる。[*31]

研究対象とする期間の始点と終点に関する決定が重要であるならば、なぜ本書は近世に特に焦点を当てるのだろうか？　一五世紀末という私が選んだ始点そのものにバイアスがかかっているという批判には、確かに一定の意味がある。なぜなら、この始点はヨーロッパ拡大の時期の開始を反映するからだ。そのうえ、イスラムと中国のさまざまな征服者が成し遂げたことを考えると、西洋人が近世の唯一、ないし最も重要な帝国建設者であったとみなすことは、大きな間違いだろう。逆に、本書が西洋の軍事的勃興を扱うとすれば、なぜ本書の物語は西洋の諸帝国の絶頂期、二〇世紀のある時点、ないし脱植民地化の始まりではなく、一八世紀末から終幕に向かうのだろうか？

この点について、歴史家と社会科学者は、産業革命が始まった後のヨーロッパによる支配の説明は、それ以前の三世紀におけるヨーロッパによる支配の説明とはまったく異なる問題であると一般に合意している。[*32] パーカーの元のテーゼが扱う範囲は、この時期区分を反映している。一九世紀に西洋が支配的だったという考えに疑問を呈す者はほとんどいないが、この考えが近世に適用されることに異論を唱える批判者はますます増えており、私もこの懐疑を共有している。議論の核心は、南北アメリカ大陸やアフリカ、アジアの諸政体との日常的な交流が始まった後から、多くの研究者が一八世紀末の「大分岐」（great divergence）とみなすものまでの時期に、[*33] 西洋は軍事的優位を享受していたのかどうかである。ただし、公平を期すためには、その後の時代の視点から見た時に、私の議論がどう評価されるかを検討することが重要である。したがって最終章では、一九世紀の「新帝国主義」、また一九四五年から現代までの脱植民地化と反乱のプロセスに目を向ける。ヨーロッパ人は――その後敗北するのに先立って――最終的にどのように勝利したのであろうか？

歴史学と社会科学

歴史家と社会科学者は、しばしばお互いの研究をあまり評価しない。ある（匿名の）査読者は、私の議論の草稿を読んで以下のように述べている。

著者は、歴史家の社会科学理論に対する軽蔑、つまり嫌悪や完全な無視に近い姿勢を、もしかすると過小評価しているか、または（上品にも）非常に控えめに述べている。軍事史家は歴史家一般ほどには政治学を蔑視していないが、それ〔歴史家一般との比較〕は〔蔑視の度合いを測る〕基準値としては実に極めて低いものである。

別の著名な軍事史家〔コリン・グレイ〕は、同様の感情をあらわにして、めったにない接触《コンタクト》の後で以下のように述べている。「概して報われることのない国際関係理論の森に、一時足を踏み入れたことを謝罪する」（もう少し楽観的に、しかしやや皮肉を込めて、彼は「残念ながら……過去、現在、未来のいずれの時期であれ、戦争を扱う書物では避けられないことだと考えるべきである」と続けた。[*34] 社会科学者も、同じくらい露骨な歴史家のステレオタイプを用いて、しばしばやり返す。[*35]

　このような相違にもかかわらず、歴史家と社会科学者は、ヨーロッパ拡大における軍事革命の性質およびそのグローバルな影響について、非常に類似する見解をとってきた。国際関係論や同種の分野の研究者は、たとえしばしば暗黙のうちにでも、ロバーツとパーカーが提示した議論に大きく依拠している。[*36] 歴史家について言えば、非常に社会科学的な説明様式を採用することがよくある。両者は、往々にして同じ不適切なヨーロッパ中心主義を共有する傾向がある。これらの共通点と部分的一致は、政治学者や社会学者、社会科学分野のその他の研究者が、歴史家とは根本的に異なる種類の研究に従事していると描くステレオタイプの誤りを際立たせている。こうした風刺的描写《カリカチュア》は、歴史家は詳細と特異性に焦点を合わせることで豊かな叙述を生み出すが、因果関係の説明や、社会科学を特徴づける大局的かつ普遍的な理論化を避けるということを示唆するものである。軍事革命と西洋の勃興に関する限りでは、これ以上に実態からかけ離れていることはない。むしろ、歴史家は単純化され、融通の利かない、普遍的な因果関係の物語にやや熱中しすぎているのかもしれない。少なくともこの研究分野では、歴史家は、経済学者が競争的市場における企業について考えるのと同じように、競争的環境における組織は迅速かつ有能な学習者であるという考えに驚くほど心を奪われている。しかしながら、多様な学問領域の研究者たちが同種の問題に目を向け、境界を横断する意見交換により、同じような言葉を用いて説明しようとしている事実は、極めて建設的なことである。何を問題とすべきかを議論する必要がなく、答えを探すのにより多くの時間を費やすことができるからである。

　しかし、これまでのところ、世界政治を専門とする研究者は、西洋の勃興に関する議論において驚くほどに周縁的な存在だ。戦争と平和の問題、特に軍事的競争と不確実性という考えに執着する、国際関係論という学問領域は、〔この議論の中で〕中心的な役割を果たすと思われるかもしれない。〔ところが〕実際には、いくつかの例外を除いて、その不在が際立っている。[*37] 国際関係論は、国際政治における過去一〇〇〇年で最も重要な二つの出来事——西洋と主権国家の（対をなす）支配——について、直接であれ間接であれ、軍事革命の功績を認めているという事実にもかかわらず、である。この学問領域の主流は、ますます挑戦を受けつつある歴史的説明を軽率にも根本的に信頼してしまう傾向がある。これは関係者すべてにとっての機会逸失である。

それなら、歴史的発展を説明するうえで、政治学者は歴史家にいったい何を提供することができるだろうか？　奇妙に思われるかもしれないが、社会科学者として私が目指す貢献は、説明の下敷きとなる社会科学の一般的な想定や概念、手段に関する懐疑を促し、これらの想定や推論方法の問題と陥穽《かんせい》を示すことである。具体的には、効率的かつ合理的な学習、またよりうまく適応したアクターを作り出す競争的な軍事環境という極めて安易な想定ではなく、文化的要因が少なくとも同程度に重要になる視点の論拠を示したい。では、従来のモデルの問題とはいったい何なのか、また文化的な代替モデルはどう機能するのだろうか？　以下でこの問題を提示し、いかに文化的な代替モデルがより優れているかを示唆する。また戦争での魔術に関する事例を通じて、〔これらのモデルの〕差異を示してゆきたい。

何が組織を形作るのか？——学習と淘汰を問う

何がヨーロッパ拡大を駆り立てたのか、あるいは駆り立てなかったのかに関する大きな歴史的議論に加えて、本書では軍隊や国家のような制度の変化の説明も試みることになる。このために、まず学習、適応、排除の作用と影響に関する一般的な想定に挑戦する。これらのしばしば暗黙の想定は軍事革命のロジックを支えているが、これらの想定が歴史と諸制度に関する一般通念にも重大な影響を及ぼしているのを認識することが重要だ。[*38] 議論を束ねるために、また総合《ジンテーゼ》の精神において、私はジェレミー・ブラック（Jeremy Black）とウェイン・リー（Wayne Lee）という二人の軍事史家、またヤン・エルスター（Jon Elster）とジョン・マイヤー（John Meyer）という二人の社会科学者が提示する、相補的な議論に主に依拠する。非常に異なる出発点から研究をしているにもかかわらず、これらの歴史家と社会科学者は、戦争でか、その他多くの領域でかを問わず、競争的環境がうまく適応した有効な組織を生み出すという考えに対して、相補的で強力な批判を浴びせている。

学習は、試行錯誤のプロセスを経るか、成功した仲間や競争相手を模倣することにより、さまざまな組織のパフォーマンスの評価に基づいて、戦略や制度の成否を見極めるアクターを必要とする（賢者生存、ということかもしれない）。淘汰は、自然界での「適者生存」の類推《アナロジー》に基づいている。失敗したり適応を誤ったりしたアクターはそのシステムから排除され、よりうまく適応したアクターだけが残される。環境的条件と淘汰の圧力が変化するにつれて、成功した生存者の母集団も変化する。軍事史について書く者は、たいてい〔学習と淘汰〕両方のメカニズムを利用する。戦闘や戦争の敗者は勝者の特色を模倣することを学ぶ一方で、学習できない、ないし学習しようとしない者は、結局は征服される。この点から、なぜ戦闘の繰り返しが軍事的効率性を高めるとされるのかが明らかとなる。戦争は、軍事組織が自らのパフォーマンスを評価し、他者から学ぶ機会をもたらすと同時に、競争圧力に対応し損ねる者を淘汰するのである。

学習

ブラックは、「パラダイム拡散」（paradigm-diffusion）アプローチと彼が呼ぶものが、軍事史家の間で最も一般的な変化モデルだと判断している。このアプローチは、特定のアクター（ほぼ常に西洋人）が客観的に見て優れた新しい技術や技法を考案し、この革新はその後、不確実性の蔓延《まんえん》する環境において競争に負けないように、他者によって模倣されると考える。したがって、ブラックは「軍事能力とパフォーマンスを最適化するために社会が適応するというやや荒削りな信念」について語り、「自動的ではないにせよ、何か機械的な効率性の追求」という考えに歴史家が依存していることを明らかにする。[*39] リーは、軍事史における「挑戦と反応」（challenge-and-response）ダイナミクスの想定について語る際に、同様の見解を表明する。「この暗黙のダイナミクスは……直接の意識的反応の一つである。つまり、歴史のアクターが新システムや新技術の必要性を決定し、したがってそれらを開発したのである」。[*40]

　この観点とは対照的に、エルスターはアクターが論理的に考えて学習する能力をほとんど信用していない。[*41] 集団としてのアクターについては特にそうである。学習は不確実性の影響の克服に依存しているが、エルスターはこの不確実性が社会的世界（social world）では概して圧倒的だと信じている。[*42] 一見すると、組織のパフォーマンスを改善する際に何が有効で、何が有効ではないのかを発見し、この知識をうまく適用することはアクターにとって簡単だと思われるかもしれない。実際には、学習がうまくいくためには、多くの厳しい要件が満たされなければならない。詰まるところ、問題はこうだ。社会的世界において因果関係を特定することが容易であり、統治者や将軍が常に正しい選択をすると仮定できるとしよう。それなら、なぜ社会科学者と歴史家は、後知恵の大きな利点を享受しているにもかかわらず〔因果関係を明らかにするのに〕悪戦苦闘するのだろうか。

　これと似ているのは、「戦争の霧《フォグ・オブ・ウォー》」に関するクラウゼヴィッツの考えかもしれない。この考えによれば、「戦争とは不確実性の領域であり、行動の基礎となる諸要素の四分の三は、多かれ少なかれ不確実性の霧に包み込まれている」。戦争の霧という考えは、因果関係の正確な分析がかなり簡単であるという見解よりも、第一級の疑問をめぐる研究の不確実性および意見の相違の存続と一致するものである。教訓の実践は、クラウゼヴィッツのもう一つの有名な考えであり、最も簡単なことでさえ困難にしてしまう「摩擦」によって妨げられるかもしれない。なぜなら、「戦争では、他の何ものにもまして、物事はわれわれの予想通りにはならない」からである。[*43]

軍事革命に関する文献での、学習の重要性の例を挙げると、例えばフィリップ・ホフマン（Philip T. Hoffman）は、『なぜヨーロッパは世界を征服したのか』（*Why Did Europe Conquer the World?*）で提示される自身のモデルにおいて、学習を極めて重視している。「職業兵士には、誰でも最も有効な戦術と兵器、組織を採用しようとする十分な動機があった」と推論した後で、彼はこう続ける。「統治者は戦争を戦い、その後、敵に対して有効だったものを利用した。学習は戦争中、ないし戦後に行うことができ、戦後には敗者が勝者を模倣し、双方が自ら行ったことを修正できた」。[*44] とはいえ、この「何が有効だったか」を見極めるプロセスは、決してそれほど簡単なことではない。[*45] 戦争での勝敗は諸要素の複雑で多様な組み合わせの結果であり、統率や士気のように、最も重要な要素の多くは実体のないものである。現代の軍事的有効性に関する研究は、国際環境や政治文化、社会構造などの間接的で、変えるのが難しい要素を重視している。[*46] 例えば、歴史家にとって、一八三九～四二年の第一次アヘン戦争でイギリス軍が清朝軍を破ったことは、西洋の軍隊との比較における中国の技術・制度上の軍事的後進性を明白かつ典型的に示している。それにもかかわらず、中国の統治者は、この敗北を組織的な問題や広範な改革の必要を示唆するものではなく、お粗末な統率と背信の結果であると判断したのであった。[*47]

淘汰

学習の問題はさておき、排除の手段としての征服を伴う、戦争を通じた自然淘汰の非人間的な構造的影響についてはどうだろうか？　この概念は、歴史のアクターが複雑な因果関係を分析し、その後、必要に応じて軍隊、国家、社会を作りかえるという想定を除外する。ここでの焦点は軍事競争にあるが、やはりこのダーウィン主義的な推論の影響はさらに遠くまで及んでいる。こうして、社会科学者は以下のように述べる。「歴史を効率的なものとみなす人にとって、基本前提となるメカニズムは生存をめぐる競争である」[*48]。

リーは、同様のロジックが軍事史においても非常に明白であると述べる。「しばしば挑戦と反応のダイナミクスと共に提示されるのは、成功した軍事革新は、生存のために近隣の競争相手が素早く模倣することになる、新しいパラダイムを生み出すという考えである……パラダイム的な軍隊や習慣を採用し損ねると、社会の消滅につながる。戦争は生存が懸かっている出来事であり、適応に失敗した軍事システムは〔競争から〕脱落した」[*49]。徴兵軍の普及を説明する、ある国際関係論研究者〔バリー・R・ポーゼン〕の観点からも、同様の論証がなされる。「どんな競争システムでもそうであるように、成功した習慣は模倣されるであろう。模倣し損ねる者が生き残る可能性は低い」[*50]。国際関係理論の大家であるケネス・ウォルツ（Kenneth Waltz）は、より一般的に、国際システムの無秩序な性質のせいで、適応を誤った構成ユニットは「落伍してゆく」[*51]と考える。別の研究者〔ジョアン・レゼンデ゠サントス〕も、ウォルツのロジックをラテンアメリカにおける一九世紀の軍事競争に当てはめて、同じように指摘する。「市場に参加する企業であれ、システムを構成する国家であれ、競争的領域の構成ユニットは、繁栄し生存するために内部の適切な組織と万全の備えを確保するよう常に迫られている」[*52]。

この説明は、学習よりも生存率の差異に依存している。時代遅れないし適応を誤った考えや組織は姿を消し、より適切な考えや組織が拡散、増幅、支配するよう残される[*53]。競争についていくことを学ばない企業は、いずれ廃業することになるだろう[*54]。非効率な組織をふるい落とし、効率的な組織の発展を助長するように淘汰が作用するとすれば、その結末は組織が巧みに学習する場合とよく似たものとなるだろう。しばしば〔学習と淘汰という〕二つのメカニズムは互いを補強するとされる。排除の脅威は、学習する誘因となるのだ。非効率な組織は排除されるので、経済学者はあたかも企業が複雑な収益最大化の計算に熟達しているかのように振る舞うと想定する。

それにもかかわらず、エルスターは、組織の特徴を環境圧力――この場合には軍事競争の圧力――への機能的適応として説明できるという考えには、より大きな問題があると考えている。学習と同様に、最初は常識的な推定だと思われたものが、細かく検討すると極めて厳格かつ限定的な条件に依存していることが分かる。とりわけ、フィードバック・ループ――それを通して、ある組織の特徴の有益な影響が自己の特徴を生じさせ、また維持する――を特定するのは困難である。[*55]総じて、エルスターは「応用された合理的選択理論(rational choice theory)の大半は、もっともらしい話と機能主義的説明の組み合わせである」と断言する。[*56]

淘汰のメカニズムが同質の有効な組織の一団を作り出すためには、いくつかの条件が満たされなければならない。組織の「死亡率」が非常に高くなければならないし、有効性の差が大きく、また一貫していなければならないし、さらに環境がほぼ不変でなければならない。これを諸国家間の戦争に当てはめると、例えば国家の征服と破壊が日常茶飯事でなければならないし、戦場で有能な国家と無能な国家の差が大きく、また一貫して決定的なものでなければならないし、さらに一部の国家に他国に対する優位を与えた具体的な特徴は比較的安定していなければならない。そのうえ、淘汰メカニズムが機能するためには、これらの各条件が維持されなければならない。三つのうち二つだけでは、ダーウィン主義的な排除による、最適組織モデルへの収斂《しゅうれん》を確保するには不十分である。軍事競争の文脈で、これらの条件を満たすことがいかに困難かを理解するのはそれほど難しいことではない。

第一に、諸政体は非常に耐久性が高い傾向があり、征服によって排除されることはめったにない。[*57]ポーランド・リトアニア共和国や、のちのオスマン帝国や中国の清朝のような、歴史家が軍事的不適応と無能の典型的事例とみなす諸国でさえ、しばしば何十年、何世紀も存続している。こうした意外な長命は、大国に限定されるわけでもない。第一次・第二次世界大戦におけるアンドラ〔フランス・スペイン国境、ピレネー山脈にある小公国〕やリヒテンシュタイン、サンマリノというヨーロッパのミクロ国家のように、実質的に無防備の小政体は、巨大な戦争の惨禍をたびたび無傷で生き延びている。[*58] 第二に、以下の各章が明らかにするように、特定の技術や制度的特徴が常に決定的であることは極めて稀《まれ》である。戦闘や戦争はむしろ、しばしば急拵《きゅうごしら》えの兵器や無形の要素の多様な組み合わせによって左右される。最後に、ある時、ある場所で非常に有利だった組織の特徴は、別の時、別の場所では何の利点ももたらさないかもしれない。本書の主要な結論の一つは、ヨーロッパにおいてヨーロッパ諸国の軍隊を規定する特徴が、南北アメリカ大陸、アジア、アフリカにおいては、おおむね存在しなかったということだ。なぜなら、これらの特徴は現地の状況や敵に対しては実用的でなく、不適当だったからである。単一の優れたヨーロッパ流の戦争方法が存在するというよりも、軍事的有効性の決定要因は極めて多様で可変的なものであったし、あらゆる兆候から見て、今でもそうなのだ。

文化的な代替モデル

ある説明がなぜ不適切なのかを示すことと、より優れた代替モデルを提示することはまったく別の問題である。たとえ前記の批判がすべて正しいとしても、〔従来の説明に代わる〕モデルは何なのだろうか？最近の多くの軍事史研究を踏まえて、私は文化の重要性を重視している。[*59] ただし、「文化」とは研究者が用いる最も曖昧でつかみどころのない術語の一つである。二つの段階を経て、この文化に基づく代替モデルを明確かつ説得力あるものとすることを試みたい。まず、軍事史の文化的視点を支持する議論を簡潔に提示する。次に、すでに批判した「学習と排除を通じた効率性」という説明に対する代替モデルとして慎重に考案された、ジョン・マイヤーが提示するモデルを要約する。二つのモデルの差異について極めて簡潔に説明するならば、第一の見方は、組織とは機能的反応であるというものだ。すなわち、「長期に及ぶ競争的進化および増大する社会＝技術的複雑性が、ますます合理化と標準化を要求した」。第二の見方は、組織とはその社会的、文化的環境の産物であって、効率性の影響はほとんど受けておらず、環境がいくつかの形態を正当化し、別の形態に汚名を着せるというものである。[*60] 最後に、戦争での防弾の魔術という慣習に関して、これら二つの対照的なモデルを比較する。

ブラックによれば、文化について語る際には、軍事的有効性に議論の焦点を合わせることが適切である。

世界のいたるところで、支配的な文化的、社会的パターンに基づいて有効性という考えが形作られ、適用された。軍事史の大半に潜む分析は、一種の社会ダーウィン主義によって突き動かされる、効率性と勢力最大化の機械的な追求を想定している。こうした分析は、新手法への関心が継続性という強力な要素と相互に作用する複雑なプロセスを曲解しているだけではない。効率性が文化的に構築される仕方、また戦力構成や作戦手法、戦術の効率性を規定するものに関する明快さの欠如も曲解している。[*61]

文化的アプローチと言う際に、ブラックは何を意味しているのだろうか？　彼は、優先事項の決定や目標の設定、費用便益の解釈、勝敗の合意形成における、認識や期待の重要性を指摘する。[*62] やはり有名な軍事史家であるジョン・リン（John Lymn）も、文化を「価値、信念、想定、期待、先入観など」と定義する。[*63] この文化的観点は、技術を環境から独立して軍事的、社会的変化を生み出すように作用する、非社会的で客観的な要素とみなすのではなく、技術の発展、使用、理解を文化的観点から見ることにも及んでいる。[*64] その一方で、リーは「世界がどのように機能しているのか、またどうすれば世界の中で生き延び、成功することができるのかに関する、広く共有された一連の考え」として文化を定義する。[*65] 文化は「採用することのできる選択肢のレパートリー」をもたらす。リーは、なぜ特定のやり方がその機能的有効性とは関係ない理由から広まり、存続するのかを説明する際に、「制度的同型化」(institutional isomorphism) という社会学用語を利用している。

「制度的同型化」という考えの先駆者はジョン・マイヤーであり、[*66] 彼は制度に関する極めて文化的な観点が必要であると主張した。この研究は、学習と淘汰のメカニズムの代替モデルを確立するのに大いに役立つし、軍事史により文化的なアプローチをとるべきだという呼びかけに応えるための豊富な素材を提供してくれる。マイヤーの研究の出発点は、やはり、合理的組織が競争的環境に直面し、ますますうまく役目を果たせるように導かれる（例えば、軍隊について言えば有効に戦う、また近世の政体について言えば軍事的有効性を最大化する）という想定への疑念である。このロジックによれば、組織の様態やその物事の遂行方法には理由があり、その理由とは組織の目的である任務を効率的かつ有効に達成することである。

マイヤーらは現代に関心を集中させているので、彼らの洞察を以前の時代に当てはめる際には注意が必要である。それでもなお、詳細なパフォーマンス指標と膨大なデータ処理・分析能力、専門経営者とコンサルタントという一大業種の時代の組織が合理的理想型から根本的に逸脱することがありえるならば、近世の組織がこの理想的水準に少しでも近づくことにさえ苦労したであろう、と考えるのももっともなことだ。これは、あらゆる地域における近世のアクターが、神の摂理と超自然の干渉により成功と失敗を説明する傾向があるために、なおさらそうなのである。[*67] しかしマイヤーは、近代的で専門的、合理的な組織を過去の後進的かつ原始的な組織から完全に区別するのではなく、むしろ現代の組織は過去の組織と同じくらい神話や儀式に囚われていると信じている。[*68]

マイヤーなどの社会学者によれば、公官庁であれ、病院であれ、大学であれ、企業であれ、組織は効率性や有効性の問題には総じて無関心であるとされる。たとえ組織がこれらの目標を達成する方法を編み出すことができたとしても――おそらく編み出すことはできないが――無関心なのである。組織生活（organizational life）は、もしかすると企業に関する経済理論や経営学教科書の教えよりも、不条理劇や、漫画『ディルバート』やテレビシリーズ『ザ・オフィス』のように会社人生を風刺するコメディにおそらく近いのかもしれない。それにもかかわらず、組織生活には決して目的がないわけではない。むしろ、組織の性格や活動は、正統性を獲得することを志向している。この正統性の獲得は、組織の生存に対する直接かつ喫緊の脅威というほどではない、その他の優先事項すべてにまさるものである。組織は環境の産物であるが、それは競争的拡散という説明とは非常に異なる意味においてである。組織は、その構造と働きという両方の点について優れた習慣とされる現行の文化的モデルに代表される、環境の期待に従うことによって、正統性を獲得する。このように、組織構造は意図を反映するのであって、機能や技術的効率性を反映するわけではない。

それでもなお、内部の慣例が根強く残るために、形態や実際の機能はしばしば分岐し、広範な粉飾や儀式、「非連動」（de-coupling）と呼ばれるもの――理論上起こるはずのことと実際に起こることの差――を導く。例えば、理想的な現代企業（ないし大学）は「クライアント志向」であり、〔株主や従業員、顧客などの〕「利害関係者《ステークホルダー》」と密接に関わり、耳を傾けてくれる上司および権限を与えられた従業員というフラットな階層構造を持ち、環境の持続可能性《サステイナビリティ》、ジェンダーの平等、企業の社会的責任を大いに重視する。何より、この理想的な企業は、目の肥えた顧客《カスタマー》に対して、同種企業の中で最高の商品やサーヴィスを最安値で効率的に提供する。たとえ企業の実態がこの理想とはほど遠い場合でも、損益の問題とは大ざっぱにしか結びついていない理由から、どう行動すべきかに関するこのモデルは非常に強力である。「組織に外部からお墨付きを与える極めて専門的なコンサルタントは、しばしば生産性の向上という観点からは正当化が困難であるが、組織内外の正統性を維持するためには非常に重要なのかもしれない」[*69]。政府についても同様に、「行政官と政治家は実施された計画ではなく、確立された計画を支持する。経営者はせっせと情報を集めるが、分析はしない。専門家は助言のためではなく、正統性を示すために雇用される」[*70]。正統性は、実際の任務遂行以上に、成功と生存にとって有益でさえあるかもしれない。マイヤーは、アクターを異なる行動方針の中から合理的に選択する主体ではなく、文化的環境によって定められた役割を果たすものとみなしている。

この非常に抽象的な理論は、われわれの目の前にある歴史の問題といったいどう関わっているのだろうか？　一つの簡単な例は、三十年戦争での戦闘の多くを担った者たちのような、近世ヨーロッパの軍事企業家《アントレプレナー》の役割と動機をめぐる議論かもしれない。「企業家《アントレプレナー》」という術語への言及ですら、（身体生命を守るのは当然として）費用を最小限に抑えつつ、収益を最大化する方法に関する手段と目的の冷徹な計算を期待するよう、直ちに読者を促すかもしれない。しかし、実際には、これらの人々は、資金面および戦闘での個人的な振る舞いの両方において、たびたび無謀な自由奔放さを示した。

連隊長やそれより上級の将校たちが財政的に無理をし、連隊の維持に関して経済的に非合理な計算をするよう促したのは、軍事的事業《ミリタリー・エンタープライズ》の社会＝文化的側面であった。さらにこの側面は、物質的にも、また勇気や統率の顕著な事例においても、彼らが大きな支出と個人的な献身によって尊敬と評価をめぐって競争するよう促した。戦争は社会的、文化的尊敬の檜《ひのき》舞台であって、軍事的事業は大きく印象的な役割を果たしたいというアクターの情熱の多くを利用していた。[*71]

これらの「非合理」な個人（および彼らが率いた組織）は、破産したり戦闘で殺されたりして排除されるというよりも、実際には一七世紀ヨーロッパにおける戦争の極めて大きな重圧のもとで増加した。そのうえ、「戦争における私企業の役割が脅かされ、一八世紀末についに消滅した時、それは実際の有効性の評価とはまったく関係のない理由からだった」[*72]。それはむしろ、政府による軍隊の直接の準備と支配が「主権の印《マーカー》」となり、その後、諸国がこの期待に沿うことで正統性を最大化しようとするという、世論の変化が原因だったのである[*73]。同じ時代を専門とする別の有名な歴史家〔ジョン・A・リン〕は、将校たちが「戦闘を名誉や勇敢さ、さらには騎士道の価値観を誇る舞台とみなし」、また「最も実際的な問題においてさえ、見た目が重視された」ことに同意する[*74]。例えば、実際の戦闘での有効性にはほとんど寄与することのない、極めて高価な先進兵器を購入する傾向など、現代の軍隊にもドラマツルギー的側面がいまだに明確に存在する[*75]。

このような無形の文化的傾倒は、乾坤一擲《けんこんいってき》の大勝負である、戦争という激しい残酷な競争を本当に生き延びられるのだろうか？　以下に挙げる簡単な例は、人々や組織が軍事競争という状況下で環境によりうまく適応するという考えに関する、顕著で永続的かつ致命的な、大きな誤謬《ごびゅう》の事例である。それは水薬《ポーション》を飲んだり、軟膏を塗ったり、お守りを身につけたり、特定の儀式を行うことで、銃弾を防げるようになるという信仰である。軍事組織は十分な時間と刺激を与えられれば大体において正しい選択をすると考えて間違いないという、より広範な議論が抱える重大な欠陥の具体例として、世界の仕組みに関する現代の先入観と完全に衝突する、この腑《ふ》に落ちない不適応の事実を利用することにしたい。ここで論じる防弾の慣習は主に二〇世紀の事例であるが、戦場での超自然的な干渉に関する同様の信仰には長い歴史があり、明らかに西洋もその例外ではない[*76]。例えば、近世の東南アジアにおける現地民とヨーロッパ人は、非常によく似た信仰を持っていた[*77]。「ポルトガル人は、スマトラ沖でのマレー船の拿捕《だほ》という東南アジアでの最初の戦闘で遭遇した不死身の敵について記述した。この年代記編者によれば、腕につけた魔法のお守りが取り除かれるまで……この男の傷口からは血がまったく流れなかった」[*78]。

魔術と軍事的有効性——防弾

これは度重なる経験、短期間の明確なフィードバック・ループ、少ない環境変化、学習を促す強力なインセンティヴの存在や、是正措置のたやすさ、排除される可能性の高さにもかかわらず、何十年にもわたって戦争で繰り返されてきた選択は、決して軍事的有効性を高めたりしないという事例である。この事例は、最善慣行《ベスト・プラクティス》に関する文化的モデルが、いかに極めて大きな機能的インセンティヴでさえ圧倒することができるかを示している。一つの決定的な事例などありえないが、学習と排除に関する極めて厳格な想定が激しい軍事競争の環境に適用される場合でさえ、淘汰効果が発揮されないという事実は、概してこの見方の確からしさを大きく損ねている。

従来の観点からすると、たいていの歴史家と社会科学者が想定するような形で、戦争で学習が起こるためには、どのような要件が満たされなければならないのだろうか？　第一に、組織のパフォーマンスに関する定期的なフィードバックがあり、学習する機会がかなり頻繁に存在しなければならない。第二に、環境変化の速度が、知識を蓄積できるほどに緩やかでなければならない。第三に、一方の構造と戦略、他方の成功と失敗の間の因果関係が、比較的単純なものでなければならない。最後に、観察を通じて獲得した知識を実行に移す際に、学んだ教訓に基づいて行動することが比較的容易でなければならない。以下の事例は、合理的な学習と排除によるダーウィン主義的淘汰にとって極めて好都合な条件がそろっていても、文化が支配的な影響力を振るう可能性があるということを示している。

一九八六年、ウガンダ北部で新しく権力の座についたムセヴェニ政権に対して、反乱が始まった。聖霊運動と呼ばれたこの運動は、複数の聖霊が憑依《ひょうい》する霊媒師であると主張するアリス・アウマ（Alice Auma）によって引き起こされた。アウマに憑依する聖霊の一つ、ラクウェナ（Lakwena）は元イタリア軍工兵の聖霊であり、アウマを通してこの聖霊運動の指導者になった。復員兵士からなるゲリラ連合軍は三つの部隊に分割され、各部隊は別の聖霊――やはり、トランス状態に入ったアウマを通して声を発した――によって指揮された。聖霊運動の戦術は、以下のようなものであった。

兵士たちは攻撃を受ける際に身を隠すことを禁じられた。……接近する敵に対して、彼らは直立して上半身裸で立ち向かわなければならなかった。……敵に狙いをつけることも許されなかった。敵に銃弾を運び、したがって敵のうちで誰が死ぬべきかを決めるのは聖霊だったのである。……［兵士たち］を防弾化するために、体にはシアバターの油と黄土が塗り込まれた。……聖霊運動の兵士たちは陣を敷き、聖霊の命令するままに、敬虔《けいけん》な歌を一〇分、一五分、ないし二〇分にわたって歌い始めた。それから時計係が笛を吹いた。この合図で、「ジェームズ・ボンド！　ジェームズ・ボンド！　ジェームズ・ボンド！」とあらん限りの大声で叫びながら、兵士たちは長い横隊で前進を始めた。[*79]

このような戦術が最適ではないと言うのは、かなり控えめな表現だろう。

同様の慣習が、過去二世紀にわたり、アフリカのいたるところで観察されてきた。南アフリカでは、一八一九年と一八五三年、[*80]また一九九一年に。[*81]コンゴでは、一八八〇年代と一八九〇年代、一九六〇年代、[*82]また現在も。[*83]タンザニアでは、一九〇五年に。[*84]ウガンダでは、一九一七年、[*85]一九八〇年代、また現在も。[*86]ケニアでは、一九五〇年代に。[*87]ナイジェリアでは、一九六七～七〇年に。[*88]アンゴラでは、一九七〇年代と一九八〇年代に。[*89]ギニアビサウでは、一九六〇年代と一九七〇年代に。[*90]モザンビークでは、一九七〇年代と一九八〇年代、一九九〇年代に[*91] ジンバブエでは、一九七〇年代に[*92] 一九九〇年代のリベリア内戦の際に[*93]、またシエラレオネでも同時期に[*94]。現代アフリカの戦争に関する研究で、ワイガート（Stephen L. Weigert）は、「軟膏と儀式の両方、またはいずれか一方が自分たちを弾丸から守ってくれると期待する、ゲリラのよくある事例」に言及する[*95]。

魔術による防弾に頼る戦術は、植民地征服戦争とその後の反植民地反乱だけでなく、脱植民地後の西洋の介入においても、ヨーロッパ正規軍に対して使用された。この信仰は、独立後の政府正規軍と戦う集団、ないし民族間紛争を戦う集団、またはエグゼクティヴ・アウトカムズ〔かつて南アフリカ共和国に存在した民間軍事会社〕のような傭兵部隊と戦う集団の中で流行していた。冷笑的《シニカル》なエリートがばか正直な部下をだますためにこうした儀式を用いる事例も少ないながら存在したが、〔人々が〕防弾の有効性を心から信じているという強固な証拠がある[*96]。このような型破りの戦術は、伝統的な目的を達成する手段として使用された。例えば、エリス（Stephen Ellis）はこう述べる。「戦争を生き延びた戦士やその他の者たちが、聖霊から得られる力を信じていたという豊富な証拠は……その戦闘行為がある種の狂信的な振る舞いであったことを意味しない。戦闘の主目的は、富や威信を獲得するか、復讐《ふくしゅう》することだった」[*97]。ヴォダルチク（Nathalie Wlodarczyk）は、戦争で用いられる魔術を「自身が選ぶ目的のために、聖霊の力を自在に操る個人的な能力」と呼ぶ[*98]。では、この防弾は、軍事史における淘汰効果とどう関係しているのだろうか？　また、どのようにして淘汰効果（selection effects）に関する議論の試金石になるのだろうか？

興味深い基本的問題は、組織が軍事競争によってどのように形作られるかというものである。防弾の特殊な事例に基づく試金石の効力は、防弾の事例の特徴と、淘汰メカニズムの範囲条件（scope conditions）〔作用する範囲〕および誘因との密接な一致（学習および排除の必要条件）に由来するだけではない。それに加えて、予想される最終結果（防弾の急速な排除）と、実際に観察される最終結果（多くの場所で何世紀にもわたって残る防弾の永続性）の根本的な差異にも由来する。淘汰の誘因が異常なほどに明白であるにもかかわらず、それと同じくらい顕著な結果は、起こるはずのことの説明とは真逆なのだ。[*99] したがって、この事例は学習と排除の両方のメカニズムに大いに関係している。

ウガンダやモザンビーク、リベリアのように、長期にわたる内戦を経験している社会の戦闘員にとって、防弾に関する信仰は反復実験に向いている。個人と集団の両方の次元で、実際の戦闘の中で防弾の有効性を判断する機会が無数にあった。反乱者の大半は（聖霊運動のように）元兵士であり、[*100] 正式な軍事訓練を受けたことのない者でさえ、しばしば生活様式としての軍事的暴力に組み込まれるようになった。したがって、多くの場合、戦闘員には参照することのできる直接の経験が豊富にあった。防弾の有効性（ないし無効性）に影響を及ぼす環境変化は一切なかった。

非常に短期間の単純かつ明白な因果関係——つまり、銃弾が当たることと、銃弾によって怪我をするか殺されることとの関係——が作用していた。この関係は時間と共に大きく変化せず、これから変化する可能性も低いし、火器は一七世紀からアフリカの戦争では一般的だった。[*101] この因果関係は、個人的な経験や第三者の観察を通じて容易に理解できるものである。戦闘員にとっては、撃たれることの実際の影響を学ぶ非常に強力なインセンティヴがあるし、即死にいたらない傷の治療が受けられない場所ではなおさらである。各集団は来世や殉教のために戦っているわけではないので、有効な軍事戦術を採用して無効なものを捨てる際には実用本位《プラグマティック》であることがインセンティヴとなる。是正措置は比較的容易である。個人にとっては、防弾の魔術に頼らず身を隠すこと。成員間におけるこの信仰を許容するだけでなく、信仰を積極的に植え付けた集団にとっては、解決策は儀式を止めることであった。

これらすべての理由から、無秩序状態で戦闘する組織において、紛争による学習を通じて淘汰されるべき非効率な信仰があるとすれば、それはこの防弾の信仰である。それにもかかわらず、この信仰は広く流布し、永続的なものであった。各事例において、学習によって組織のパフォーマンスを改善し、防弾を「淘汰」（selecting out）するのに有利な条件が、想像できる限り最も明白かつ直接的な形で存在している。通常、組織はこれほど定期的なフィードバックを受けられないし、はるかに複雑な因果関係とより不安定な環境、より婉曲《えんきょく》的な学習のインセンティヴ、また実施にあたってははるかに大きな困難に直面する。

明白であるように思われる結果〔防弾の信仰による死傷〕は、因果関係に関する支配的な文化的スクリプト〔特定の文化に属する人々が共有する規範、価値観、習慣など〕に融合された。最初の儀式的「浄化」やお守りとは別に、防弾は特定の禁制事項の遵《じゅん》守《しゅ》にも懸かっている。これらの禁制事項には、水浴びをしないこと、特定の食べ物を避けること、セックスをしないことが一般的に含まれる。これらの禁制が遵守されている間だけ有効という防弾の条件付きの性格が、こうして個人や集団の次元で失敗を解釈する枠組みを提供した。アフリカの戦闘員も、因果関係を推論するという、他の兵士や政策立案者、社会科学者が抱えるのと同じ困難に直面したのである。ある戦闘員はこう述べる。「あなたは彼らを呪術医と呼ぶが、西洋の軍隊にも防弾チョッキがあって、時に防弾チョッキが役に立たないことはある。それはわれわれの場合と同じである。われわれは時に怪我をするし、時に殺されることだってある」[*102]。敗北は、防弾そのものの否認というよりも、禁制事項の不遵守と解釈された。[*103] これに関連して、西洋植民地軍に対するアフリカ軍の敗北を説明するためにしばしば利用される説明は、西洋の軍隊が単により強力な魔術を利用しているというものであった。[*104] 一九九〇年代初頭に、モザンビーク民族抵抗運動（RENAMO）は敵の防弾に対抗するための魔法の「ワクチン」を編み出した一方で[*105]、同時期のシエラレオネでは他の軍隊が敵を鉈《なた》でめった斬りにして殺すことで防弾に対抗した。[*106]

防弾に関する排除経路（elimination path）に予想される作用は、もっと直接的で異論の余地のないものであるはずである。銃弾の影響を受けないと信じて戦闘に加わる個人は、殺されたり負傷したりする可能性が極めて高く、この信仰が流布する集団は敗北する可能性が非常に高い。排除効果の欠如はすべての参加者が同じ信仰を持っていたことに起因すると考えることもできない。なぜなら、防弾を信じないさまざまな武装集団も参戦していたからである。これらの防弾を信じない集団は、ヨーロッパ植民地軍から、「反動的」「ブルジョワ的」な伝統的信仰を軽蔑する共産軍、独立後の西洋の介入、傭兵部隊、西洋と同じように訓練されたアフリカの軍隊まで多様であった。時にこれらの西洋型の軍隊は防弾を信じる敵を殺戮《さつりく》したが、別の時には敗北することもあった。魔術に鼓舞される軍隊の勝敗比率は、この慣習を根絶する、ないし衰退させることさえできないほどに不十分だったのである。

では、代替モデルとなる文化的観点は、防弾をうまく説明できるのだろうか？　文化的環境は、「各アクターがそれを通して世界を、また構造、行動、思考のカテゴリそのものを見るレンズ」を作り出す。[*107]学習は広範な不確実性のせいで困難であるが、いずれにせよ組織はたいがい思慮に欠け、慣例《ルーティン》に縛られている。組織は神話と儀式を重視するものなのである。[*108]アクターが真の主体性《エージェンシー》を行使しているというよりも、役割を果たしているだけだという感覚が強い。[*109]合理的な官僚機構は、実際の組織の慣例とは根本的に断絶していたり、連動していなかったりするかもしれない。

これらの各要件によれば、この文化的説明はそれなりに優れた的確な説明を提供する。それは合理的な学習と排除の両方、ないしいずれか一方による淘汰に基づく説明よりは、間違いなくはるかに秀《ひい》でている。合理的な行動から生じた可能性の低い、この防弾という慣習には、顕著な同質性がある。文化的環境がアクターの見解を強く規定し、儀式と防弾の因果関係に関する誤った信念に即して、アクターが個人と組織としての肉体的生存を危険に晒《さら》す原因となるのである。何十年、何世紀にもわたって、型通りの慣習が機能的無効性とは無関係に維持され、組織は神話と儀式を大いに重視する。

この事例を無知で非合理的なアフリカという「他者《アザー》」の一種の風刺的描写と考えたりしないように、この背景にある理論が米国の組織に適用するべく発展したということを改めて強調することには価値がある。

たとえ結果が生死に関わるものではないにせよ、現代の西洋社会にも、不変かつ自滅的な、組織の機能不全という類似する事例がある。例えば、より大きなリターンを上げて市場平均を上回るとされる能力のために、高額な手数料を要求するアクティヴ運用ファンドに二三兆ドルが投資されている。常に市場平均を上回る能力は幻想にすぎないということを研究が一貫して示しているという事実にもかかわらず、このような投資が行われているのである。*110 アクティヴ運用ファンドは、防弾と同様に、極めてコストが大きく、明らかに無効であるが、永続的な人気を誇っている。

本書の構成

軍事革命をめぐる議論と、この軍事革命論の基礎となるロジックを支持ないし批判するモデルを紹介したので、次章からは、これまでの主張を裏付ける、より詳細な証拠を提示してゆく。まず第一章では、南北アメリカ大陸におけるスペインのコンキスタドールの遠征戦争と、一五〇〇年頃以降のポルトガル人とアフリカおよびインド洋沿岸の諸政体との関係を概観する。第二章は、その一世紀後を始点として、南アジア、東南アジア、東アジアにおけるオランダとイギリスの東インド会社の運命に焦点を当てる。第三章では、ヨーロッパに立ち戻って、ヨーロッパ人はその本拠地と地中海においてさえ、一八世紀まで、イスラム系の敵——特に有名なのはオスマン帝国——に対して著しい軍事的利点を享受していなかったと論じる。第三章の最後では、ヨーロッパ中心主義的な場所のバイアスがいかに技術的、軍事的、政治的変化の関係に関する理解をゆがめているのかを検討する。またその一方で、「必然的」な西洋の勝利からさかのぼって解釈するという、時代錯誤な時のバイアスが、いかにヨーロッパの成功を誇張すると同時に、アジアの諸帝国の力を不明瞭なものにしているのかも検討する。最後に、結論の章では、まず一九世紀末にかけての「新帝国主義」の時代におけるヨーロッパ人の勝利、次いで一九四五年から現在までの時期という二つの視座から、近世に関する私の議論を再検討する。さらに、組織の変化と有効性、文化に関する問題を簡潔に振り返って、本書を締めくくりたい。

第一章――イベリア半島の征服者《コンキスタドール》と嘆願者《サプリカント》たち

ヨーロッパ人は、優れた兵器や戦術、組織、行財政支援、ないしこれらの諸要素の組み合わせのおかげで、南北アメリカ大陸とアフリカ、アジアを支配することができたのだろうか？　本章と次章では、ヨーロッパ人による遠征戦争を分析することで、軍事革命論のグローバルな側面を検討する。軍事革命論では、ヨーロッパ人が出身地での激しい軍事競争の中で磨かれた戦争方式を適用することによって、ヨーロッパを飛び出して勝利したと考えられている。これに対して、一五世紀末から一八世紀末までの、ヨーロッパ人の海外戦争に関する新しい視点を提示することにしたい。

近世に西洋人が〔ヨーロッパの〕外の世界で利用した戦法は、軍事革命論を規定する要件のほとんどすべてにおいて、彼らがヨーロッパで利用した戦法とはほぼ完全に異なっていた。神聖ローマ皇帝のカール五世（Charles V）や三十年戦争の軍隊が用いた戦術の代わりに、海外のヨーロッパ人は現地の状況や条件に合う新しい戦闘手段を編み出し、採用した。ヨーロッパ拡大を担う部隊は、数万人規模の軍隊ではなく、数百人規模にとどまるのがより一般的であった。大砲を搭載する帆船は、他の諸国が外洋に送り出すことができた船よりも優れていたが、勢力バランスを根本的に変化させることはなかった。西洋の軍事技術は南北アメリカ大陸における敵の技術よりもはるかに先進的だったが、他の場所ではおおむね同等であった。技術に差がある場合にも、その差はたいてい素早く埋められた。

軍事革命論がマスケット銃や大砲と同じくらい、国家と課税の問題であることを思い出してほしい。海外で戦い、交易し、勢力拡大を企てたのがヨーロッパ諸国の軍隊であることはめったになく、むしろその都度《つど》編成された冒険者の一団と特許私企業であることの方がはるかに一般的であった。これはそう選択したというよりも、主として必要に迫られてのことであった。ヨーロッパの統治者たちは、一九世紀にいたるまで、おおよそ海を越えて大きな軍隊を輸送することなどできなかったのである。このように、ヨーロッパ人が東西の敵を圧倒して勝利したという軍事革命論は、ほとんどあらゆる点で批判に耐えられない。

もしそうだとすれば、拡大の第一波を説明するものは何なのだろうか？

ここで、異なる地域で非常に多様に展開した「拡大」という曖昧な考えを、もう少し深く検討することが必要である。[*1] カリブ海や中央アメリカ、また南アメリカの一部では、この拡大は——何世紀にもわたり、イベリア半島人〔スペイン人とポルトガル人〕は多くの場合、実際にわずかしか支配を行使できなかったとはいえ——コンキスタドールが、すでに病気の猛威に晒されていた主要な先住民の政体を破壊し、またその土地と住民を接収することを意味した。しかし、アフリカとアジアでは、ヨーロッパ拡大は非常に異なる形をとった。ポルトガル人とオランダ人、イングランド人は、比較的マイナーな周縁的アクターとして、既存の政治・通商関係システムに参入したのだ。強制《コアーション》は確かにかなり重要だったが、東洋におけるヨーロッパ人の勢力圏《ドメイン》は、地域大国の権益に挑戦することのない海洋ネットワークだった。他の地域でも広く再現された見解として、アフリカの統治者たちは自らを「陸の支配者《ロード・オブ・ザ・ランド》」と呼ぶ一方で、ヨーロッパ人の侵入者は「海の覇者《マスター・オブ・ウォーター》」と呼ばれた。[*2] この関係は時にほぼ対等なものだったが、ヨーロッパ人はしばしば現地の統治者に恭順を示して、暗黙にであれ明示的にであれ服従しなければならなかった。

本書では大きく取り上げないが、ジャレド・ダイアモンド（Jared Diamond）の『銃・病原菌・鉄』(*Guns, Germs, and Steel*) が広めたように、病気はヨーロッパ拡大のさまざまなパターンを説明する、重要な要素の一つだった。南北アメリカ大陸において、ヨーロッパ人、特にスペイン人によってもたらされた凄まじい破壊は、当該地域で最も高度に組織化された、最大の政体の崩壊を引き起こし、それ以外の政体を大きく弱体化させるという、病気の破滅的な影響に多くを負っていた。[*3] これと対照的に、アフリカではこの有利不利が逆転していた。現地人が土着の病気に対してより大きな免疫を持っていた一方で、ヨーロッパ人およびその乗馬や駄獣〔貨物を背中に乗せて運搬する使役動物〕は相当な死亡率に悩まされたのだ。アジアでは、病気が一方に対して同じような利点をもたらしたりしなかった。近世の人々は、病気とは何か、どのように作用するのか、ないしどうすれば治療できるのかをほとんど理解していなかったことを指摘しておく必要がある。すでに論じた防弾の信仰と同様に、ヨーロッパ人は病気に対して迷信で応え、瀉血《しゃけつ》や香辛料、祈りが中心的な治療法であった。*4

大きな疫学的利点を享受しているのでない限り、ヨーロッパ人は一五〇〇～一七五〇年の時期に中規模の非西洋国家でさえ敗北させることができず、総じて当時のアジアとアフリカの統治者に黙認されて、主として海軍＝商業に依拠する帝国を東洋に維持していた。*5 西洋人がこの取り決めに挑戦しようとした例外的な事例では、たいてい西洋人が敗北した。本質的に傭兵《ようへい》からなる、極めて小規模なヨーロッパ人遠征部隊が関わっていたことを考えると、この不安定な存在感は決して驚くようなことではない。第三章で論じるように、この時期に国家が運用する大規模な西洋軍が大規模な非西洋軍に繰り返し直面した唯一の事例では、オスマン帝国はヨーロッパと北アフリカで勝利し、征服し、また征服地のほとんどを維持することができた。軍事バランスにおける大きな変化を示す唯一の証拠は、パーカーが重要とみなす時期（一五〇〇～一七五〇年）の直後に登場する。この時点から、オスマン帝国はヨーロッパの敵、特にロシアに一貫して負け始める一方で、さらに東方でもイギリス東インド会社が南アジアを支配下に組み込む長期にわたるプロセスを開始した。しかし、西洋が勝利した事例であっても、軍事革命論はしばしば事態の展開とはうまく合致していない。

以下、第一章では、技術と戦術、軍隊の規模、戦争の財政＝行政支援に関して、軍事革命論を再検討することにしたい。南北アメリカ大陸におけるスペインのコンキスタドールやその他のヨーロッパ人の事例から始めた後で、アフリカとインド洋、アジアにおけるポルトガル人の検討に移る。次の章でも同様に、南アジア、東南アジア、東アジアにおけるオランダとイギリスの東インド会社について、軍事革命論の諸原理を比較検討する。軍事革命論を検討すると、それが歴史的経験の指針としては不十分であることが明らかになる。そうすると、近世におけるヨーロッパ人の本質的にささやかな成功は、現地同盟者の重要性、非西洋の大国への恭順、またヨーロッパ人が求めるものと現地人が与える用意があるものとの一致に基づいて説明されることになる。要塞化されたヨーロッパ人の陸上交易拠点は、アジアとアフリカの統治者にとってほとんど脅威ではなく、しばしば相互に恩恵のある交流ネットワークに組み込まれていた。したがって、この時期のヨーロッパ拡大は決して征服に類するものではなく、多くの点ではヨーロッパによる支配というよりも、服従という状況だったのである。

戦争と学習、組織の変化、またブラックがパラダイム拡散モデルと呼ぶものに関する、本書のより抽象的な議論はどうだろうか？　この点については、矛盾する事実に注意することが重要だ。こうした矛盾のために、社会科学者と歴史家にとって、戦闘や戦争のような非常に複雑な状況下で何が何を引き起こしたのかを見分けるのが非常に困難になり、それが歴史の展開の説明に関する根本的な見解の相違を導くことになる。同時に、これらの出来事の渦中にある者が、一方の技術と戦術、兵站《へいたん》、士気に加えて、より広範な社会的要素、また他方の軍事的有効性の間にある、複雑な因果関係を正確に分析することができるという想定がある。たぶんなおいっそう楽観的なことに、有効性の原因を見極めることができれば、これらのアクターはその後に効率性を高める改革を実施することができると想定されている。ヨーロッパ人が現地の敵に対して軍事的優位を享受することはめったになかったので、単一の優れた西洋流の戦争方法への収斂《しゅうれん》を導く排除のプロセスは存在しなかった。アジアでは、ヨーロッパの軍隊を規模で圧倒する大国の軍隊は、ヨーロッパより何世紀も前に軍事革命の主要素を先取りするか、または別の選択肢を見つけていたのである。

モデル――ヨーロッパ軍事革命の軍隊

他の大陸でのヨーロッパの軍事活動を分析し始める前に、典型的な軍事革命論が描き出す軍隊とはどのようなものなのかを考察することが有益である。三十年戦争中の一六三一年に起きた、第一次ブライテンフェルトの戦いでは、グスタフ・アドルフ（Gustauvus Adolphus）〔グスタフ二世〕に率いられるプロテスタントのスウェーデン人およびそのザクセン人の同盟者が、カトリックの神聖ローマ皇帝の軍隊を撃破した。パーカーは、会戦よりも攻囲戦が典型的だったと強調しながらも、新しい近代的な戦争形態の優位性をパラダイム的に示すものとして、ブライテンフェルトの戦いに言及する。[*6] ロバーツ（このスウェーデン王の伝記を執筆した）も、当時のスウェーデン軍を新しい戦争方式の先駆者《パイオニア》とみなした。[*7] このプロテスタント軍は、二万八〇〇〇人の歩兵と一万三〇〇〇人の騎兵からなり、五一門の鉄製重砲の他にも軽砲が各連隊に配備されていた。スウェーデン軍の歩兵は神聖ローマ帝国軍の方陣よりも細長い横隊に展開され、斉射の教練を集中的に受け、より優れた野戦砲を保有していたために、より高速に大量の砲火を浴びせることができ、これが決定的だった。ブライテンフェルトの戦いは戦術的にも戦略的にも大勝利であり、神聖ローマ帝国軍のほぼ八〇パーセントが殺されるか捕虜となった。剣や槍のような武器は依然として重要だったが、火器が優位を占めるようになったのだ。[*8] 他の歴史家も、ブライテンフェルトの戦いが「古い戦術に対する新戦術の初めての大規模な試験であり、したがって近代初の大規模な陸戦であった」という見解を共有する。[*9] スウェーデン人らが戦闘中にうまく斉射を行ったり、その他の機動を実行するのに不可欠な規律には、常備軍の一部として、より多くの将校を伴う、より少人数の部隊による訓練が必要とされた。こうしたスウェーデン軍の勝利のために、「スウェーデン軍の戦法は、たちまちヨーロッパ諸国の軍隊にとりいれられることになった」。[*10] 例えば、パーカーによれば、この戦闘のちょうど翌年には、神聖ローマ帝国軍は歩兵の横隊を細長くし、斉射を改善するのに加えて、より多くの野戦砲を配備して、勝者の技法を採用し模倣することを学んでいた。

一六世紀初めから三十年戦争を終結させた一六四八年のウェストファリア条約まで、ヨーロッパの大国は一般的に三～六万人の兵士を戦闘に投入し、総計では最大一五万人を武装させていた。[11] この規模の軍隊を召集し、武装させ、糧食を供給するには国家の全面的支援が必要で、以前の戦争で生じた負債の利子支払いの義務を計算に入れなくても、通常は統治者の歳入の八〇パーセントかそれ以上を占めた。[12] このために、国家建設のような、より広範な社会政治学的変化との結びつきが存在していたのであり、「戦争の費用と準備が社会的影響をもたらす」ことになる。[13] 当時の軍隊については、手形は（もし支払われる場合には）公式の課税と借金、略奪を組み合わせて支払われた。[14]

ここでの主眼は、出身地外でのヨーロッパ人の戦法を評価する、大まかな基準やベンチマーク〔指標〕を提供することだ。ヨーロッパで新しい戦争方式で競争するには、銃で武装する歩兵からなる大規模な常備軍、豊富な大砲、新型軍艦、尖った稜堡のある新型の対攻城砲要塞が必要となるように思われた。これらを合わせると、当時の統治者がかき集めることのできた資金と人的資源のほとんどすべてが消費された。多くの統治者は財政負担に耐えかねて破産を繰り返した。国家の道具として機能し、時に国王の直接指揮下にあった軍隊自体は、斉射だけでなく、マスケット銃兵と槍兵、騎兵、砲兵の補完的な長所を利用する諸兵科連合《コンバインド・アームズ》戦闘の広範な教練を受けた職業常備軍だった。これら個々の技術的、戦術的、財政＝行政的特徴は、単に同時に起きた出来事のチェックリストではなく、軍事革命を構成する包括的パッケージとみなされていることを念頭に置いておくのが重要である。西洋人の海外での戦法を検討すると、これらの特徴はほとんどどれ一つとして当てはまらない。したがって、軍事革命の諸原理は、近世のヨーロッパ拡大とはほぼまったく関係がないのである。

コンキスタドール

一見すると、一六世紀初頭にスペインが南北アメリカ大陸の広大な地域を征服したことは、驚くほど不利な条件下で見事に成功した帝国建設を焚きつける、西洋の軍事的優位の明白な証拠であると思われるだろう。本国から遠く離れた異国の地で、コンキスタドールの小規模な部隊が何万人という現地人の軍隊を何度も打ち負かし、二つの帝国を崩壊させ、その過程で途方もない富を獲得した。スペイン人は、奴隷制と大量虐殺の暴力に基づいて、新たに保有する広大な土地と多数の住民、莫大《ばくだい》な収入を確保した。もし軍事革命論がどこかに当てはまるとすれば、それは必ずや南北アメリカ大陸に当てはまるはずだ。それ自体の画期的な重要性は別にしても、これらの偉業はしばしばヨーロッパ拡大全般に関する観点を形作ってきた。「コロンブスの経験は地理的境界を飛び越え、近世におけるヨーロッパ拡大の支配的なシンボルとして現れたのである」[*15]。地中海やアフリカ、アジアの非西洋国家と西洋の関係についての大ざっぱな知識でさえ、この見方がいかに誤っているかを示している。しかし、他の地域に話を移す前に、南北アメリカ大陸についてもう少し詳しく見てゆくことが重要だろう。ここでの目的は、歴史的記録を要約することではなく、軍事革命論の妥当性を検討し、これに代わる見方を提示することである。

第一に指摘すべき点は、コンキスタドールの人数が驚くほどに少ないことだ。メキシコにおいて、コルテス（Hernan Cortes）が最高の山場となる一五二一年のテノチティトランの戦いで率いていたのは、たった九〇〇人だったし、一五三二年にピサロ（Francisco Pizarro）がペルーで率いたのは一七〇人にすぎなかった。この事実は、しばしば西洋の技術と組織の両方、またはいずれか一方の優位の証拠として提示されるが、スペイン人による征服の十分な説明としては、本来数万人を数える大規模な軍隊に関する軍事革命論は、すぐさま不適格なものとなる。すでに述べたように、軍隊の規模は、軍事革命論の厳密に軍事的な側面と近代主権国家の誕生に関する側面とを結びつける重要なリンクである。一つの反論として、アステカの首都テノチティトランをめぐる戦いでアステカ族を最終的に敗北させた軍勢は、スペイン側に与《くみ》した現地同盟者のおかげで、数万人を数えた（およそ七万人とされる）という指摘があるかもしれない。しかし、この同盟軍は、軍事革命論が指摘するような、入念に教練を受けた常備軍としての職業兵士とはかけ離れていた。

小規模なスペイン人部隊は、コロンブスの新大陸発見航海と同様に、本質的には私的な試みという事実の直接の所産だった。[16] スペイン王権はこれらの私的遠征を許可して、国王の名において土地の所有権を主張し、住民は教会に帰属させるという合意を結んだ。その一方で、この冒険的事業に自己資金と生命を賭ける者との協定（エンコミエンダ〔土地と先住民の信託統治〕）で、一定期間この新領土を開拓する権利が定められた。以前のカナリア諸島の征服と植民地化の事例でそうだったように、「遠征資金は冒険者と銀行家の間の契約を通じて得られた。なぜなら、拡大は常にリスクを伴うビジネスの問題だったからである」[17]。ケイメン（Henry Kamen）はこう続ける。

> スペイン軍は決して「征服」に投入されたりしなかった。スペイン人が支配を確立した場合には、のちに王権が支配下に取り込もうと試みる、冒険者の小集団による散発的な骨折りによって確立したのである。……エンコミエンダのおかげで、王権は新世界に軍隊を派遣する必要なく――いずれにせよ、実際に派遣することなど不可能だっただろうが――新世界で軍事作戦を開始することができた。「征服」の時期には、民間事業へのほぼ完全な依存［が存在したのである］[18]

この事業の本質的に私的な性格は、公的収入を財源とし、国王の官僚によって管理される国家の軍隊に

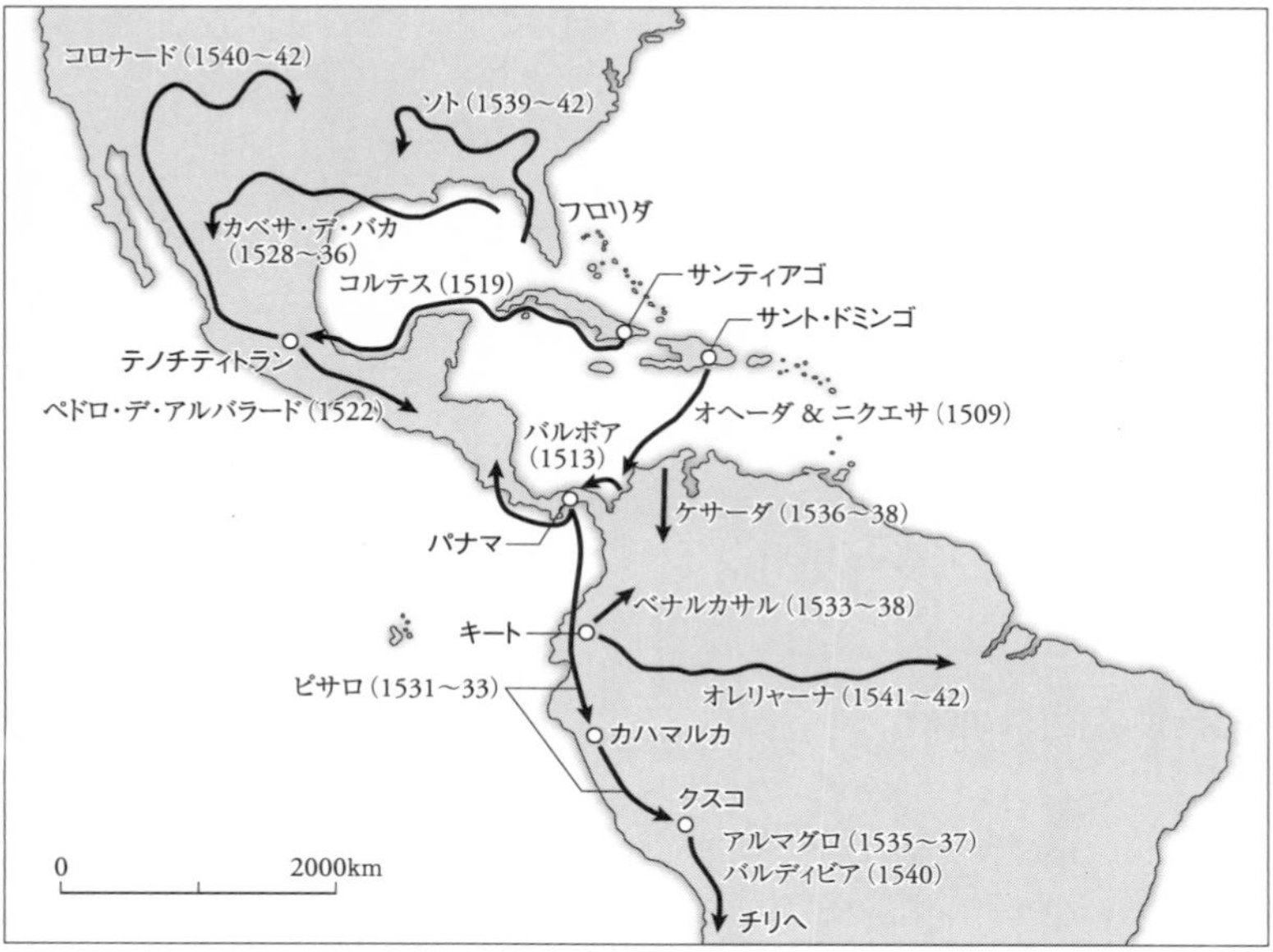

図１　スペイン征服者のアメリカ大陸探検　1513～42年
増田義郎『物語　ラテン・アメリカの歴史』（中公新書）所収の地図を改訂

よって新世界での勝利が達成されたという考えを否定する。概して、初期のコンキスタドールは兵士ですらなく、しばしば親族集団から募集されていた。大半の者は、新式軍隊の重要な特徴である軍事訓練や教練をいっさい受けていなかった。[19] 将校はおらず、したがって正式な指揮系統が存在しなかった。[20]

それでもなお、軍事的優位論の支持者が飛びつくかもしれない要素が一つでもあるとすれば、それはコンキスタドールが銃砲を持っており、敵は持っていなかったという事実である。[21] 多くの場合、各著者は、技術について語る際に、〔銃砲のような〕有形物だけではなく、技術を最大限に活かすために必要な組織化の技量に加えて、もしかすると文化的特性をも意味していることを慎重に強調する。しかし、このように注意を促しつつも、その後の議論の大半では有形技術、特に銃砲に焦点を戻す傾向がある。[*22] その逆の問題は、もし技術の定義が組織と社会、文化に関する包括的、包摂的な特徴となるなら、技術という言葉はその常識的な意味の見る影もないほどに拡大解釈されてしまい、こうした解釈は反証のしようがなくなるというものである。[*23] それゆえに、「ここで言う技術は多くのことを包摂しているが、それは意図的なものである。なぜなら、それは勝利の可能性を高めたものすべてを包摂しなければならないからだ」というホフマンの定義は危険を伴っている。[*24] 優れた技術によって勝利を説明し、その後で優れた技術を勝利の可能性を高めるものすべてと定義するのは、循環論法である。

それでは、スペイン人による当初の征服において、技術と戦術はどのような役割を果たしたのだろうか？　この点について軍事革命論は、コルテスとピサロの部隊が、多くの点で近代的というよりも非常に中世的なものに見えるという困難を抱えている。すでに指摘したように、これらの部隊は職業兵士からなるのではなく、非常に小規模かつその都度《つど》編成されたものであり、したがってほとんど教練や訓練を受けていなかった。[*25] 多少のマスケット銃（〔大型の〕火縄銃）と少数の小型砲を保有していたが、戦闘の大半は白兵戦であった。[*26] ヨーロッパ人が有していた最も重要な技術的利点は、コンキスタドールの鋼鉄の剣と甲冑《かっちゅう》だったと一般に考えられているが、[*27] これはユーラシア大陸では何百年にもわたって一般的なものだった。こうしてある歴史家〔ダニエル・R・ヘッドリク〕は、アステカ族とインカ族〔ケチュア族〕の両方を敗北させる際に、「銃砲は鋼鉄製の刀剣ほどには重要ではなかった」と判断する。[*28] 別の研究者〔マシュー・レストール〕は、「火器を持っていたスペイン人は、銃を逆さに持って棍棒として用いる前に一発でも射撃できれば幸運だった」のであり、「効率性の確かな唯一の武器は、鋼鉄の剣であった」と述べる。[*29] 第三の研究者〔ウェイン・E・リー〕も、「未知に対する最初の衝撃反応の後で、火器はほとんど重要ではなくなった」と同意する。[*30] ギルマーティン（John F. Guilmartin）は、スペイン人が強力なクロスボウも利用していたことを想起しつつ、仮にスペイン人が火薬兵器をいっさい保有していなかったとしても、これらの遠征の結果はほとんど同様だっただろうと指摘する。[31] これに基づくと、もし中世の十字軍が南北アメリカ大陸に到達したとしても、彼らはコンキスタドールとほぼ同じくらい成功したかもしれない、ということになる。

兵器から戦術に目を転じよう。銃があまり重要な役割を果たさなかったので、斉射は行われなかった。中世後期の戦争での主要な進歩だった、槍兵の密集隊形《ファランクス》でさえ不在であった。南北アメリカ大陸での戦争に関する一五五九年の手引書で、ある歴戦のコンキスタドールは「南北アメリカ大陸では、ヨーロッパの戦争の様式と慣習は無意味である」と説明した。「この著作は、索敵殲滅《さくてきせんめつ》任務に専念する、人目につかない小規模な戦闘部隊を優先して、横隊と階層的な部隊、常設の駐屯地を放棄することを提案していた」。[32] 大砲が欠けていたし、対攻城砲要塞もなかった。舷側砲《ブロードサイド》で武装する軍艦は、仮に当時利用されていたとしても（こうした軍艦は、スペインとポルトガルの艦隊が最初に南北アメリカ大陸とアジアへ到達した後で初めて導入された）、[33] スペイン人のアステカ族やインカ族に対する勝利の達成には役立たなかっただろう。

しかし、兵器や特定の戦闘という限定的な問題よりも、南北アメリカ大陸におけるコンキスタドールの現地同盟者の支援が重要だった。[34] アステカ族を撃破するのに用いられた兵士の大半を提供したのは別としても、スペイン人と同盟を結んだトラスカルテカ族やその他の部族は、物資の運搬人という形で兵站支援を提供するうえで不可欠だった。「多くの点で、ヨーロッパ人の成功と失敗を、完全に兵站の問題として、ないしヨーロッパ人が現地人の支援を利用して、いかに兵站の困難を克服することに成功したかという観点から説明できるかもしれない」。[35] 例えば、アステカの首都テノチティトランを攻撃するために使用された小型艇の建造と運搬は、小型艇を展開するための運河掘削も含み、何千人というアメリカ先住民の協力がなければ不可能だったであろう。ハッシグ（Ross Hassig）は、後から振り返って、メソアメリカの政治を操る際に、スペイン人が見事な外交駆け引きを行ったという考えを戒《いまし》める。彼は、スペイン人が現地の政治についてほぼ完全に無知であったために、外交駆け引きは不可能だったと指摘する。実際には、スペイン人が同盟者によって操られていた可能性の方がはるかに高かった。[*36] それでもなお、アメリカ先住民も、疫病《エピデミック》の完全な影響と最終的なスペイン人の裏切りを予期し損ねた。広範な無知が双方に共通していたのである。この状況は「二重の誤認」（Double Mistaken Identity）と呼ばれている。つまり、「文化交流を行う各当事者は、ある方式や概念が自身の伝統とよく似た形で機能していると想定し、また相手方の解釈を知らないか、十分に認識していない」状況である。[*37] したがって、スペイン人はのちに現地民が国王の忠実な臣民になったと信じていた一方で、現地民は自分たちと同族の君主によって統治されていると考えていたのである。

現地同盟者の重要性を論じる際に、特にホフマンは、ヨーロッパ人が同盟者を味方につけることができたのは、ただ単に優れた兵器のおかげだったと主張する。この点において、「［コルテス］と同盟を結ぶという決断は、実はコルテスの技術が持つ力の明白な証拠だったのであって、技術が重要ではないという印ではなかった。同じことがアジアでのポルトガル人の同盟者にも当てはまる」。[*38] この主張に対する反論は二つある。第一は、鋼鉄の剣と甲冑が重要な技術だったのであり、アメリカ先住民にとっては目新しかったにせよ、ユーラシア大陸では何世紀にもわたって存在していたという事実に立ち戻るものである。ここに近代的な要素は何もなかった。第二は、もし軍事的優位が征服の必要条件だったとしても、それはなお病気や現地同盟者ほどには重要ではなかったという点である。

南北アメリカ大陸における征服の限界

コルテスとピサロの有名な勝利に加えて、軍事革命論の全般的なロジックは、ヨーロッパ人が南北アメリカ大陸では無敵だったことを示唆する。それにもかかわらず、アステカ帝国とインカ帝国の破壊の後で、スペイン人はさらに拡大を進める際に明確な軍事的制約に直面した。制約の一つは、単純に人的資源の不足だった。これは、部分的には新世界にヨーロッパ人がほとんどいなかったためであるが、主としてはアメリカ先住民の同盟者と奴隷の恐るべき死亡率のせいであった。しかし、やはり疫病によって苦しめられていたとはいえ、北と南の一部の現地部族は、一九世紀までスペイン人と戦って食い止めることに成功した。[*39]ヨーロッパ人がついにこの抵抗をくじいた時には、優れた軍事技術それ自体が決定的だったというよりも、入植者の数が増える一方で、病気と戦争による消耗が敵の勢力をそぐという、人口動態の重圧の問題だったように思われる。[*40]このように、ヨーロッパ人が軍事以外の大きな利点（病気）を享受しており、また技術の差が非常に大きかった戦域でさえ、一部の現地政体は旧世界〔ヨーロッパ〕からの侵入者を何度も敗北させることができた。

「非対称戦」（asymmetric warfare）という二一世紀的概念の一種の前兆として、侵略者に最も有効に抵抗したのは、アステカ族やインカ族のように組織として専門化の進んだ大規模な社会よりも、緩やかに組織された部族集団であった。ヨーロッパ人との最初の遭遇における、初期の疫学的な衝撃に対して、これらの社会がより強靭《きょうじん》だったことが寄与していたのかもしれない。より「原始的」な集団の方が軍事的により有効であるという考えは、成功への道、ないし少なくとも生存への道は、技術の先導者を模倣することだ、という「パラダイム拡散」モデルのロジックに真っ向から反するものである。軍事的有効性は、合理的学習を通じてであれ、適応を誤った特徴の選択的排除を通じてであれ、収斂と同質性の産物ではなかった。むしろ、この事例でも、また別の場所でも、分岐と異質性から軍事的有効性が生じたのであった。ブラジルにおけるポルトガル人の経験はここでは取り上げないが、スペイン人の初期の広範に及ぶ征服に匹敵するものはまったくなかった。[*41]現代のチリに当たる地域で、三〇〇年以上にわたりヨーロッパ人を寄せ付けなかったマプチェ族（アラウカニア族と呼ばれることもある）の経験は、示唆に富んでいる。

一五四〇年、ペドロ・デ・バルディビア（Pedro de Valdivia）に率いられたスペインのコンキスタドールがペルーから到着して、〔その翌年に〕チリのサンティアゴを建設した。一五五〇年にデ・バルディビアは南に侵攻したが、当初の状況はメキシコ征服のパターンと一致していた。鋼鉄製の武器と甲冑、規律、また馬の利用のおかげで、少数のコンキスタドールは、金属製の武器を持たず、天然痘やその他のヨーロッパの病気から被害を受けていたマプチェ族のはるかに大きな軍隊を敗北させた。[*42]すぐにスペイン人は土地を山分けし、金を発見し、鉱山の開設を始めて、必要な労働者を供給するためのマプチェ族の奴隷化に取りかかった。しかし、一五五三年にマプチェ族は反乱を起こし、デ・バルディビアを殺して食べた（彼の後継者ものちに殺され、食べられた）。その後の五〇年にわたって、コンキスタドールは敗北を重ね、その入植地と砦《とりで》の大半が破壊された。一六〇〇年までに、彼らはほぼ一五五〇年に征服を始めた地点まで押し返されていた。マプチェ族は、その後アンデス山脈を越えて、現在のアルゼンチンの四つの州（チュブ、ネウケン、ラ・パンパ、リオネグロ）に当たる地域からスペイン人を追い出した。[*43]その後、慢性的な戦争《エンデミック・ウォーフェア》〔アラウコ戦争〕により、マプチェ族はスペイン帝国崩壊のずっと後までヨーロッパ人を食い止め、一八六〇年代以降の大量虐殺作戦によって初めて征服された。

　アステカ族およびインカ族と比べると、マプチェ族の抵抗の結果が根本的に異なったのはなぜだろうか？　マプチェ族は明らかに、一九世紀になっても総じて弓矢、投石器《スリング》、棍棒、投げ縄、長槍などの伝統的な武器に固執していた。ただし、長槍の先端には徐々にスペイン人の剣の破片から得られた鋼鉄が用いられるようになった。[*44]戦術的には、スペイン人を待ち伏せして包囲することを目指し、騎兵を無力にする地形を選んだ。マプチェ族はヨーロッパ人との最初の遭遇から数世代のうちに馬の利用を習得し、スペイン人騎兵と対等に渡り合うことのできる、機動力の高い襲撃部隊を生み出した。また、マプチェ族は分散型社会であり、戦争の際には団結するが、攻撃に対して脆弱《ぜいじゃく》な首都や政治の中心を持っていなかった。[*45]その一方で、スペイン人の兵站システムは常に悲惨なものであった。守備隊は防護柵を束ねる革紐を食べるほどに飢え、食糧と引き換えに敵に武器を譲り渡した。[*46]マプチェ族の抵抗は、軍事的であるのと同じくらい、文化的でもあった。キリスト教への改宗や、スペイン人との和平について語ることは死刑をもって罰せられ、マプチェ族は少年の頃から戦争の訓練を受けた。疫病の相次ぐ蔓延にもかかわらず、抵抗は続いた。度重なる敗北が学習と改革の刺激になるという想定に照らすと興味深いことであるが、ヨーロッパ人は驚くほど革新の欠如を示した。スペイン人は小事にとらわれて大局を見失った。「〔アメリカ〕先住民《インディアン》の戦略と抵抗に関しては、スペイン人は先住民を除くすべてに失敗の責任を押しつけた」。[*47]一八世紀半ばに、あるスペイン人の評者は以下のように嘆いた。

短期間にスペイン人はアメリカ半球〔西半球〕における三つの強力な帝国――ペルーとメキシコ、ボゴタの帝国――を征服したが、この征服の開始から一九〇年が経っても、アラウカニア族〔マプチェ族〕の服従で征服を終わらせるにはいたっていない。五〇〇〇万ペソという膨大な支出と二万五〇〇〇人の新兵も、これまでに流された血も、征服を終わらせなかった。前世紀には、国王がこの戦争をスペインとフランドル、イタリアの戦争と同等に重要だと宣言したにもかかわらず、である。今日、アラウカニア族はチリの最良の土地を保有し……独立を守り、大切な自由を享受して暮らしている。[*48]

北方での征服の展開はどうだったのだろうか？　スペイン人は、現在の米国南西部とフロリダに当たる地域で、先住民《ネイティヴ》の抵抗によりかなり足止めされた。[*49]現地民の部隊は一六世紀末には早くも銃を使用し始めていたが、馬の採用および馬がもたらした機動性はいっそう影響が大きかった。[*50]一七世紀に入ると、イングランド人とフランス人、オランダ人が、南北アメリカ大陸で自らの帝国領土を切り開く試みに着手した。ヨーロッパの病気が先住民《ネイティヴ》に同じくらい致命的な影響を及ぼし、アステカやインカほどの敵に直面することもなかった。この点で、アメリカの諸社会を形作る、文字通り自然淘汰のプロセスが存在した。説明が可能だとすれば、軍事革命論はリオグランデ川以北へのヨーロッパ拡大をどう説明するのだろうか？　やはり、ヨーロッパから大規模な軍隊は派遣されなかったし、入植は主に何らかの形で特許を受けた私的集団によって実施された。ハドソン湾会社の場合には、一六七〇年の初期の協定がその後の二世紀の間に膨れ上がり、八〇〇万平方キロに及ぶ広大な領土を構成するようになった。オランダ西インド会社はスペイン人と戦い、ブラジル沿岸の支配権をめぐってポルトガル人と争い、マンハッタン島にニューアムステルダム〔現在のニューヨーク〕入植地を建設した。河川輸送は確かに重要だったが、先住民の艦隊や都市が存在しなかったために、シー・パワーは他のヨーロッパ人との競争以外では無意味だった。

アメリカ先住民《インディアン》の戦争に関する従来のステレオタイプは、東南アジアでの戦争と同様に、儀式の重要性と戦争での死亡率の低さを強調したが、この考えは今では両方の地域で挑戦を受けている。[*51] ずっと南のコンキスタドールと同様に、ヨーロッパ人植民者には、マスケット銃の斉射や長槍の陣形、衝撃を与える騎兵の突撃などの、軍事革命を規定する標準的な技法を実践する余地がほとんどなかった。ばらばらに分散する入植者たちがこうした戦術の教練を受けた職業兵士であることはめったになかったし、いずれにせよ現地の状況はこのような戦術にまったく適していなかった。鬱蒼《うっそう》とした森に覆われた地形では、アメリカ先住民はヨーロッパ人が「こそこそした《スカルキング》戦争方法」と呼ぶ戦法を用い、[*52] しばしば待ち伏せを仕掛けた。[*53] 銃は非常に珍重されたが、平原地帯や南西部に住む先住民にとっての馬の導入とは異なり、[*54] 銃が先住民の戦争や社会に革命的影響を及ぼすことはなかった。[*55] 砦《とりで》はヨーロッパ人の成功の重要な要素だったが、攻城砲に耐えるように建設しなくても良かったので、他のヨーロッパ人の脅威を念頭に砦が建設された場所以外では、大西洋の向こう側〔ヨーロッパ〕での尖った稜堡《りょうほ》を備える精巧な設計とはまったく異なるものだった。ヨーロッパ人は、ここでも現地の同盟者に大きく依存していた。[56] 現在のカナダに当たる地域において、ヨーロッパ人が存在感を持つにいたる主要な動機だった毛皮交易について言えば、ヨーロッパ人はアメリカ先住民に毛皮の供給を頼っていた。[57] 大西洋沿岸におけるヨーロッパによる支配では、戦術や技術の大きな優位があったというよりも、人口動態が決定的な要素だったのかもしれない。なぜなら、ヨーロッパ人入植者の数が膨れ上がる一方で、病気が現地社会に被害を与えたからである。[58] アジアやアフリカとは異なり、南北アメリカ大陸ではヨーロッパ人が土着民人口を上回るようになった。

　コンキスタドールとの重要な差異にもかかわらず、北アメリカにおけるヨーロッパ拡大は軍事革命論に同じような問題を突きつける。技術が結果を左右することはほとんどなかったし、最も重要な技術は、銃砲ではなく鋼鉄製の武器と馬という「正しくない」〔軍事革命論に適合しない〕種類のものだった。三十年戦争中のブライテンフェルトの戦いや、その他の大規模な戦いでの戦術は、どこにも見られなかった。軍隊が中央集権国家の道具だったというよりも、拡大を支えた集団は私的な冒険者と特許会社だった。これに関連して、遠征部隊の人数は非常に少なかったので、本国の政府や社会への行財政的影響はごくわずかであった。

アフリカとポルトガル人

　新世界におけるスペインのコンキスタドールには、極めて多くの関心が向けられている（たとえ、のちに彼らの征服の進捗《しんちょく》を妨げた抵抗には無関心であるとしても）。ハッシグは、「エルナン・コルテスのたどった道以上に〔のちの研究者によって〕踏み固められた道はないと思う」と述べる。[59] 逆に、ポルトガル人やその他のヨーロッパ人による、北アフリカとサハラ砂漠以南のアフリカにおける拡大と征服の努力は、相対的に軽視されてきた。[60] 西洋の敗北ではなく勝利へのこうした選択的な関心（社会科学者が「従属変数に基づく選択」と呼ぶもの）は、西洋が「最終的に」勝利したので、勝利が歴史的進歩の自然の摂理であって、敗北は重要な趨勢《すうせい》からの小さい変則的な逸脱であるとする目的論的態度の特徴を示している。近世におけるヨーロッパ人とアフリカ人の関係が多少なりとも意識される限りでも、一九世紀の結末と西洋の支配をそれ以前の数世紀にも当てはめるか、[*61] または大西洋の向こう側〔南北アメリカ大陸〕から優勢なコンキスタドールという考えを投影する傾向により、[*62] しばしば認識がゆがめられている。

ヨーロッパ至上主義《トライアンファリズム》という伝統的な物語に合致しないがゆえに、ある大陸の歴史における数世紀を無視してしまうのは、過去の適切な理解を放棄している。しかも、証拠の検討が結論を導くのではなく、結論に証拠を規定させることになる。敗北を無視して勝利を分析すると、勝利と敗北いずれの原因も理解することが不可能になってしまうかもしれない。ヨーロッパ人の前進を食い止めるアフリカ人の能力は、サハラ砂漠以南のアフリカの技術的後進性およびその結果としての軍事的脆弱性を前提とする、西洋の軍事的優位という考えを支持する者にとって重要な例外である。[*63] 多くの研究者は、アメリカ先住民が新しい病気に感染しやすかったこと、また病気が彼らの社会に与えた被害を差し引いても、スペイン人による征服は、西洋の軍事的優位に関する説得力の大きな事例であると論じている。もしそうだとすれば、疫学的な競争の場が同様ではないからといって、アフリカを無視するのは矛盾である。そのうえ、仮にヨーロッパ人が南北アメリカ大陸や南アジア、またその他の地域で分割統治を行うために、先住民の同盟者や徴募兵を活用することに本当に成功したならば、なぜアフリカではうまくいかなかったのだろうか？

アフリカの歴史はこの文脈《コンテクスト》であまりにも無視されているので、ここでは特に関心を向けることにしたい。まず、ポルトガル人のアフリカ大西洋沿岸部、特にアンゴラとの交流を検討し、次に東アフリカのスワヒリ海岸に焦点を移し、最後にここで明らかになったことを軍事革命論の主要素と比較する。（第三章で論じる）北アフリカに関して言えば、一万八〇〇〇人のポルトガル人からなる軍隊（東洋や南北アメリカ大陸へ派遣されたどの軍隊よりも、はるかに大きかった）がモロッコで壊滅させられた、一五七八年のアルカセル・キビールの戦いのように、ヨーロッパ諸国は遠方への遠征よりもはるかに多くの血と財宝をつぎ込んだ。アルカセル・キビールの戦いでは、ポルトガル国王〔セバスティアン一世〕と貴族の大半が命を落とし、国家財政が破綻し、スペインによる侵略の成功を招くことになった。

一五世紀〜一九世紀半ばの四世紀における、西洋の即座かつ圧倒的な支配という前述のコロンブス的観点とは異なり、ヨーロッパとアフリカの関係はたいていほぼ対等か、もしくはヨーロッパ人が従属的な役割を果たしていた。奴隷貿易ですら、この描写を裏付けている。ヨーロッパの奴隷商人は小さな沿岸交易拠点にとどまるか、船から取引を行った。この取引の場所と性格は、現地供給者となるアフリカの諸政体と仲介者によって決められた。例えば、ポルトガル人やその他のヨーロッパ人はこの時期、「おおむねアフリカの統治者に黙認されて」活動する、ギニア海岸の小さな交易拠点を維持していた。[*64]

ポルトガル人は一四四〇年代からギニアの大西洋沿岸を南進し始め、一四八〇年代にはアフリカ大陸南端に到達した。こうした航海は、イスラム勢力と戦うための同盟者と資源を見つけるという願望に突き動かされていた。[*65] この地政学的要請、特にアフリカに居るとされる伝説上のキリスト教国の国王プレスター・ジョン（Prester John）を見つけて同盟を結ぶという野望は、一六世紀のインド洋における要塞ネットワークの建設にいたるまで重要であり続けた。当初の上陸が退けられた後で、一四五六年以降、ポルトガル人は方針を変えて、アフリカ人の指導者たちと調停をはかるために使者を派遣した。これは、その後何世紀にもわたってアフリカの統治者との交際上の規範となるものを示唆していた。アフリカ大陸内部へ時折特命部隊が派遣されることはあったが、ポルトガル人やヨーロッパ人一般の関与は、圧倒的に沿岸部（および島々）に集中していた。後背地におけるヨーロッパ人の商業目的および政治目的は、アフリカの諸部族や諸政体との関係構築を通じて達成された。以下で論じる、アンゴラを植民地化しようとする、一六世紀以降のポルトガルの努力は、この原則の唯一の部分的な例外だった。

アフリカ大西洋岸

ポルトガル人はプレスター・ジョンを見つけられなかったが、中央アフリカにおいて初期の重要な外交的勝利を手にした。コンゴ王国との接触の結果として、一四九一年にコンゴ国王がジョアン一世（João I）として洗礼を受け、ポルトガルと同盟を結んだのである。その後の六〇年間にわたり、さまざまな反乱や現地の競合者に対処する際に最大六〇〇人のポルトガル人部隊がコンゴ国王を助けたが、その支援は決定的というよりも有益という程度であり、またある種の征服軍としてではなくコンゴ統治者の指揮下で活動した。一五七〇年代初めに、ポルトガル人はアルヴァロ一世（Álvaro I）をコンゴの王座に戻すというより重要な介入を行った。この見返りに、アルヴァロ一世はポルトガル国王への忠誠を誓ったが、こうした誓いが実際どこまで重要だったかはしばしば不明瞭であった。[*66]

一五七五年に、現在のアンゴラを流れるクワンザ川河口のルアンダを皮切りに、ポルトガル人は露骨な植民地化に初めて着手した。他の場所のほとんどでヨーロッパ人による「征服」が進行したのと同じような形で、ポルトガル人はまず現地の対立を利用しようと試みた。ポルトガル側に寝返り、戦闘の大半を担うように、現地の下位統治者を唆《そそのか》したのだ。ポルトガル国王への臣従の誓いに加えて、将来のさらなる支援の約束と引き換えに、これらのアフリカの同盟者たちは自分の領土を拡張することができ、思うがままに統治した。ポルトガル人の当初の領有権主張はアフリカの主要な王国の周縁に当たる沿岸部に対するものだったので、この地域で最も強力な二つの政体、コンゴとンドンゴから妨害を受けることはほとんどなかった。一五八九年に、ポルトガル人はンドンゴ王国の心臓部を直接攻撃するという大きな賭けに出たが、この時ポルトガル人は大敗北を喫し、アフリカの臣従者や同盟者が去って行った。一七世紀には、ポルトガル人は内戦と外国の侵略に付け入ってンドンゴとコンゴを改めて征服しようと試みたが、これらの作戦は行き詰まるか、もしくはポルトガル人の完敗に終わった。ヨーロッパ人が分割統治の戦術を独占していないことの証明として、一六四一年、コンゴ人は奴隷貿易に関する大きな収益をもたらす譲歩と引き換えに、ポルトガル人を攻撃するようオランダ西インド会社を誘った。オランダ人とコンゴ人は初期にルアンダの攻略に成功したが、戦闘が勝負のつかないまま七年続いた後で、ポルトガル領ブラジルからの救援の試みを受けてオランダ人はルアンダの防衛を放棄した。一七世紀の終わりには、ポルトガル人は征服を諦め、海岸と河川の拠点の維持と奴隷貿易で儲けることに集中していた。次のポルトガル人による拡大の試みは、一八五七年まで実行されなかった。[*67] 一八世紀の戦争は、奴隷貿易の掌握を拡大するためのポルトガル人による懲罰任務にほぼ限定されていたのである。[*68]

東アフリカのポルトガル人

ヴァスコ・ダ・ガマが初めてインドに航海してからというもの、東アフリカのスワヒリ海岸は、アジアに向かうポルトガルの遠征隊にとって重要な立寄地となった。しかし、立寄地である以上に、この地域はそれ自体、ポルトガルの帝国的野心にとって重要だった。ポルトガル人はアンゴラでのような一丸となった努力を決して行わなかったが、東アフリカにおいても、沿岸部のかなりの領土を征服する試みが病気と軍事的抵抗の組み合わせによってくじかれ、ポルトガル人には一連の沿岸交易拠点だけが残された。スワヒリ海岸（現在のモザンビークとタンザニア、ケニアの海岸と大まかに一致する）は、アラブ系とバントゥー系の文化を融合させるイスラム都市国家によって支配されていた。[*69] スルタン〔イスラム教国の君主〕を擁するこれらの都市国家は、後背地およびインド洋の彼方の両方と交易した。イスラム教徒一般に対する敵意にもかかわらず、ポルトガル人は、現地の対立に介入することで同盟者を獲得しようと試みた。これらの海岸部にある小さな都市政体は海洋交易に依存していたので、アフリカ大西洋岸の諸政体よりも、海からの砲撃と封鎖、ポルトガル人がインド洋全体に強制しようとしていた保護費搾取（これについてはインド洋の節で論じる）という戦略に対して、はるかに脆弱だった。[*70]

一四九八年にマリンディのスルタンと同盟を結ぶと、ポルトガル人はその後の数十年間に、他のいくつかの沿岸スルタン国の襲撃に成功し、これらの諸国を服従させた。「基本的に、ポルトガルはスワヒリの現地統治者を臣従させ、貢ぎ物を納めるように強制することを望んでいた。現地統治者とその地域の商人はポルトガル人が指定する商品の交易を続けることを許されたが、彼ら［ポルトガル人］が独占を主張した商品の取引は許されなかった」。[*71] のちにポルトガル人は、一六世紀に登場したオスマン帝国海軍の脅威を防ぐために、モンバサにイタリア式要塞を建設した。[*72] やはり、ポルトガル人部隊は非常に小規模で、通常は数百人程度であり、二〇〇〇人を超えることはなかった。[*73] これと比べると、一五三八年のアラビア海とインド洋には、一万人足らずの兵士と水夫および七二隻の艦艇からなる最大のオスマン帝国艦隊が存在し、これは前世紀の明朝《みん》の遠征以来で最大の規模だった。[*74]

全般的な海洋志向にもかかわらず、ポルトガル人はスペイン人の南北アメリカ大陸における見事な成功を模倣することを望んで、海岸に運ばれる金《きん》の出所を占領するための領土征服を目指した。ジンバブエ高原の金を探してザンベジ川をさかのぼる、一五七〇～七五年の遠征は、一七〇〇人の兵士を伴い、ポルトガル人がアフリカで着手した最大の遠征の一つだった。[*75] ポルトガル派遣部隊は川沿いに存在感を確立したが、病気と軍事的敗北に苦しんだ。ピアソン（Michael Pearson）は、ポルトガルの内陸部征服戦略について以下のように評する。「これは致命的な一手だった。なぜなら、ポルトガル人の強さの真髄《しんずい》は、船に搭載された大砲だったからである。貧弱な武装のショナ族戦士と遭遇した時でさえ、ポルトガル人には陸上では特に強みがなかった」。[*76] この遠征は惨めな失敗に終わった。その後は、アフリカの現地政体の王位継承争いを利用しようと努めたにもかかわらず、ポルトガル人の存在感は――ポルトガル系クレオール

〔現地生まれのポルトガル人子孫〕の非公式な入植地がかなり奥地まで広がっていたとはいえ――一七世紀末まで、沿岸部の飛び地とザンベジ川沿いの前哨地に限られたままだった。[*77] 一七世紀末に、オマーンのスルタンは、ポルトガル人入植地を襲撃するとともにポルトガル艦隊を悩ませるという海洋戦略を追求して、成功した。このオマーンによる略奪は、一六九八年、現地協力者に支援された三〇〇〇人規模の部隊による、モンバサにあるポルトガルのイタリア式要塞の攻囲成功で最高潮に達した。[*78]

アフリカ人、ポルトガル人、そして軍事革命

多くの点で、アンゴラと東アフリカのスワヒリ海岸でのポルトガル人の経験は、メキシコとペルーでのスペイン人との比較に適している。南北アメリカ大陸におけるイベリア半島の隣人〔スペイン人〕と同様に、ポルトガル人は、いずれは臣従させることができるかもしれない同盟者との関係構築のために、常に現地の対立と混乱を利用しようとしていた。それでもなお、ポルトガル人は、外交的措置と軍事的措置のいずれでも、スペイン人と同等の成功を収めることができなかった。それはなぜだろうか？　重要な要素の一つは、病気である。疫学的なバランスが逆であり、アフリカ人には破滅的な人口減少や社会の崩壊に類するものがなかった一方で、ヨーロッパ人とその家畜は不利な状況に置かれていた。しかし、すでに論じたように、病気が極めて重要であるのにもかかわらず、研究者が南北アメリカ大陸でのヨーロッパ人の成功を軍事問題として有意義に研究できるとすれば、同時期のアフリカでのヨーロッパ人の失敗も軍事問題として研究することができない理由はない。「アンゴラの疾病《しっぺい》環境はヨーロッパのそれとは異なっており、ヨーロッパ人兵士は熱帯病で命を落としたが、ポルトガルの敗北はたいていい厳密に軍事的なものであった」のだから、なおさらである。[*79] 病気という要素について語る際に、別の歴史家〔ブルース・ヴァンダーヴォート〕は「これらの自然な障害が存在しなければ、もしかすると一五世紀末には早くも、西洋の技術的優位が内陸部へ

のヨーロッパ拡大を確実にしただろうという想定」を非難する。「しかし、より詳細に検討すると、少なくとも近世においては、ヨーロッパの技術的優位が非常に大きかったり、重要だったりすることはめったになかったように思われる」[80]。ある意味で、アフリカにおけるヨーロッパ人の骨折りは、実際には南北アメリカ大陸よりも軍事バランスの試金石として適切である。なぜなら、南北アメリカ大陸では、ヨーロッパ人の勝利があまりに決定的だったからだ。優れた技術のおかげでヨーロッパ人が容易にアフリカ人より優位に立つことができた、というパーカーの考えに反証する際にも、この事例は重要である[81]。第一に、技術は決してそれほど重要ではなかった。第二に、交易および武器とノウハウの移転によって、技術の差は縮小していた。「正しくない」結果——ヨーロッパ人による征服の試みの失敗——という生《なま》の事実は別として、軍事革命論と一致するものは何なのだろうか？

アフリカ大西洋岸において徐々に進む発見の航海と、さらに東方に位置するポルトガル領インディア《エスタード・ダ・インディア》のその後の急速な発展の両方については、ポルトガル王権が顕著な役割を果たしたことが知られている。これはスペインの冒険者であるコンキスタドールや、オランダ人やイングランド人などが設立したのちの特許会社との重要な差異である。いくつかの例外が存在した。ポルトガルの派遣部隊はしばしば民間資本を財源としており、時に商人たちは王権の名において特定地域を探検する一時的な権利を有していた。王権は、私的探検や入植地——通常は下層貴族を長とする——に一時的な許可を与えたが、初期の骨折りが実を結べば、正式な司令官〔カピタン・モール〕や総司令官〔カピタン・ジェネラル〕が任命され、ゴア〔一五一〇年、インド南西岸に獲得したポルトガル領基地〕の監督下、ないしリスボンの直接の監督下に置かれた[82]。当時の他の王権がすべてそうだったように、ポルトガル王権も傭兵や現地の非正規軍を雇用することを何とも思っていなかった。それでも、こうした事例は、ポルトガル国王が近世の諸君主と比べると海外派遣部隊および領土をはるかに直接的に掌握していた（ないし、少なくともそう試みていた）、という特異性に関する全体像を変えるものではない[83]。「東洋におけるポルトガルの骨折りは、それが政府によって指揮され、頭脳と血、財宝の持続的な傾注によって支えられていたという点で、南北アメリカ大陸におけるスペイン人の骨折りとは異なっていた」[*84]。ポルトガルの試みの国家的特徴は、一見したところでは、軍事革命論が依拠するような、国家が強制力を中央集権化するにつれて私的暴力が減少するという考えにまさに依拠しており、より軍事革命論に適した事例になると思われるかもしれない。

そもそもアフリカ沿岸に到達するためにシー・パワーに頼るのは別として、ポルトガルの河川艇は内陸部に補給物資を運ぶ際に重要だったが、外洋航行船は大西洋沿海部ではほとんど役に立たなかった。大西洋沿岸の陸地近くでは、ポルトガル人による上陸の試みが何度も撃退された。海岸の河口は外洋航行帆船が進入するには浅すぎ、ポルトガルのロングボートは独自の櫂走艇《かいそうてい》を用いる現地軍に圧倒された[*85]。アフリカ人による毒矢の使用は、侵入者を海まで撃退する際に特に効果的だった[*86]。スワヒリ海岸では話が別で、ポルトガル海軍の大砲が交易都市国家を威圧するのに有効であった。しかしここでも、一六四〇年代に始まる一世紀にわたる争いの中で、イスラム教徒の水夫が乗り組む西洋式船舶を用いるオマーン人によって、のちにポルトガル海軍の優位が崩された[*87]。このように、オマーン人の到来に先立つ、東アフリカのスワヒリ海岸にある小さな港湾都市国家に対する場合を除けば、アフリカのポルトガル人にとって、海軍の優位は決定的な戦略的利点とならなかったのである。

アフリカでは要塞や陸上の大砲もほとんど役割を果たさなかったが、やはりスワヒリ海岸は部分的な例外である。病気に弱い駄獣がいなくなれば、大砲を河川から内陸部に運ぶのは極めて困難だった。ルアンダにあるポルトガル人の拠点は、主要な敵が権力の中枢から離れて攻撃を仕掛ける際の兵站上の困難によって最もよく守られていた。アフリカで一番堂々たるポルトガルの要塞、モンバサのジーザス要塞は、一六九六～九八年の二年に及ぶ攻囲の後で、アフリカ現地民の支援を受けるオマーン人によって攻略され、[*88]

オマーン人はザンジバルと現在のケニア沿岸部を奪取することができた。

ポルトガル人とアフリカ人はどちらも戦場で似た戦術を用いたが、この類似性は模倣や合理的学習というよりも偶然の結果だったように思われる。ポルトガル人は密集隊形での戦闘法を発展させていたが、これはサハラ砂漠以南のアフリカのほとんどでは存在していなかった騎兵に対して防御するためだった。アフリカでは、アフリカ人とポルトガル人の部隊の両方で、剣や斧で武装した重装歩兵が中央を固め、軽装弓兵が両翼に位置していた。戦闘は飛び道具――初期には弓矢やクロスボウのボルト――の撃ち合いで始まった。当初は「アンゴラでは、火器は南北アメリカ大陸よりさらに役に立たなかった」とヘッドリク(Daniel Headrick)は判断しているが、[89]のちの一八世紀には、ヨーロッパ人とアフリカ人の両方がマスケット銃と散兵戦をもっと利用するように切り替えた。[90]戦闘は重装歩兵の衝突によって決着がついた(馬は風土病を生き延びられなかったので、騎兵が存在しなかった)。ポルトガル人の数は通常数百人で、数千人のアフリカ兵によって増強されていた一方で、コンゴのような敵は戦場に最大二万人を展開するかもしれなかった。ポルトガル人の鋼鉄製の甲冑と剣のために、ポルトガル人部隊の重要性は人数以上にはるかに大きなものだったが、それにもかかわらずアフリカ大西洋岸での勝敗の数は大差なかった。一六世紀半ばにはエチオピア軍を増強するうえで有効だったとはいえ、ポルトガル兵は東アフリカでほとんど勝利を収めることができなかった。[91]初期には白兵戦の優位のため銃砲は重要ではなかった一方で、しばらくのちにアフリカ人はマスケット銃の数でポルトガル人におおむね匹敵することができた。要するに、技術と戦術に関する限りでは、軍事革命論の諸要素を裏付ける証拠はやはりほとんど存在しない。アフリカの各地域で、戦場でのいかなる限定的なダイナミクスよりも、外交と兵站が戦争の結果を決めるうえではるかに重要だった。総じて、交易であれ、戦争であれ、政治であれ、アフリカ人がヨーロッパ人に依存していたというよりも、逆にヨーロッパ人がアフリカ人に依存していたのである。

中東から中国まで

インド洋は、いくつかの点で、近世のヨーロッパ拡大を可能にする軍事革命をめぐる議論の核心である。南北アメリカ大陸やアフリカと違って、病気がすべての当事者にほぼ平等に影響を及ぼした。インド洋地域の大半で、技術もおおよそ同等だった。鋼鉄や騎兵は言うに及ばず、火薬兵器もポルトガル人が到来する前から利用されていた。サファヴィー朝ペルシアやムガルのような現地諸国が強大な帝国を築く一方で、東南アジアのより小規模な政体の一部でさえ、ポルトガルやオランダと同じか、それ以上の人口を抱えていた。パーカーやその他の研究者は、全般的な技術的利点などなかったにもかかわらず、まず一六世紀にポルトガル人が、またのちの一七世紀以降にオランダ人とイングランド人がインド洋に帝国を築いたという事実を、軍事革命論、また特に西洋の軍事的有効性を支える社会的、政治的基盤の確かな証拠とみなしている。ある歴史家〔トニオ・アンドラーデ〕は、「モロッコ人、オスマン人、グジャラート人、ビルマ人、マレー人、日本人、中国人、その他無数の民族も銃や病原菌、鉄を手にしていたとすれば、ヨーロッパの勃興の背景には他に何があったのだろうか?」と問いかける。[*92] パーカーは、イスラム系の諸帝国と東アジアの間の相違点を指摘する。イスラム諸国とは異なり、先進技術と中央集権化された軍事＝財政国家の組み合わせのおかげで、中国と日本、朝鮮は一九世紀まで西洋の脅威の影響を受けなかったと彼は考えている。しかし、本章と第二章が示すように、インド洋と東アジアにおけるヨーロッパ人の存在感は、その差異よりも類似が際立っている。両方の事例で、ヨーロッパ人の存在感は、はるかに強力なアジアの諸帝国への恭順と服従に依存していたのである。

以下では、一六世紀最初の数十年間に驚くべき速さで東アフリカから日本に及ぶ広範な海洋ネットワークを確立した、アジアにおけるポルトガル人について検討する。まず海での優位に目を向け、次に陸での勝ち負けの運を考察する。

海のポルトガル人

喜望峰を回って東洋に向かうポルトガル人の突進は、部分的には、聖地〔パレスチナ〕のイスラム教徒に対して大挟撃作戦を仕掛けるためにキリスト教徒の同盟者を見つける、という継続的な探求が動機だった。[*93] ポルトガル国王は、イスラム教の聖跡を破壊し、エルサレムを占領し、キリストの再臨を引き起こすという、千年王国的な野望を抱いていた。より世俗的な第二の目的は、香辛料貿易を乗っ取ることだった。これはさまざまな十字軍的事業の資金を捻出するうえで財政的に有益というだけでなく、イスラム教徒（とヴェネツィア人の協力者）に対してこの富を拒絶するという意味でも有益であった。インド西岸の小政体に対する、ポルトガルの当初のアプローチは、東アフリカで利用されたものとよく似ていた。つまり、現地の不和と対立を探り、より従順に見える側に同盟を提案するというアプローチである。ポルトガル人は早くも一五一〇年にはゴアを基地として獲得し、ヒンドゥー教徒の同盟者の支援のみを受けて、有力なスルタンによる逆襲にも耐えた。[*94] ゴアはその後、四五〇年にわたってポルトガル領インディアの中心であり続け、副王〔ないし総督〕はここでリスボンからの指示を受領し、さまざまな総司令官や司令官に指示を伝えた。

指導者〔総督〕アフォンソ・デ・アルブケルケ（Afonso de Albuquerque）のもとで、ポルトガル人は、この地域のいたるところにある主要な海のチョークポイント〔海洋航路が集束する戦略要地〕を獲得するという戦略を追求した。[*95] こうして、一五〇七年にアラビア半島のマスカットを征服した後で、アルブケルケの部隊は、一五一一年に東アジアとインド洋を結ぶ重要な集散地《アントレポー》であるマラッカ〔ムラカ〕――当時、ヨーロッパのどの都市よりも大きな都市――を奪取した。[*96] その際に、一八隻の船舶と一一〇〇人の兵士からなる小規模なポルトガル人部隊は、戦象《ぞう》部隊を含む二万人のスルタン軍を敗北させた。勝算のなさを覆す西洋人の勝利は、侵略者は略奪したのちに立ち去るだろうというスルタンの誤算によって助けられたのかもしれない。[97] 実際には、ポルトガル人はその場にとどまって、最大のモスクがあった場所に堂々たる要塞を建設した。予想外の結果は、このスルタン国が中国皇帝への進貢国だったために、ポルトガル人の襲撃が中国との交易権を獲得する試みを複雑にしたということだった。一五一五年には、インド洋の向こう側で、ポルトガル人はペルシャ湾のホルムズを奪取し、やはり要塞化した。ただし、アデンの攻略には失敗した。その後数十年間に拡大はゆっくりと進み、香料諸島（モルッカ諸島）とインド沿岸部にさらに拠点がいくつか追加された。たとえポルトガル人が称賛のすべてに見合うほどではないとしても、一六世紀の技術を用いる小規模な部隊で、ほんの数年の間に五〇〇〇キロ離れた別々の標的を攻略できたことは、極めて印象深い偉業である。

この地域からポルトガル人を駆逐しようとする、イスラム教徒の連携による初期の試みは、一五〇九年にグジャラートのディーウ市沖で起きた重要な海戦で敗北を喫した。[98] 一五〇〇人の兵士と四〇〇〇人のコーチン出身インド人の同盟者を乗せた一八隻からなるポルトガル艦隊は、意外な同盟に遭遇した。オスマン人とヴェネツィア人（自身の香辛料貿易支配がポルトガル人によって脅かされることを懸念していた）の助けを借りた、海戦に不慣れなエジプトのマムルーク人〔テュルク系マムルーク（奴隷出身の軍人）が支配するマムルーク朝〕に加えて、グジャラートとカリカット（ヴァスコ・ダ・ガマがインドで最初に上陸した場所）のインド諸侯たちが手を結んだのだ。この海戦は軍事革命の筋書きにうまく合致している。ポルトガル人は、兵士の数でも船の数でも圧倒されていた。エジプトとオスマン帝国のガレー船はポルトガル船と比べるとより少数かつ小型の大砲しか搭載しておらず、インドのダウ船〔大三角帆をもつ木造帆船〕は一門も搭載していなかった。より大型の大砲を搭載していたことは別にしても、ポルトガル船は大西洋の荒れた海に対処できるように頑丈に作られていたために、ポルトガル人は遠くから敵と交戦して撃沈することができた。[*99] そのうえ、ポルトガル船は敵の船よりもずっと大型かつ高舷側だったため、敵はポルトガル船に乗り込んで多勢の優位を活かせなかった。風上へ間《ま》切《ぎ》る能力の高さと大型砲、頑丈な船舶構造の組み合わせが、より多数のアジアの敵に対する、海戦での西洋の勝利に繰り返し現れるテーマである。[*100] しかし、この時点では、ポルトガル船はその後何世紀にもわたってヨーロッパの標準となった舷側砲で武装する軍艦ではなかったし、その大砲は甲板上に設置され、鉄球ではなく石弾を発射するものだったと指摘しておくことが重要である。[*101]

ことによると、ポルトガル海軍が最も奮闘した地域は、イスラム教徒の聖跡を破壊するために戦いながら進もうとして、最少の戦果しか得られなかった紅海だったのかもしれない。[*102] ここではマムルーク人、また一五一七年以降は、マムルーク人を破ってその領土を併合したオスマン人が、インド洋に集結した最大規模のポルトガル軍を相手に、一五一三年と一五一七年、一五四一年の防勢戦争に勝利した際に、ガレー船からなる艦隊を常に利用することができた。[*103] 一部の研究者によればガレー船は後進性と同義であるにもかかわらず、[*104] 浅海域ではガレー船は外洋航行帆船よりも優れていた。[*105] そのうえ、スマトラ島北部のアチェのスルタン国が保有する、ますます能力の高まる海軍部隊が加わって、一六世紀半ばには、独占を強制しようとするポルトガル人の努力をものともせずに、イスラム教徒はモルディヴ諸島を経由する、紅海との海の香辛料貿易を再開することができた。[*106] その結果としてのポルトガル王権の収入減少は、一六世紀後半のポルトガル領インディアの軍事的弱体化に直接波及した。[*107] 一五一八年には、ポルトガル国王がポルトガル本国の全収入源から得たよりも多くの収入を香辛料貿易から得ていたという事実から、この問題の深刻さが理解できる。[*108]

一七世紀半ばから、ポルトガル人は〔勢力圏〕西側の側面において、オマーンのスルタン――そのスワヒリ海岸におけるポルトガル要塞の攻略成功についてはすでに言及した――から重大な脅威を受けた。一六五〇年にアラビア半島のマスカットからポルトガル人を追い出した後で、オマーン人はディーウとボンベイ〔現在のムンバイ〕を含むインド西部にあるポルトガル領のいくつかを略奪し、大型砲を搭載する最大五〇隻の船舶と一七〇〇〇人の奴隷水夫からなる艦隊を用いて大々的に通商破壊を敢行した。[109]

西洋の船団がアジアの艦隊に敗れたもう一つの重要な事例は、一五二一～二二年のポルトガル軍と中国の明朝軍の衝突であり、これはトニオ・アンドラーデ（Tonio Andrade）によって慎重に分析されている。[110]この海戦は、中国人に交易を強制しようとする、ポルトガル人の不運な試みの結果として、広州湾で発生した。最初の戦闘では、五隻のポルトガル船がより優れた大砲のおかげではるかに大規模な中国艦隊の接近を阻止することができたが、それにもかかわらず、西洋人は火船攻撃を受けた後で撤退を余儀なくされた（ポルトガル人は、脱出を可能にした突然の雷雨を、自分たちの祈りに応える神の助けだと解釈した）。[111]翌年の二度目の戦闘では、明らかに以前より優れた大砲を搭載する中国の大艦隊にポルトガル人は完敗し、二隻を失った。[112]アンドラーデは「これは中国人が学習し、適応したことを示唆する」と推論し、[113]この事例を西洋の大砲との差をうまく埋めるよう中国を刺激した転機とみなしている。それでもなお、この交戦での中国の大砲は対艦用というよりも対人用であって、また特に前回の戦闘からほんの一年しか経っていないことを考えると、この結果は合理的な学習と装備の革新というよりも、中国艦隊の〔数的〕増強を反映していただけかもしれない。

個々のポルトガル船はアジアの商船と海賊を容易に撃破することができたが、これはインド洋西部において、ポルトガル王権が領有権を主張する海域での第三国商人の航行を許可する「通航許可証」制度の強制を可能にする重要な強みだった。[114]ポルトガルの海洋支配は、インド洋の大国がどれも海軍を保有していないという事実によって大いに助けられた。そのうえ、これらの帝国は、その文化的傾向に加えて、財政基盤が陸上に大幅に依存していたという事実の産物として、海洋交易にほとんど無関心だった。[115]同じことが島国の日本にも当てはまった。[116] あるセイロン〔現在のスリランカ〕の国王は、「キリスト教徒が海の覇者である一方で、彼〔自分〕は陸の支配者である」と考える際に、一般的な感覚を表明していた。[117] ムガル人とポルトガル人の間にも、同様の関心の相補性が存在していた。「陸と海の二つの帝国の間には、相互の利益に基づく互恵関係が発展した」。[118] 双方は、ムガル人がこの協力関係においてより強力な存在であることを認識していた。[119] ポルトガル領インディアの地位を説明する際に、アルブケルケは国王に「もしポルトガルがひとたび海上で敗北するならば、インディアにおける陛下の領土は、陸の王たちが黙認することに決めた期間よりも一日たりとも長く持ちこたえる力を持っておりません」と書き送った。[120] このように、全体としては、「ヨーロッパ人は我先にアジアの諸体制の周縁に拠点を見つけようとした」のである。[121]

ポルトガル海軍の武勇は神話にすぎないものではなかったが、重要な妨害や敗北にも直面した。すなわち、紅海と南シナ海での防勢戦争におけるオスマン人と明朝の勝利や、ポルトガルによる海の香辛料貿易独占を破るアチェ人の能力、一六五〇年以降にポルトガル人が得意とする海の略奪でオマーン人がまさったことなどである。オマーン人のスワヒリ海岸への遠征、オスマン人のインドへの遠征、それに先立つ一五世紀の明朝のインド洋艦隊、また一五九〇年代の日本〔豊臣秀吉〕による大規模な朝鮮侵略は、すべてヨーロッパ人の同様の試みよりもはるかに規模が大きく、アジア諸国は相当な海軍の戦力投射能力を示していた。明朝のインド洋艦隊は二万六〇〇〇人ほどの水夫と兵士〔一五八八年のスペイン無敵艦隊《アルマダ》とほぼ同規模〕を結集していた一方で、一五九二年に朝鮮を攻撃した日本の侵略軍は一六万人を数えた。[122] ポルトガルの海軍力は、ポルトガル領インディアが陸上を拠点とするアジアの諸帝国に依存する状況を変えなかった。また、ポルトガルの海洋覇権は、アジアの大国が一つとして海軍を保有しようとはしなかったという文脈《コンテクスト》に位置づけて理解しなければならない。ポルトガル人は個々の要塞に対する挑戦を何度も受けたが、一六〇〇年以降にヨーロッパの競争相手が到来するまでは、ポルトガル領インディアはその海洋ネットワークのいたるところで連携のとれた海洋襲撃に直面することはなかった。こうして、チョウドリー（Kirti Chaudhuri）は、ポルトガルの水陸両用作戦での勝利は「ほぼ、これまで交易港を強力な軍隊で防衛すべき理由のなかった統治者たちを犠牲にして得られたものだった」と述べる。「インドであれ、中東であれ、中国であれ、当時のアジアの強国は、どれもポルトガル人を既存の勢力均衡に対する重大な脅威とはみなしていなかった」。[*123]

陸のポルトガル人

ポルトガル領インディアは主として海洋の勢力圏だったが、このネットワークの結節点となる港と要塞を獲得し、防衛しなければならなかった。ポルトガル人部隊は、軍事革命後のヨーロッパ新式軍隊の典型に、どこまで密接に一致していたのだろうか？　人数の少なさに関するこれまでの指摘が当てはまり、ポルトガル人部隊が一〇〇〇人を数えることはめったになかった。すでに論じたように、この部隊はポルトガル王権によって維持されていた。また、南北アメリカ大陸におけるスペイン人部隊のようなその都度編成された冒険者の一団でも、一七世紀にポルトガルを実質的に失墜させたオランダとイギリスの東インド会社のような、特許を受けた「主権会社」の従業員でもなかった。軍事革命の目的論に矛盾して、軍隊を独占する「近代」国家は私的に暴力を振るう者に出し抜かれたことになる。[*124]

アジアの領土征服を試みる、ポルトガル人の数少ない事例の一つは、セイロンのキャンディ王国のラージャ〔王侯〕に対する作戦だった。[*125] 一五九四年と一六三〇年、一六三八年には、ポルトガル軍が待ち伏せを受けて壊滅し、いずれの場合にも指揮官が殺害されて、この作戦は失敗に終わった。キャンディ軍は、やがてポルトガル人をセイロンから追い出すためにオランダ東インド会社と手を結んだ。[*126] ウィニウス（George Winius）は、ポルトガル人には正面から突撃して、個人の武勇を求める傾向があると述べており、これは教練を受けた職業兵士とは隔絶している。[127] 同様に、ポルトガル人は多少のマスケット銃を除けば剣と盾、短槍《ハーフパイク》、甲冑に頼っており、ポルトガル人の武器はヨーロッパ基準に照らすと原始的なものだったと言われていた。[128] キャンディ軍はポルトガル人のような銃や甲冑を持っておらず、弓や投槍《スピア》で武装しているため、正面攻撃を避ける傾向があった。[129] その代わりに、彼らはポルトガル人が疲弊して数で凌駕されるまで、山地と森林に覆われた地形を利用し、待ち伏せと補給線への攻撃でポルトガル人を消耗させた。ポルトガル人を疲弊させれば、圧倒することができたのである。さまざまな場所で、ポルトガル人が戦う相手は、一般的に展開戦力の大半を占める、ポルトガル人の現地同盟者や支援者を離間させるのにも長《た》けていた。それでもなお、キャンディ人は大砲を持っていなかったために、ポルトガルの要塞——海岸沿いにあるので兵糧攻めを実行できなかった——を攻略できなかった。[130] またそれゆえに、先に試みたデンマーク東インド会社への接近が失敗に終わった後で、キャンディ人はオランダ人との同盟という手に訴えた。[131]

ポルトガル人は、政治的に分裂する環境では、沿岸の要衝の攻略と防衛にかなり成功した。ここでは、優れた船舶と海を利用して増援を送る能力、一般的により優れていると考えられた大砲（たとえ差が小さかったにせよ）、また密集隊形の白兵戦での優位が有利に働いていた。これが〔アルブケルケによる〕一五一一年のマラッカ占領のような目覚ましい勝利を可能にしたのである。[132] それでもなお、拡大の第一波を突き動かすうえでの成功を考えると多少皮肉なことだが、パーカーは、ポルトガル人が一般的に「路上《ストリート》ギャングばりの傍若無人な狼藉《ろうぜき》ぶりで」戦い、[133] また少なくとも一七世紀末まで、南アジアのヨーロッパ人は誰も戦場で軍事革命の戦術を用いなかったと考えている。[134]

西洋の勃興の軍事革命に基づく説明を支持する研究者は、しばしば圧倒的に分が悪いにもかかわらず、東洋のポルトガル人やその他のヨーロッパ人が各地に散在する領土を守ることを可能にした、要塞の重要性に言及する。[135] しかし、このことは、ヨーロッパではイタリア式要塞を防衛するのに「空前の規模の人員と資材」を必要としたと言われている問題を提起する。例えば、オランダ人はこれらの要塞に守備隊を置くために、軍隊に数万人の兵士を加えることを余儀なくされた。[*136] それゆえ、ますます大規模化する軍隊という、避けて通れない圧力が、軍事革命論の重要な要素の一つとなっている。しかし、ポルトガル人も、その他のヨーロッパ人も、東洋においてヨーロッパ人が存在感を持つようになってから少なくとも最初の二五〇年間には、こうした数字とはおよそかけ離れた規模だった。また、実にパーカー自身も、ポルトガル領インディアの要塞の大半は尖った稜堡を有する近代的な様式で建設されていなかったと述べている。[*137]

たとえ軍事革命の成果が明瞭になるには一六世紀の最初の数十年間は早すぎたとしても、西洋での軍事的進歩の加速と他の文明との差の増大は、一七世紀には明らかになったはずであった。それにもかかわらず、ポルトガル領インディアに関する限りでは、こうした差が広がってゆく兆候はほとんどなかった。逆に、ポルトガルは時が経つにつれて落ち目になったのである。

すでに述べたように、ポルトガル人はセイロンの内陸部を征服しようと試みて敗北し、アラビア半島と東アフリカで要塞を失った。一六八三年には、ゴアは一〇万人のムガル帝国軍の支援を受けて、やっとヒンドゥー系のマラータ同盟軍の攻撃から救われた（その後、ムガル人はこの骨折りの対価を支払うよう要求した）。南アジアの伝統的な軽騎兵軍のままだったマラータ人は、その後一七三七～四〇年の戦争でポルトガル人を大敗させた。マラータ人はバセインのイタリア式要塞の攻囲に成功し、チャウルの別の要塞を放棄させただけでなく、莫大な賠償金の支払いによってポルトガル領インディアを破産寸前に追い込んだ。ヨーロッパから相当な増援が到着してからも、ポルトガルの反転攻勢は非現実的とみなされた。[*138] ポルトガル本国はヨーロッパでの近世の戦争のほとんどから遮断されており、したがって競争の圧力を受けず、（スペインと違って）試行錯誤を通じて学ぶ機会を得られなかったので、アジアとアフリカの敵に対してポルトガル人はほとんど改善を見せなかったと言えるかもしれない。それにもかかわらず、マクニール

(William H. McNeil) やホフマン、またその他の軍事的優位が西洋の拡大を突き動かしたという考えの支持者は、自説の根拠となる主要な証拠の一つとして、ポルトガル人の事例を提示する。どちらかと言えば、多くの事例で、アジア人はポルトガル人との差を縮めただけでなく、二世紀に及ぶ交戦の中でポルトガル人を追い越したように思われる。

結論

以上の証拠は、南北アメリカ大陸およびアフリカと同様の理由から、軍事革命論はインド洋地域における西洋の拡大にあまり適合しないことを示唆している。この地域に派遣された西洋の軍隊は数のうえで取るに足らず、これは近世のヨーロッパ諸国には、単に海を越えて相当規模の軍隊を派遣する能力がなかったという事実を反映している。人数の少なさ、現地同盟者への依存、そして現地の状況に適応する必要性の組み合わせは、やはり軍事革命の典型的戦術の不在を際立たせている。ポルトガル人やその他のヨーロッパ人は、陸戦で決定的な技術的利点を享受していなかった。大砲と要塞については強みがあったが、この優位は些細なものであった。(のちに初めてヨーロッパの大国間戦争と同じ戦術を用いる軍隊が登場した、一七四〇年代以降のインドにおけるフランスとイギリスの軍事作戦については、次章で検討する。)海では、ヨーロッパ人がアジアとの往来を可能にするうえで、当然ながら新しい船と航海技法が果たした役割は重要なものであり、ヨーロッパの軍艦は外洋では決定的に優位に立っていた。しかしながら、この海軍の強みでさえ、戦術・戦略上の重大な制約を受け、この地域の東西の縁においてだけでなく、重要な香辛料貿易に関しても優位の逆転を経験した。

強力な近代的陸軍や海軍によってではないとしたら、ヨーロッパ人は近世にインド洋とアジアをいったいどのようにして支配したのだろうか? 簡単な答えは、ヨーロッパ人は、一九世紀末以前にアフリカを支配していなかったのと同様に、〔近世には〕インド洋とアジアを支配していなかった、というものである。証拠の多くについて、まだこれから論じなければならないが――オランダとイギリスの主権会社に関しては次章で論じることになる――少なくとも最初の二五〇年間には、インド洋のヨーロッパ人は、要塞化された集散地のネットワークに支えられた海洋交易に、強制の努力を主に傾けていた。より小規模の政体に対しては、恫喝《どうかつ》戦術と保護費搾取を用いるのに成功していたが（ただし、通常はこれでさえ現地民の支援を必要とした）、ヨーロッパ人はほぼ常に現地の大国に対して恭順していた。ポルトガル人が紅海とアラビア海でオスマン人と交戦する一方で、他のヨーロッパ人は時折ムガル人や中国の明朝軍と衝突した。しかし、全体としてヨーロッパ人は、より大きな軍隊を戦場に展開することができる優勢な敵に対してほとんど勝ち目がないことを現実的に理解しており、したがって彼らはアジアの諸帝国の権威に恭順したのである。また軍事的な計算を別にしても、ヨーロッパ人は、アジア人がヨーロッパの市場へのアクセスに依存する以上に、アジアの市場へのアクセスに依存していた。ムガル人と日本人、中国人、その他の民族は、ただ交易を拒絶することでヨーロッパ人を服従させることができた。この地域の政体の側では、主要な交易路の管制を確立しようとする西洋人の試みと争うつもりがほとんどなく、その結果として、時に「抑制された摩擦の時代」と呼ばれる大ざっぱな一時的妥協がもたらされた。*139

第二章——主権会社と東洋の帝国

一七世紀の初めには、新しい種類のヨーロッパのアクターがアジアに到来した。オランダとイギリスの東インド会社を典型とする、特許会社、ないし「主権会社《カンパニー・ソヴリン》」である。主権会社（イギリスとオランダの会社は多数ある中の二つの例にすぎない）は、謎めいた存在である。これらの会社は、会社法人格や共同出資《ジョイント・ストック・オーナーシップ》による所有、有限責任、経営と所有の分離など、近代資本主義の重要な制度を創始する、近代的な多国籍企業の草分けであり、一心不乱に収益を上げることのみを追求していた。それにもかかわらず、これらの特許会社は典型的な主権的特権も付与されており、それらを積極的に利用した。特に、戦争を遂行し外交交渉を行うだけでなく、入植地を創設して要塞を建設し、刑事・民事裁判を行い、貨幣を鋳造し、宗教的職務を執行する権利が与えられた。

新世界のさまざまなコンキスタドール集団に特許を与えたスペイン国王のように、イングランドとネーデルラント連邦共和国〔オランダ〕の統治者たちは、外国の征服および富の獲得を熱望していたが、こうした願いを実現する手段を持っていなかった。やはりスペイン人と同様に、イングランド人とオランダ人は、認可された私的アクターに海を越える拡大を委ねることで、この難問を解こうとした。しかし、主権会社というアクターの制度形態は、金《きん》とエンコミエンダを求めて戦う、その都度編成されたコンキスタドールの集団とは大きく異なっていた。これらの企業は、特に南・東南アジアにおいて、一七世紀と一八世紀のヨーロッパ拡大のプロセスを押し進める際に、イベリア半島人の成功に匹敵し、あるいは超越さえしたのである。両社は、イングランドとオランダの政府よりも大きな領域と多くの人口を統治するようになった。本国の単なる拡張《エクステンション》をはるかに超えて、独自の軍事勢力になったのである。

本章では、アジアの敵に対する主権会社の軍事的パフォーマンスを検討する。軍事革命論は陸軍や海軍だけでなく、国家にも関わる議論である。したがって、軍事革命にとってこれらの企業が持つ重要性には、より広範な意味がある。ロバーツとパーカー、また彼らの説に倣い、影響を受けた歴史学と社会科学の研究者たちは、戦争遂行と同じくらい国家建設にも関わる理論を提示している。その中で最も有名なのが社会学者のチャールズ・ティリー(Charles Tilly)だ。[*1] 彼らの理論によれば、近代的な軍隊を財政的にも行政的にも支えるためには、近代国家が必要だった。[*2] したがって、軍事革命に必然的な規模と範囲の経済のために、私的主体《エージェント》はその費用ゆえに戦争、特に海戦から締め出されることになる。なぜ特定の地域が世界を支配するようになったのかだけでなく、なぜ過去の国際システムに存在した他の多様な形態ではなく、主権国家という特定の政治制度が優位に立つようになったのかが問題なのだ。二〇世紀半ばに起きた、ヨーロッパの諸帝国の解体は、多くの点で近代国家の最終的な勝利を画している。なぜなら、脱植民地後《ポスト・コロニアル》の新後継国家は、ヨーロッパ国家の制度形態を細部まで模倣していたからである。

ヨーロッパ拡大の詳細な再検討は、西洋の勃興の説明での目的論的推論に関する難問を導く。同様に、ヨーロッパ拡大において公私ハイブリッドのアクターが果たした顕著な役割も、近代《モダニティ》の進歩が、組織化された暴力手段の国家による独占をいかに必然的に伴うかという伝統的な物語に、同じくらい重要な疑念を起こさせる。主権会社は諸国の帝国プロジェクトと競合しただけでなく、しばしば主権会社が国家を打ち負かした。[*3] 例えば一七世紀には、オランダ東インド会社(*Vereenigde Oostindische Compagnie*、VOC)がアフリカ東岸と南北アメリカ大陸の間の海域に最強の海軍を保有していた。イギリス東インド会社(East India Company、EIC)も同様に、最終的にインド亜大陸を中心とする広大な帝国を築き上げ、世界人口の五分の一以上を支配するようになった。〔ところが、〕軍事的優位を西洋拡大の主因とは考えない者でさえ、その一部は、この〔西洋拡大という〕趨勢《すうせい》の主因として、主権国家という制度を評価する。[*4] しかしながら、主権会社の卓越をこうした説明と、どうして調和させられようか? 主権会社——あまりにしばしば、その重要な役割が無視されたり誤解されたりしている——を適切に考慮することなしに、近世のヨーロッパ拡大を説明することはできない。[*5]

特許会社は、ヨーロッパを含む世界のほぼ全域で活動していた。イギリスのモスクワ会社（一五五五年設立）とレヴァント会社（一五九二年設立）は、ロシアとオスマン帝国で交易を行い、また外交を担った。北アメリカでは、イギリスとフランス、オランダ、ロシアの会社が植民地化の先陣を切った。明確にEICと同じ原則に基づいて創設されたハドソン湾会社は、一六七〇年から一九世紀半ばにいたるまで、現在のカナダに当たる広大な地域に対して、EICと同じ一連の広範な権力を振るっていた。[*6] 一六二一年以降、オランダ西インド会社（VOCもその共同所有者の一員だった）は、スペインとの激しい海の戦いに巻き込まれると同時に、ブラジルとアンゴラのポルトガル人を餌食《えじき》にして領土征服も追求した。西アフリカでは、イギリスの王立アフリカ会社が奴隷貿易に専念し、時にヨーロッパの競争相手とアフリカの統治者の両方と衝突した。一九世紀には、西アフリカから南太平洋に及ぶ「新帝国主義」の一環として、新たな特許会社が相次いで創設された。ただし、法的にも実質的にも、これらの会社は一七世紀の先駆者よりもはるかに弱かった。[*7] それでもなお、これらの事例すべての中で、イギリスとオランダの東インド会社が、本書のテーマにとっては断然、最重要である。東洋に企業帝国《コーポレート・エンパイア》を築く中で、オランダの会社、また特にイギリスの会社は、軍事革命論に合致する、西洋の軍事的優位の典型例であると言われてきた。しかし、この理論が国家権力と公的権力の必要性を前提とする限り、主権会社は、実際には軍事革命論の反証としても、同じくらいの説得力を持っているのかもしれない。

本章では、まず、オランダとイギリスの主権会社が、現在では本質的に私的機能および公的機能と考えられるものが組み合わせられた真のハイブリッドであり、したがって国家や単なる商人会社《マーチャント・カンパニー》、本国の道具として定義できないということを説明する。VOCの経歴について簡単に触れた後で、この会社が軍事革命論にどこまで適合するのかを検討して、ほとんど合致しないと結論づける。以前のポルトガル人と同様に、VOCの兵士の数はあまりに少なく、「近代的」戦術を利用せず、現地の同盟者や支援者に大きく依存しており、陸上で享受する技術的利点は不確かなものであった。ＶＯＣは確かに東南アジアの島嶼《とうしょ》部において、また当該地域のいたるところで、ポルトガル人に対して陸と海で重要な軍事的成功に恵まれたが、明朝の中国人やムガル人、日本人にたびたび敗れたり阻止されたりした。一八世紀には、南アジアの現地諸国によってＶＯＣの地位が大きく蝕《むしば》まれた一方で、ますます深まるジャワへの関与は軍事的成功と同時に通商の失敗を反映していた。

ＥＩＣは、オランダのＶＯＣによって東南アジアからほぼ排除されていたが、外交と限定的な海洋力の使用を組み合わせて、南アジアとペルシアで重要な交易特権を確保した。ムガル人がＥＩＣ（ないし他のヨーロッパ人）から何かを必要とする以上に、ＥＩＣはムガル人の後援を大いに必要としていたので、根本的に力の不均衡が存在した。しかし、一八世紀には、南アジアの政治情勢は大きな変化を迎えた。ムガル帝国が衰退して分裂し、フランスとイギリスのグローバルな闘争が南アジアにおけるムガル帝国後《ポスト・ムガル》の後継政体同士の紛争を包み込み、相互に影響し合ったのである。次に、この動乱の時代の結末、つまり巨大なイギリス企業のインド亜大陸帝国は、どこまで軍事的優位論を裏付けているのかを検討したい。

軍事革命論と合致して、イギリス東インド会社は一七五〇年以降にヨーロッパの近代的な戦術と技術を用いる大規模な軍隊を展開したが、覇権を確保するに当たっては同社の優れた行政と財政、信用払いの手段がいっそう重要であった。このように、この物語の一部の要素は軍事革命論を実証するが、他の要素はもっと問題を孕《はら》んでいるのである。ＥＩＣと南アジアの敵の間では、技術や戦術の差が決定的だったとは思われない。財政＝軍事的な観点からは、戦争が国家を作り出したわけではない。なぜならＥＩＣは主権会社として勝利したからである。国家統制主義的《ステイティスト》な「近代的」ポルトガル人がＶＯＣに敗れ、取って代わられたように、より国家統制主義的なフランス人もＥＩＣに敗れたのだ。本章の結論では、組織の学習と変化、軍事的有効性に関するパラダイム拡散モデルと諸理論にとって、これらの発見がどう重要なのかを簡単に考察する。南アジアと東南アジアの戦争は、西方（オスマン人とヨーロッパ人）と北方（中央アジア人と中国人）からの技術および技法の移転と交配によって、繰り返し形を変えることになった。しかし、まさにこのような変化と変動の頻度の高さが、累積学習を困難ないし不可能にした。西洋の軍事慣行を模倣しようとしたアジアの軍隊は、時にその結果として有効性を上昇させるのではなく低下させた。

主権会社とは何か？

主権会社は、君主の勅許、ないしネーデルラント連邦共和国の場合には、立法府であるオランダ議会《スターテン・ヘネラール》が発する特許によって創設された。これらの特許は、しばしば大陸全土や海洋全域として広大に規定される、特定の地理的範囲における特定商品の独占権を会社に与えた。民間資本を賭けて危険を冒す者には収益を上げる期待がなければならない、というのが独占のロジックだった。統治者の観点からすると、ヨーロッパの外での地政学的目標を達成する最も容易で安価な方法は、独占を作り出し、その後に独占権を企業アクターに付与することであった。

しばしば主権会社は、陸上と海洋におけるその勢力圏の中で、伝統的に主権国家と結びつけられる広範な権力を与えられていた。入植地を創設し、民事・刑事裁判を行い、貨幣を鋳造し、税金を徴収し、条約を締結し、陸海で軍隊を用いて通商権益を防衛・拡大する権利である。これらの権力を持っていたにもかかわらず、会社国家《カンパニー・ステイト》は私的アクターでもあった。会社国家は商人と投資家によって所有され、収益を上げることがすべてに優先する目標だったのである。VOCについては一六〇二年以降、またEICについては一六五七年から、主権会社は、共同出資による所有および有限責任という、近代的株式会社《コーポレーション》が持つ二つの基本的特徴の先駆者となった。これら二つの特徴は、商人と投資家がしばしば緩やかな共同体《コンソーシアム》を組織した、それ以前の事業とは対照的だった。以前の事業では、航海ごとに資本と資源を出し合い、負債と損失は商人たちが所有する全資産に及んだ。[8] 主権会社は、ＶＯＣの一七人会（*Heeren XVII*）とＥＩＣの取締役会（Court of Directors）という重役会によって経営された。重役会は専門ごとに分かれたさまざまな委員会を抱え、また東洋における代理人に権限を委任したが、これらの代理人は本国との距離のためにしばしば大きな自主性を発揮した。また株主は往々にして本国政府の要人であり、例えばオランダ議会の議員やイングランド貴族、イングランド議会の議員であった。

歴史家は、会社国家が単に契約による本国の拡張以上の存在だと強調する。また、これらの会社国家は少しも受け身ではなく、本国政府に依存する付属物でもなかったということに一般的に合意している。[9] こうして、ウォード（Kerry Ward）はＶＯＣを「主権的存在《ソヴリン・エンティティ》」や「国家の中の帝国」と呼ぶ一方で、[10] 一七世紀のオランダ政府のある人物はＶＯＣが「通商の会社であるだけでなく、国家の会社でもある」と述べた。[11] スターン（Philip J. Stern）もＥＩＣを同様に「政府の一形態であり、株式会社であり、法域《ジュリスディクション》」[12]、またより一般的に「会社国家」と説明する。ウィルソン（Nicholas H. Wilson）はＥＩＣを「国家の中の国家」と分類し、[13] ボクサー（C. R. Boxer）はＶＯＣについてまったく同じ表現を用いている。[14]

オランダ東インド会社（ＶＯＣ）

オランダ連合東インド会社は一六〇二年に設立された。当時のオランダは、スペインのハプスブルク朝――一五八〇年から一六四〇年にかけてポルトガル王国も支配していた――に対して反乱を起こし、存亡を賭けて戦っていた〔一五八一年、ネーデルラント連邦共和国として独立を宣言〕。会社の創設以来、同社は収益と地政学的闘争という二つの要請を反映しており、[15] 同国の政治・経済エリートの連立的性格とも一致していた。[16] オランダ商人たちは、一六世紀末にインド洋に初めて到達した。これらの商人は交易で稼いでいたけれども、収益を蝕《むしば》みつつあった競争をやめて、さまざまな商会の合併を通じて単一の企業体として力を合わせるようオランダ議会に促された。[*17] オランダという国自体が、高度に分権化された七つの州の連邦であって、各州が共同決定に対する拒否権を持っていた。〔一六〇二年に設立された〕新会社は同様の連邦文化を反映しており、アムステルダム、ミッデルブルフ、デルフト、ロッテルダム、ホールン、エンクハイゼンに置かれた六つの支社で構成されていた。[*18] オランダ議会の後援を受けて、一七人会はVOCの経営に自由裁量権を行使し、日常的に株主の意向を無視した。同社はインド洋と太平洋におけるすべての交易について二一年間の独占権を認められた。

同社の特許状は以下のように述べている。

喜望峰以東とマゼラン海峡およびその先では、前述の会社の代表者は、砦や要塞を建設するために、ネーデルラント連邦共和国議会ないし同国政府の名において、王侯と協定や契約を結ぶ権利を持つ。総じて交易が促進されるように、秩序を保つためだけでなく共同で法と正義の執行を確実にするために、代表者は長官を任命し、軍隊を保有し、司法官およびその他の必須業務のための官吏を任命することができる。[*19]

当初、VOCはポルトガル人や海賊からの防衛のために軍事力が必要だと考えていたように思われるが、軍事力はすぐに東洋におけるVOCの戦略の基礎となった。ある歴史家〔ジェイムズ・D・トレイシー〕は、「東洋の海では、VOCは他のどのヨーロッパ企業よりも、目的を達成するために戦争に訴えることを厭《いと》わなかった」と述べる。[*20]

一六〇三年以降、VOCはすぐに存在感を示した。大量の財宝を積んだポルトガル船「サンタ・カタリナ」を拿捕《だほ》し、そしてジャワに最初の恒久拠点を設立したのである。アジアの同社役員との通信には最長で二年もかかったので、一七人会はその代理人として動けるようアジアに総督位を設けることを決めた。

実際には、この役員は広範な自治権を与えられていた。のちのバタヴィア総督は「祖国の紳士方はあちらで最上とお考えの決定を下す。しかし、我々はこちらで我々自身の良識に基づいて判断を下すのだ」と述べている。[21] 一六〇八年までに、VOCはアジア全域に四〇隻の船と五〇〇〇人の人員（水夫と兵士がおよそ半々）を保有していた。一七世紀末には、二〇〇隻の船と一万〜一万五〇〇〇人の兵士に膨れ上がった。[22] VOCは早急に香辛料貿易の独占を確立しようとしたが、暴力がこの戦略の中心を占めていた。[23] 一七人会は、VOCが「独占した交易の果実を、他者をすべて排除して、単独で楽しむ」ことができるかどうかに会社の繁栄が懸かっていると信じていた。[24] ポルトガル人による海洋保護費搾取（VOCによって模倣された制度）の後での、このオランダ人の動きは、それまでアジアの標準だった、総じて平和な自由貿易に対するさらなる打撃となった。[25] オランダ人の餌食となったのは主にポルトガル人であり、彼らはアンボン（一六〇五年）やマラッカ（一六四一年）、コロンボ（一六五六年）、コーチン（一六六三年）を含む要塞を失った。[26] しかし、軍事革命論を評価する際に非常に重要なのは、VOCとそのアジアの敵の軍事バランスである。

東南アジアのVOC

一五〇八年に最初に差し出されたインドのディーウ港の自由裁量権や、一五一三年に差し出されたコロンボの自由裁量権を拒絶したポルトガル人のように、[27] VOCは驚くほどに気乗りしない帝国主義者だった。惜しげもなく差し出された場合でさえ、しばしば領土獲得を避けたのである。[28] 最終損益に主要な関心を注ぐ、主に海洋を基盤とする組織として、一七人会は、広大な領域と住民を直接統治することが、統治から得られる追加収入よりも大きな支出を生じるかもしれないと懸念していた。しかし、不承不承とはいえ、VOCは二〇〇年の歴史の中で、その領土保有と属領を徐々に拡大した。

インドネシア群島の小島にあるスルタン諸国は、収入と基本的必需品を海洋交易に頼っていたために、しばしばＶＯＣの強制に対して脆弱だった。一六二〇年代には、香辛料を産出するバンダ諸島で、同社は現地民を皆殺しにさえした。ナツメグの生産の掌握を確かなものとするためだった。ナツメグは当時疫病を防ぐと考えられていたのであり、これは近世における因果関係の理解に頼ることの問題を示すもう一つの事例となっている。ナツメグを盗んだり、売ったり、他の場所で栽培したりして捕まった者は処刑された。オランダは、イングランド人が唯一保有するナツメグを産出する島、ラン島と引き換えに〔北アメリカのニューアムステルダムの〕マンハッタン島を手放した。[*29] オランダ人は、現地の対立、特にポルトガル人やスペイン人と対峙《たいじ》する東南アジアの諸政体の対立を利用した。一七世紀の少数の事例では、一七世紀末にジャワで起きたように、正式な自由裁量権を譲渡して、交易に関する同社の極めて不平等な要求に従うよう、ＶＯＣは現地統治者に圧力をかけることができた。しかし、ほとんどの場合には、東南アジアの統治者たちは、対等を原則として、また相互の利益になるように同社と交渉した。[*30]

同社は、ジャワ島にあるバタヴィアの拠点から、同島の隣国間の相次ぐ継承戦争や内戦に次第に巻き込まれるようになった。ある種の「任務の漸次膨張《ミッション・クリープ》」に屈して、同社の介入は損の上塗りになった。[*31] ジャワの統治者たちに過去の金銭的義務の履行を強要する懲罰作戦は、決して完済することのないさらなる負債を作り出した。オランダ人は直接支配の実施を嫌がったために、またよそ者という立場のおかげで、現地の政治権力闘争の各派閥にとってオランダ人は魅力的な軍事パートナーであり、各派閥は同社の兵士を傭兵として雇用した。[*32] インドでは、ＶＯＣは胡椒《こしょう》交易を統制するために要塞網を築いたが、のちに要塞にかかる費用がしばしば胡椒から得られる収益より大きいと思い知らされただけだった。[*33]

ヨーロッパ人の侵入がどこまで東南アジアでの戦争の西洋化を促したかについては、意見が分かれている。ポルトガル人によるマラッカ征服の後で、「ヨーロッパ人到来の軍事的側面は、東南アジアの諸社会における全体的な変化も引き起こした。なぜなら、戦争に適した技術を素早く効率的に組み入れることに失敗すれば、それは直ちに致命的な問題になりかねなかったからである」とタリアコッツォ（Eric Tagliacozzo）は主張する。[*34] 彼は、東南アジアの統治者たちがある種独自の軍事革命を強制され、常備軍と傭兵の利用が貴族によって召集される封建的軍隊に取って代わり、さらに石造りの要塞がいっそう重視されるようになったと考えている。これと異なる見方は、アジアの諸政体がヨーロッパ人の侵入とはまったく独立した理由からこの道を歩んでいたというものである。[*35]

ＶＯＣのために戦った兵士およびその戦法に関しては、軍事革命の諸原理に関する、もはやおなじみの矛盾がすべて当てはまる。これらの兵士は教練を受けた職業兵士ではなかったし、標準的なマスケット銃兵と槍兵、騎兵、野戦砲兵という形で組織化されてもいなかった。戦闘に関わった軍隊の規模は、ヨーロッパの戦争（またユーラシア大陸における他のほとんどの戦争）の標準からすれば極めて小規模だった。最後に、兵士たちは財政＝軍事国家に雇用されていたのではなく、主権的権力を持つ民間企業に雇用されていた。その意味で、ネーデルラント連邦共和国という意味での「オランダ」を巻き込む戦争は、近世のアジアのどこでも起きていなかった。[*36] ＶＯＣは、往々にして兵士の大半を提供する、東南アジアと南アジアの現地同盟者や支援者に大きく依存していた。ＶＯＣの中核部隊の兵士でさえ、日本ほどに遠くからの出身者が含まれていた。この意味で、ＶＯＣは「アジアの会社」になったのである。[*37]

技術バランスに目を向けると、東南アジア本土と、もしかすると島嶼部のほとんどにも、ヨーロッパ人到来のかなり以前から銃砲が存在したことは間違いない。[*38] 例えば、一五一一年のポルトガル人による攻撃の時までに、マラッカのスルタンは多数の大砲で武装していた。孫来臣（Laichen Sun）は、「ヨーロッパの火器が到来するはるか以前、一四世紀末から一五世紀初頭にかけて、中国の火薬技術が陸路と海路の両方で東南アジア全域に広まっていた」と述べる。[*39] 彼は、火薬兵器の拡散が一三九〇年代にビルマとヴェト

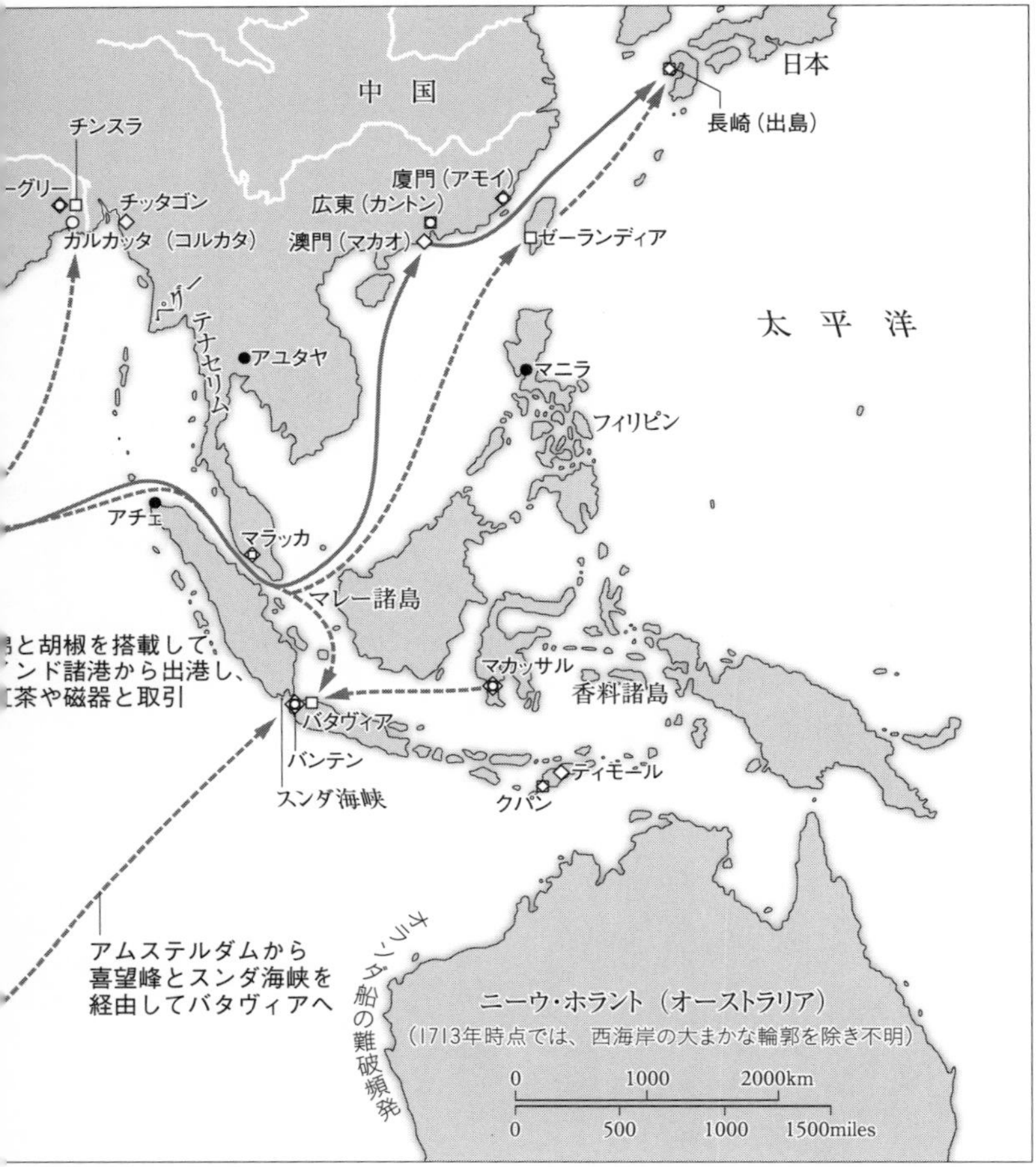

ナーガパッティナム	P.1507～1658; D.1658～1781; E.1781～1947
長崎（出島）	P.1636～39; D.1641～1859
バセイン（ヴァッセイ）	P.1534～1739; E.1780～1947
バタヴィア	D.1611～1811, 1816～1942, 1945～49; E.1811～16
バンダル・アッバース（ゴンブルーン）	P.1514～1614, E.1623～1763; D.1623～1758
バンテン	P.1522～1601; D.1603～18, 1682～1942, 1945～49; E.1602～82
フーグリー	P.1536～1632; E.1651～1690
ホルムズ	P.1515～1622
ボンベイ（ムンバイ）	P.1534～1661; E.1661～1947
澳門（マカオ）	P.1535～1999

マカッサル	P.1520s～1669; E.1613～1667; D.1609～1942, 1945～50
マドラス（チェンナイ）	P.1522～1749; E.1639～1746, 1749～1947; F.1746～49
マラッカ	P.1511～1641; D.1641～1795, 1818～25; E.1795～1818, 1825～1942, 1945～57
モーリシャス	D.1638～1710; F.1715～1810; E.1810～1968
モカ	E.1618～1828？; D.1620～23, 1697～1757
モザンビーク	P.1507～1975
モンバサ	P.1528～85, 1589～1698, 1828～29; E.1887～1963
ルアンダ	P.1576～1640, 1648～1975; D.1640～48

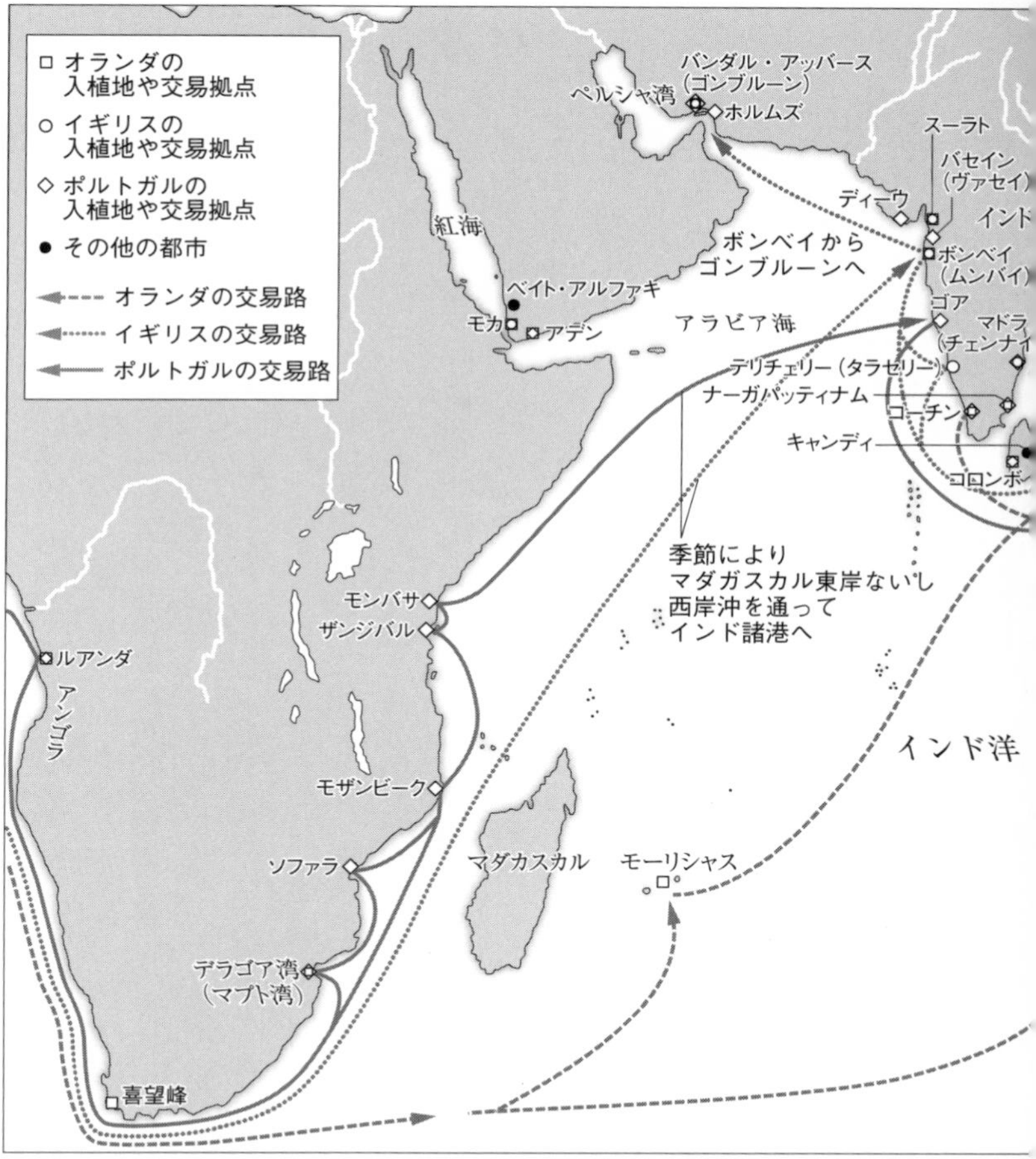

図2　インド洋におけるヨーロッパの交易路とネットワーク　1500〜1750年
Andrew Phillips and J. C. Sharman, *International Order in Diversity: War, Trade and Rule in the Indian Ocean* (Cambridge: Cambridge University Press, 2015), p. 64 の地図を改訂

アデン	P.1513〜38, 1647〜48; D.1614〜20; E.1839〜1967
廈門（アモイ）	P.1541〜？; E.1678〜1757, 1852〜1930
カルカッタ（コルカタ）	E.1690〜1947
広東（カントン）	E.1699〜1943; D.1652〜1828
喜望峰	D.1652〜1795, 1803〜06; E.1795〜1803, 1806〜1910
クパン	P.？〜1613, 1640〜53; D.1613〜16, 1653〜1945
ゴア	P.1510〜1961
コーチン	P.1500〜1661; D.1661〜1795; E.1795〜1947
コロンボ	P.1517〜1656; D.1656〜1796; E.1796〜1948

ザンジバル	P.1503〜1698; E.1890〜1963
スーラト	E.1612〜1947; D.1616〜1795, 1818〜25
ゼーランディア	D.1624〜62
ソファラ	P.1505〜1975
チッタゴン	P.1528〜1666; E.1793〜1947
チンスラ	D.1635〜1795, 1814〜25; E.1795〜1814, 1825〜1947
ディーウ	P.1535〜1961
ティモール	P.1515〜1975
デラゴア湾（マプト湾）	D.1720〜30; P.1730s〜1975
テリチェリー（タラセリー）	E.1683〜1947

ナムで始まり、その後一五世紀の間に東南アジアの残りの地域とインド北部に広まったと考えているが、[*40] それと並行してマムルーク人とオスマン人の銃砲が一五〇〇年までにインド西部に到達していた。[*41] 中国の大砲は一四二一年までにジャワに到達し、[*42] オスマン人は同じイスラム教徒を支援するために、一六世紀にはるかスマトラ島まで、自分たちが利用し生産する銃砲を送り、専門家を派遣した。[*43] しかし、これらのアジアの大砲は、ヨーロッパの大砲と同等の品質だったのだろうか？　西洋の軍事的優位を支持する者はアジアの大砲が明らかに劣っていたと考える一方で、[*44] 他の歴史家は――特に、西洋の砲術家と大砲鋳造師を公開市場で雇用する可能性を考えると[*45]――大きな差はなかったと信じている。[*46] 東南アジア人が西洋の銃砲を好んで購入したという事実は、確かに西洋の銃砲の優秀性を示唆しているが、[*47] 西洋と東洋の全体的な軍事バランスについては多くを語っていない。

一七世紀には、（オランダの人口が二〇〇万人以下だったことと比べて）ジャワ島はおよそ三〇〇万人の人口を抱えており、[*48] マタラムのスルタン国が同島内陸部で最も強大な政体だった。[*49] VOCは、一六七七年から一七四〇年代にかけて、ここで一連の継承戦争の泥沼にはまった。リックレフス（M. C. Ricklefs）は、総じて「ヨーロッパとジャワの軍事技術の間に重要な技術的差異は現れなかった。それは主として、ジャワ人はVOCがヨーロッパから導入したわずかな技術革新を素早く採用したからである」と論じている。[*50] 例えば、東南アジアの現地兵は、VOCの兵士が一七世紀末にマッチロック式〔火縄銃〕からフリントロック式〔火打ち石銃〕に切り替えた際に、これを模倣した。[*51] VOCは通常多くのアジアの同盟者や傭兵と行動を共にし、立て続けの紛争でこの者たちが異なる側に付いたり離れたりして、兵器と戦術が容易に移転することになったために、なおのこと差が小さかったのである。加えて、ヨーロッパ人傭兵や砲術家の中には、一番多くお金を出す者に喜んで仕える背教者もたくさんいた。[*52] インドネシア群島のジャワや他の場所で、現地の状況はヨーロッパとは異なる戦争方式を必要とした。例えば、ジャングルの中では斉射は無効だった。[*53]

数で圧倒されるVOC軍は優れた要塞の恩恵を受けたが、しばしばこれらの要塞は陸からの攻撃ではなく、競合するヨーロッパ人による海軍砲撃に耐えられるように建設されていた。[*54] バタヴィアは、一六二八年と一六二九年にマタラム王国のスルタンが展開した、一万人規模と二万人規模の軍隊による攻囲に耐えたが、これは近代的なヨーロッパ式で要塞化する以前のことだった。[*55] VOCは時に大砲に耐えられる石壁——スラウェシ島にあるマカッサル王国のスルタンの要塞のように——に直面することになったけれども、マラッカでポルトガル人が襲撃した要塞のように、東南アジアにおける要塞の多くは石造建築ではなく、木の柵で守られていた。

東南アジアの海におけるVOCの勝利を説明するに当たっては、狭義の戦術的要素よりも、戦略的状況——特に、海の管制により部隊を移動させ集中させると同時に、敵側の補給と救援へのアクセスを遮断するという能力——が重要だったように思われる。[*56] この文脈で、ロージは以下のように論じている。

［東南アジアの群島の］現地統治者による過ちは、どれも致命傷となりかねなかった。ヨーロッパ人の失敗は、単なる一時的挫折ですんだ。したがって、ヨーロッパ人が常に戦略的主導権を手にしていられたために、軍事的、政治的な競争は概して一方的になった。ヨーロッパ人は、ある目標にどれだけ努力を注ぐのかを決めて、警告なしに攻撃を行うことができた。東南アジアの統治者たちは、しばしば存亡がかかる脅威に反応するのが関の山であった。[*57]

VOCは、より大型で堅牢、より重武装のヨーロッパ式船舶という、ポルトガル人と同じような理由から、海戦では敵に対して明確に優位に立っていた（ただし、強力なアチェ海軍は、自国が国内の不和の犠牲となるまで、一七世紀の大半にわたってポルトガル人と戦った)。目標と戦略の文化的枠組みに関する、本書のより大きなテーマに直接関連して、ロージは、この時期の東南アジアにおけるヨーロッパ人の帝国建設は、経済的観点からは非常に不合理だったと考えている。彼の見解では、国家および企業による冒険的事業は、どちらも栄光の追求に基づく、採算のとれない事業であった。[*58]

小さな香料諸島とジャワ、その他いくつかの港を除けば、オランダ人は一九世紀に入るまで、東南アジアの群島をほとんど支配できていなかったということを想起するのが重要である。[*59] 例えば東南アジア本土のように、海軍の強みがそれほど役に立たない場所では、(他のヨーロッパ人と同様に)VOCは手出しをしてもほとんど成功せず、厳しい敗北を喫した。一六四三年には、新しいカンボジア国王のもとに派遣されていたVOC使節団がプノンペンで虐殺され、その翌年にVOCの兵士四〇〇人からなる報復部隊が敗北した。

合理的学習と軍事的適応の観点からすると、東南アジアの諸政体の経験は、ブラックがパラダイム拡散モデルと呼ぶもののロジックに矛盾する傾向がある。この点については、EICと南アジアにおける一八世紀の戦争に関連して後で論じることになる。勝者の軍事技術、戦術、組織を模倣することによって、敗者が戦闘力を高めることを学ぶというのが、一般常識的な考えであろう。しかしこの地域では、ヨーロッパ式に武装し訓練された、教練を受けた歩兵の常備軍を創設することでヨーロッパの方法を模倣した者は、ヨーロッパ人の観察者の目から見ても、戦闘力を高めるどころか低下させたように思われる。[*60] 逆に、現地の手法に固執した者の方が、ヨーロッパ人の進攻に対する抵抗にはるかに成功した。「有効だと分かったのは、小規模な『西洋式』の常備軍ではなかった。むしろ、自律的ないし半自律的な武装集団が有効であって、戦争に関する彼らの考えはほとんど西洋の影響を受けていなかったし、現地の地形に適し、時の試練を経た伝統的な方法で戦ったのである」。[*61] 敵を模倣するのではない、分岐ないし非対称の反応からもたらされる恩恵という結論は、二〇世紀および二一世紀に西洋の軍隊に対して戦争を遂行する、のちの反乱軍の経験とも一致している。これについては結論の章で論じたい。

東アジアのVOC

オランダ東インド会社が東南アジア本土で限定的な成功しか収めなかったとすれば、中国での成功はさらに限られていた。一六二〇年代から一六六〇年代にかけて、VOCは進貢国に志願し、またその後には中国との交易を力ずくで広げるべく一連の散発的な努力を試みたが、いつもオランダ人は海でも陸でも明朝軍との戦いで敗北を喫した。このうち最も重要な事例は、明朝の遺臣「国姓爺《こくせんや》」こと鄭成功《ていせいこう》によって、一六六一年、イタリア式築城術を用いるVOCのゼーランディア要塞〔台湾〕が攻略されたことだった（一六四〇年代半ばには、満洲族の清朝によって、明朝は中国の大部分で権力の座から放逐されていた）。

オランダ人は、マカオでポルトガル人に敗れた後で〔マカオの戦い（一六二二）〕、一六二二年に福建省沿岸を襲撃し、船を拿捕して、中国にスペイン領マニラとの交易を止めるよう要求した。しかし、その二年後、同社は「数万」を数える大規模な中国軍を前にして、福建省沖合の澎湖諸島にある拠点から引き揚げ、台湾に撤退することを余儀なくされた。[*62] ただし、初期の海戦では、中国軍はVOC船の大きさと火力によって痛い目に遭うことになった。[*63] 一六世紀初頭のポルトガルの軍艦と異なり、同社の軍艦は舷側砲で武装した多層甲板船であって、数十門の大型鉄製大砲を搭載しており、はるかに多数のジャンク軍艦〔中国の平底帆船〕や商船を相手にすることができた。しかし、以前の勝利のためにVOCは油断していた。一六三三年に明朝軍はオランダ船九隻に対して火船による奇襲を仕掛けたが、これは一〇〇年前のポルトガル人に対する反撃を再現するものだった（火船には「茅薪、神煙、炮石、神沙、毒火」を含むさまざまな焼夷《しょうい》物が搭載されていた）。[*64] 同社船舶のうち四隻が破壊ないし拿捕され、VOCは要求を諦めた。

鄭成功のVOCに対する台湾での軍事作戦は、非西洋軍によるイタリア式要塞攻略の事例として、詳細に分析されている。二万五〇〇〇人の中国軍は、二〇〇〇人ほどしかいない防衛部隊の出撃を退けた後で、一六六一年にこの要塞を包囲した。人数で大きくまさっていたにもかかわらず、要塞を強襲しようとする中国軍の試みは、大きな損失を出して撃退された。離反者が〔要塞の〕致命的な弱点を指摘した時に、VOCの破滅が訪れた。要塞を見下ろす丘の防備が弱かったのである。この丘を奪取すると、鄭成功の軍勢は要塞内部を直接砲撃することができ、その勝利は時間の問題であった。

アンドラーデは、この事例からいくつかの結論を導いている。[*65] 第一に、VOCの歩兵隊（さらに言えばヨーロッパの歩兵隊一般）は、中国の正規歩兵に劣っていた。中国の歩兵は、より規律があり、より練度が高く、またほぼ同程度に武装をしていたのである。アンドラーデは、中国の歩兵隊がヨーロッパ人より何世紀も前から、最初は弩《いしゆみ》、のちには銃砲の斉射を用いていたことを強調する。第二に、中国人は一六世紀のポルトガル人の設計から学んでいたために、中国のマスケット銃と大砲は西洋の銃砲とまったく同等の性能だった。第三に、西洋の軍艦は、その堅牢さと武装だけでなく、風上へ間切る能力のために、格段に優れていた。第四に、西洋の要塞はアジアの要塞よりも優れており、これは尖った稜堡が交差射界を可能にしており、壁への強襲を非常に損害の多い計画にしたためであった。アムール川でのロシア軍と中国軍の衝突に関する証拠によっても傍証されているとはいえ、それでもアンドラーデは少数のかなり小規模な衝突に基づいて、大きな結論を引き出している。彼によればオランダ人が台湾で負けたのは不運（離反者の存在と救援艦隊の到来を妨げた悪天候）のためであったが、この事実は個々の戦闘から一般的な結論を導くことの困難を示唆している。台湾でのVOCの敗北に関する興味深いこぼれ話として、同社による敗北の分析は要塞指揮官を不当に非難していた。この責任転嫁は、パラダイム拡散モデルにおける合理的学習の諸原理が必要とするような、真摯な内省と改革に従事するのではなく、失敗を個人に押しつけて無視する傾向を示している。

戦略的には、中国人について言えば、VOCはムガル人に対するのと同じような状況に直面した。明帝国が同社を必要とする以上に、同社は中国人を必要としていたのである。明朝と清朝の戦いや、それ以前の一七世紀半ばに中国全域で猛威を振るった反乱〔李自成の乱〕を考慮しても、東アフリカやインド沿岸部、東南アジアの島嶼部の小規模な土侯国やスルタン国ではヨーロッパ人にとってうまく作用したような、分割統治の方策をとる余地がはるかに小さかった。ましてや、VOCに現地の従属的な政体と密約を結ぶ機会を与えたかもしれない、ムガル体制のような、自治的な属国と宗主国の協定に近いものは何もなかった。

VOCは日本の幕府に対してはかなりの恭順を示し、日本では「通常の特権を放棄して、徳川幕府の期待に沿うように装いを改めること」を強いられた。[*66] 日本人水夫六〇人あまりを殺害した報復として、VOCの全資本を超える価値のある積み荷を乗せたポルトガル船を日本人が焼き払った一六一〇年の事件〔有馬晴信らがマカオで晴信の朱印船の水夫が殺された報復としてマードレ・デ・デウス号を撃沈〕を、VOCは戒めとなる教訓として受け止めていた。[*67] 日本人は、将軍の朱印を持つ船が攻撃を受けた場合には不相応に大きな報復をするという同様に厳格な方針をとっており、暴力に訴えがちなヨーロッパ人でさえ、この禁令をきちんと遵守した。日本のオランダ人同社役員は、一七〇七年に以下のように報告している。「この地を去って二度と戻らないことを望むのでない限り、われわれの牙を見せたり、暴力を用いたりすることは不可能である」。[*68]

衰退するVOC

一七~一八世紀の東南アジアと東アジアは別にして、VOCは南・東アフリカ〔喜望峰とモザンビーク〕、セイロン、インドの東岸と西岸、中東、またインド洋に面する地域のいたるところでも戦っていた。一六六〇年代まで、軍事作戦の多くはポルトガル人を相手とするものだったが、その後、VOCはアジアの敵に直面するようになった。西ヨーロッパが軍事面および経済面で着実に世界の他の地域よりも優位に立ちつつあったとすれば、同社は土着の諸政体に対してますます強力になったと予期されるかもしれない。ジャワではまさにそうであって、同社は次第に現地の諸政体を従属させ、反乱を抑圧していった。しかし、他の場所では状況はかなり異なっていた。

インド南西部のマラバール海岸では、トラヴァンコール王国の拡大がVOCの現地従属国を脅かし、香辛料貿易の支配を危うくしたので、一七三九年に戦争が勃発した。[69] VOCの最後通牒が拒絶された後で（トラヴァンコール王は報復としてヨーロッパを侵略すると脅した）、同社は一七四一年にセイロンから兵士を上陸させた。当初の勝利の後で、同社の軍隊は包囲され、降伏するまで兵糧攻めと砲撃を受けた。VOC側の指揮官はその後トラヴァンコール側に寝返った。現地同盟者が離反すると、同社はこの地域に残る要塞の一部を放棄して、講和を求めた。VOCは、当時ジャワ島の大規模な反乱を抑え込むのに苦労しており、そのために増援を送れなかったのである。一七一五年以降の半世紀については、ある歴史家〔エリック・オーデハルト〕が以下のように述べている。「この時期の終わりまでに、VOCは、トラヴァンコールとマイソールという二つの新しく大きな中央集権化された『財政＝軍事』国家の間に挟まれた、マイナーなアクターになった」。[70] このように、一八世紀半ばには、VOCにとっての戦略的問題は、この地域においてイギリスとフランスについていけなかっただけでなく、南アジアの新しい競争相手にも後れをとったということであった。

セイロンでは、VOCはかつて同盟していたキャンディ王国のラージャとの関係を絶ったが、以前のポルトガル人（のちにイギリス人も）と同様に、内陸部への領土主張を認めさせるのに苦しんだ。一七六一年のキャンディ人の攻勢は、オランダ人を島からほぼ追い出した。VOCは沿岸部を取り戻すことができたが、一七六六年までにキャンディ王国征服の試みを放棄せざるをえなかった。[*71] 同時に、VOCはペルシャ湾のハールク島にある拠点からも追い出された。[*72] より全般的な見解は、以下の通りである。

ヨーロッパの「軍事革命」の一般原理を認める必要があるが、東南アジアと同様に、「南アジアにおいて」こうした進歩が作り出した不均衡は、実際には一八世紀半ばまでインドにほとんど永続的な影響を及ぼさなかった。交易を大きく変化させるには、インド亜大陸にいたポルトガルとオランダの兵士はとにかく少なすぎたし、イギリス軍が大挙して登場した時には、それは主にフランス軍に対抗するためだった。[*73]

最終的には、VOCの成功そのものが破滅のもとになった。統治下の領土が拡大すればするほど、同社は商業的に成功できなくなった。一八世紀には、徐々に増加する行政費と軍事費が、ほぼ一定だった収入を超過したためである（一七世紀には、軍事費はVOC予算総額の五分の一から三分の一を占めており、当時のヨーロッパ諸国と比較してこれはかなり低い比率だった）。[*74] この結果の皮肉な点は、一七人会を含む同社関係者の多くがまさにこの危険を鋭く認識しており、強く反対していたことである。例えば、一六六二年に一七人会に提出された、VOCの前途に関する悲観的な報告書は、征服すればするほど「今後すべてを独力で支配するための力を失ってしまう」、またこの傾向を止めなければ「同社はいずれその負担に耐えきれず崩壊し、決定的にばらばらになってしまうだろう」と論じた。[*75] 別の批判者は、「VOCが統治する領域が大きくなればなるほど、通商を維持し拡大することはできなくなる」と、同様に先見の明のある指摘をしていた。[*76] セイロンとマラッカでの戦闘の費用に関して一七人会の間で共有された苦情は、次のようなものだった。「商人は、費用のかかる領土征服を実行するよりも、自らの商才を鍛え、アジアからオランダに高価な積み荷を送る方が見事に成功するだろう。領土征服は、利に走る商人よりも国家元首や強大な君主にはるかに向いている」。[*77]

軍事バランスとはそれほど関係がないが、VOCの全般的な成功と生存にとって重要なのは、交易独占を強制する試みが、同社内部に蔓延する腐敗は言うに及ばず、膨大な量の密輸と海賊行為を生み出したことであり、これらすべてが同社の力をそいだ。[*78] 一八世紀に支出が収入を超過すると、VOCは金のかかる新たな軍事作戦の実施を避けるようになり、また実施する能力も低下した。ナポレオン戦争中にイギリスが東洋のオランダ領を征服した時には、VOCはすでに破産していた。ある意味で、この失敗は軍事革命の考え《アイディア》を間接的に裏付けているのかもしれない。つまり、少なくとも長期的には、近代的な陸海軍を維持するためには、〔東インド会社のような〕公私ハイブリッド〔の組織〕ではなく中央集権国家の財政資源が必要だった、という議論だ。しかし、この議論とは矛盾して、典型的に近代的なオランダ国家そのものが、VOCの最終的な消滅と同時期に征服されたのである。

イギリス東インド会社（EIC）

イギリス東インド会社は、一六〇〇年にエリザベス一世（Elizabeth I）が発した勅許状に基づいて設立された。VOCより設立が少し早かったものの、特許会社に特徴的な公私ハイブリッドの性格を与える、真の共同出資形態、および一連の主権的特権を獲得するのにはより長い時間が必要であった。東洋への航海において、EICは初期にはVOCに見劣りし、香料諸島からほぼ追い出されてしまい、その代わりに南アジアに努力を集中するようになった。EICは〔最終的に〕、主権会社すべての中で最も重要な存在にまで上り詰めた。一九世紀には、世界人口のおよそ五分の一を抱え、南アジアほぼ全域を取り込む広大な帝国を支配するようになったのだ。EICの歴史に関する記述は、しばしば同社が初めてベンガルに相当な領土を獲得することになった、一七五七年のプラッシーの戦い〔EIC軍がベンガル太守とフランス軍を撃破〕以前と以後を明確に区分している。[*79] 初期には、ＥＩＣは交易拠点と要塞を建設し、またポルトガル人やＶＯＣと同様に、本質的に海洋的な戦略を固持していた。一七五七年以後の数十年間が、本書の中心的な疑問にとって非常に重要である。この時期には、ヨーロッパ人が率いる軍隊とアジア人との間で、それ以前の二世紀半よりも持続的に、大規模な戦闘が起きた。一八世紀末に向かって、イギリス政府は同社を国家とより密接に結びつけようとして、その主権的特権と企業特権を徐々に縮小するプロセスを開始した。[*80] 一八五七年〔～一八五九年〕のインド大反乱が事実上同社の終焉《しゅうえん》を画した。

まず、ムガル帝国との関係からＥＩＣの物語を始めたい。同社は暴力ではなく外交を通じて交易特権を手にしたのであって、海での暴力は常にＥＩＣの選択肢《レパートリー》の重要な一部だったけれども、一六八〇年代におけるムガル人に対する唯一かつ直接の挑戦は失敗に終わった。本章の残りでは、ムガル帝国崩壊後の一七五〇年代以降――西洋の勃興の軍事的基礎に関する議論を評価するうえで重要な時期――に、ＥＩＣがいかに南アジアでの征服の道を歩み始めたのかを見てゆく。評価にあたっては、まず戦場における技術と戦術に目を向け、その次に軍事力と軍事的有効性を支える行財政的基盤を検討する。

一七五〇年までのＥＩＣ

過大な収益を上げるために独占を強制しようとする武装商人であるという点で、ＥＩＣはＶＯＣと似ていた。[*81] 例えば、一七世紀初頭に、ＥＩＣが交易許可を求めてムガル帝国の宮廷に派遣した使者、トーマス・ロゥ（Sir Thomas Roe）は、現地諸国とは「片手に剣を持って対応するのがよい」と考えていた。[*82] ＶＯＣと同様に、このイギリスの会社は一六一二年以降すぐに同地域のポルトガル船と交戦するようになり、通例は勝利した。[*83] ＥＩＣによる初期の最も際立った軍事的成功は、一六二二年のペルシャ湾の入り口にあるホルムズのポルトガル要塞の攻略であり、これはペルシア軍との同盟により勝ち取った勝利だった。サファヴィー朝皇帝のシャー・アッバース（Shah Abbas）は、一世紀以上にわたってポルトガル領インディアが保持し、近代的なイタリア式築城で守られる要塞を奪還する際の海軍支援と引き換えに、交易へのアクセスと関税特権、遠征費用を相殺する補助金を差し出した。[*84] 五隻からなる小規模なイングランド人部隊は首尾よくポルトガル船を撃退し、要塞を砲撃し、最後の強襲を敢行したサファヴィー朝軍の輸送を手助けした。しかし、軍事的には成功したものの、ＥＩＣにとっての通商上の成果ははるかに曖昧なものであって、それは同社のいまだに不透明な法的地位を示していた。当時イングランドはポルトガルと戦争をしていなかったので、イングランド海軍長官《ロード・ハイ・アドミラル》〔初代バッキンガム公ジョージ・ヴィリアーズ〕は同社を海賊行為のかどで訴えると脅し、一万ポンドを私的に支払うことでやっと懐柔することができた。[*85]「スペイン人の苦情申し立てから救ってやったというのに〔ポルトガルとスペインは当時同君連合で結ばれていた〕、私には何もお礼がないのか」と問いかけて、ジェイムズ一世（James I）もＥＩＣから一万ポンドの支払いを受けた。[*86] のちにＥＩＣは、ペルシア人から手にした対価が、本来支払われるべきものよりかなり少なかったと思うようになった。

初期のＥＩＣの好戦性を誇張しすぎないことが重要である。法や実際の問題としては、ＥＩＣは香料諸島におけるＶＯＣと比べてはるかに好戦的ではなかった。[*87] ヨーロッパでは、ジェイムズ一世とオランダ議会は良好な関係を保っており、二つの特許会社の間で香辛料の貿易を割り当てる妥協を仲介しようとした。しかし、東洋のＶＯＣ役員は独占の強制を固く決意しており、一六二三年にアンボイナ島〔インドネシア〕でＥＩＣの従業員一〇人を処刑した。ＥＩＣは、一六三五年以降、ポルトガル領インディアと永続的な和解に達することには成功した。

南アジアへの相次ぐ遠征の後で、ＥＩＣはこの地域に恒久的な拠点が必要だと考えるようになった。ＥＩＣの最初の足がかりは一六一九年に拠点が設けられたスーラト港であり、その後獲得した拠点と同様に、武力ではなくムガル帝国宮廷での外交を通じて確保された。一七世紀のＥＩＣとムガル帝国の関係に関する伝統的な物語は、不安定な勢力均衡を描き出す。それはムガル帝国の現地官吏がＥＩＣを搾取し、こうした略奪行為が目に余るようになるとＥＩＣが紅海に向かうムガル船を繰り返し襲撃することで報復し、不穏な現状《ステイタス・クオ》に戻るというものだ。[*88] しかし、ハサン（Farhat Hasan）は、ペルシアのムガル史料の研究に基づいて、歴史家が紛争の深刻さを誇張しており、この関係がおおむね友好的なものだったことを覆い隠していると論じている。[*89] ＥＩＣはグジャラートおよびのちにベンガルの現地帝国官吏に搾取されていたどころか、実際にはムガル皇帝の関税を避けるために、現地事務官と談合していた。[*90] ＥＩＣのムガル帝国への参入は、慣例的に主権的特権を共有し移譲するという、ムガル政体が持つ浸透性の性格のために大いに容易になった。部分的には、これは帝国建設のあり方を反映している。ムガル帝国は、競争相手を破壊するよりも、取り込み従属させることに頼っていたのである。[*91] 特に、商人と港は相当な自治権を享受しており、[*92] したがってＥＩＣの自治も、既存の先例の中で容易に受け入れることができた。同社は皇帝への隷属を誓い、皇帝は同社に畏《おそ》れ多くも交易権を含む一定の特権を授けたのである。

一六三九年には、ムガル帝国の手が届かないマドラスにＥＩＣ初の要塞化された拠点が建設されるが、これは軍事的優位というよりも現地の策謀の産物だった。要塞建設の主要な障害は現地統治者——建設費用の半分を支払うと約束するほどに積極的——ではなく、むしろ過大な費用を懸念するロンドンの重役たちだった。現地統治者が約束を破り、支払いを拒否した時に重役たちの懸念が根拠の確かなものだったことが判明したが、その時にはすでに手遅れで、要塞は建設された。[*93]

一六八六年には、ＥＩＣとムガル帝国の間で一七世紀で唯一の重要な衝突が起きた。この時、アウラングゼーブ帝（Emperor Aurangzeb）は、反乱を起こしたマラータ人に対する軍事作戦の資金を捻出するために歳入を増やそうとしており、皇帝の官吏はＥＩＣの関税回避を取り締まった。同時に、ＥＩＣ総裁のジョサイア・チャイルド（Sir Josiah Child）の影響のもとで、同社はムガル帝国に対してより攻撃的な姿勢をとることを決断した。「商人が戦士になることを決めた」のである。[*94] しかし、同社はイングランド人が陸戦で勝利を挙げられるほどにムガル人が弱体化したと考える重大な誤算を犯した。ベンガルでの初期の強襲上陸は、大きな損失を出して失敗した。EICがメッカ巡礼に向かう敬虔な信者を乗せた船を襲うのに苛立って、皇帝は同社の駆逐を命令した。[*95] ムガル人から委任されたアビシニア人の艦隊司令官がボンベイを封鎖し、一六九〇年に同社の守備隊を降伏させると形勢が逆転し、同社はマドラスを除く領土をすべて失った。EICは講和を求めた。同社は皇帝に対して「恐懼《きょうく》して悔恨の意を示す」嘆願状を出し、多額の賠償金の支払いだけでなく、特権の回復と引き換えに、戦争の引き金となったより高額の課税に同意した。[*96] この経験は、同社が陸上で劣勢であるだけでなく、海の要塞でさえ弱点があることを示した。[*97] その後の二〇年間には、同社とは無関係のイングランド人による「私的」な海賊行為が断続的な刺激となって、時折小競り合いが発生した。しかしこの時には、アウラングゼーブはマラータ人に対する長期に及ぶ作戦に全力を注いでおり、ボンベイとマドラスを攻略するために兵士を分遣することに積極的ではなかった。[*98]

一八世紀の南アジアの重要性

一八世紀は、南アジアの動乱と大変化の時代であった。とりわけ、ムガル帝国の衰退と東インド会社の勃興が重要である。何人かの歴史家は、一八世紀のインドにおける激しい軍事競争と、その一～二世紀前にヨーロッパでの軍事革命を促進したとされる状況との類似点を比較している。[*99] 一七〇七年にムガル帝国のアウラングゼーブ帝が死亡したのち、宮廷での激しい策謀や皇位継承をめぐる一連の激しい争いがあった。また、ムガルの宗主権に対しては口先だけへつらいながら、ますますいいように統治する、強力な地域的統治者の離反も起きた。[100] 一七世紀末から一撃離脱攻撃でムガル人を悩ませていたヒンドゥー系のマラータ同盟は、ますます強大になった。一七三九年には、ペルシア君主ナーディル・シャー（Nadir Shah）によってムガル帝国の大軍隊が潰走、デリーが略奪され、ムガル帝国は壊滅的な敗北を喫した。宝石がちりばめられた、ムガル皇帝の孔雀の玉座（タージ・マハル〔第五代皇帝が妃のために巨費を投じて建設した墓廟〕の倍もの費用がかかった）でさえ、車両に乗せて運び去られた。ムガル人はヨーロッパ人によって敗北させられたのではなかったし、また国内の力学《ダイナミクス》が帝国崩壊の決定的な要因であったが、軍事的に最も危険な敵はペルシア人とアフガニスタン人であって、ポルトガル人やオランダ人、イギリス人ではなかったと強調しておくことが重要である。[101] ＥＩＣを含む、南アジアのほぼすべてのアクターは、一九世紀に入ってからもムガル帝国の最高権威を認め続けたが、[102] この虚飾にはますます綻《ほころ》びが目立つようになっていった。

　ムガル帝国の衰退の結果として、ムガルの後継政体同士、またヨーロッパ人同士、特にイギリス人とフランス人の間の紛争が激化した。ナポレオン戦争の終結までに、イギリスはアジアで、ヨーロッパの競争相手すべてを決定的に圧倒した。一八世紀半ばにフランス人を負かし、一時的にマニラを占領しただけでなく、ＥＩＣの軍隊はジャワの征服も助けた。オランダが東洋の領土を返還してもらえたのは、ヨーロッパの緩衝国としてオランダを維持するというイギリスの戦略の一環にすぎなかった。ＶＯＣは一七九九年に破産した。しかし、主にＥＩＣの成功の結果として、ベンガル征服後には、同社は徐々にイギリス国家に従属するようになった。一八世紀末以降、商業的関心がますます統治の必要に取って代わられるにつれて、ＥＩＣは主権会社のハイブリッドな性格を失い始めた。軍事革命がヨーロッパ拡大と帝国建設を説明できるのかどうかを評価するという目的を踏まえて、ここではヨーロッパ人と南アジア諸国がそれぞれの集団内部で戦った度重なる戦争ではなく、ヨーロッパ人と南アジア諸国の間のバランスに焦点を当てる。この実用本位の決断には代償もあることを認めておくのが適切であろう。つまり、非ヨーロッパ人はヨーロッパ人と関わる場合にしか取り上げられないという、ブラックらが非難するヨーロッパ中心主義を存続させてしまうという代償だ。したがって、一七三九年のペルシアのナーディル・シャーによるムガル軍の撃破と、一七六一年のインド＝アフガニスタン連合軍によるマラータ同盟軍の撃破という、一八世紀の南アジアで最も決定的だった二つの勝利には、ヨーロッパ人がいっさい関わっていなかったということを繰り返し指摘する必要がある。[*103]

まず、ヨーロッパ人が南アジアの敵を相手にしてどのような経験をしたかについては、かなりの相違があったことを改めて簡単に強調しておくべきであろう。EICが優位に立ち、またフランス人が斉射のような重要な革新を最初に導入した一方で、オランダのVOCおよびポルトガル人は一八世紀に南アジアの敵の手で重要な敗北を喫した。オランダ人はマラバール海岸（現在のケララ）で周縁に追いやられ、[*104]ポルトガル人はマラータ人に敗れた後でゴアに閉じ込められた。[*105]一八世紀に優勢となった唯一のヨーロッパ人はイギリス人であって、他のヨーロッパ諸国はEICや南アジアの現地諸国に敗北したのである。

歴史家は、南アジアにおけるヨーロッパ拡大（実際にはイギリスの拡大）を特に強調する。まず、人口と経済規模の観点から、これらの領土が産業革命以前の西洋諸国による征服の中でずば抜けて一番重要なものだったからである。[*106]ベンガルだけでも一七五〇年のイギリスの人口を超えていた。また、一八世紀半ば以降の時期に初めて、ヨーロッパ人に率いられ訓練された、それなりに大規模な軍隊（ただし兵士の大半は現地人）が、比較的同規模のさまざまなアジアの軍隊と絶え間なく交戦するようになった。この経験は、隔絶した小競り合いから一般的な傾向を推測しようとするよりも、適切な証拠を提供している。加えて、パーカーは、特に斉射を用いる教練を受けた歩兵隊を含む重要な戦術的進歩が、一七四〇年代にヨーロッパの外で初めて南アジアで利用されたと指摘している。[*107]

征服する会社——一七五〇年に始まる軍事革命?

一八世紀の間にＥＩＣの軍事能力に起こることになる大変化は、最初の数十年間には決して明瞭ではなかった。一七二〇年代には、同社はムガル帝国の衰えた力を相変わらず懸念していた。[*108] 一七四〇年になってもなお、同社の兵士は南アジア全域で二〇〇〇人しかいなかった。[*109] ＥＩＣを変化させたのは、直接にはムガル帝国の崩壊ではなく、むしろフランス東インド会社からの、ヨーロッパ人による新たな挑戦だった。[*110] イギリスとオランダの先駆者を大まかに模範としていたが、フランスの冒険的事業は、その財政と戦略指導の両面で王権とはるかに密接に結びついていた。[*111] それどころか、これら二つの依存の原因は、相互に補強するものになった。フランス東インド会社は国家の寄付金と財政援助に依存していたために政治的指導に従順だったし、フランス国家の一部門として徴用されたので、その商業的収益性は低いままだったのだ。[*112] しかし、この緊張関係にもかかわらず、フランス人は、同時代ヨーロッパの戦争方式に基づいて現地兵士を訓練するという革新——つまり、斉射の教練を受け、野戦砲兵に支援され、ヨーロッパ人を将校とする、火打ち石銃と銃剣で武装する歩兵隊——を導入した。[*113] 軍隊の国民性について語る際には、どの軍隊も南アジアの徴集兵が兵員の大半を占めており、インド統治者たちに仕える軍隊でさえ、時にヨーロッパ人傭兵に率いられていたと強調することが重要である。ヨーロッパの軍事技術の輸入は、ヨーロッパの軍隊の輸入を意味したわけではない。

イギリス人とフランス人は多くの戦争を代理戦争という形で戦い、現地同盟国に財政援助を行ったり、非正規軍を雇ったりした。[*114] ムガル帝国の分裂によって、ヨーロッパ人が独自の目的を追求するために介入することのできる継承戦争が数多く発生した（現地諸国も同様にヨーロッパ人同士を対抗させようとした）。一七四六年から一七六三年にかけて、インド南部では、ヨーロッパのオーストリア継承戦争〔一七四〇〜四八年〕と

図3　1760年頃のインド
Charles Colbeck, *The Public Schools Historical Atlas* (London: Longmans, Green & Co., 1905), Map 74 を改訂

七年戦争〔一七五六〜六三年〕と重なり、連動する闘いが起きた。この際に、イギリス人とフランス人は、マドラスとポンディシェリにあるそれぞれの拠点から、競い合う王位請求者を支援した。当時の最も重要な戦闘と伝統的にみなされている、一七五七年のプラッシーの戦いでは、ロバート・クライヴ（Robert Clive）に率いられた数のうえでかなり劣勢のＥＩＣ軍が戦い、また（より重要なことに）賄賂を用いて、フランスの支援を受けたベンガル太守に対して勝利した。その結果としてのベンガルの征服は、誤解を招きつつも、広く同社の通商期と統治期を画すとみなされている（〔実際には〕ＥＩＣはその前も後もハイブリッドな組織だった）。[*115] この征服は、一七六四年のブクサールでのさらなる勝利の後で強固なものとなり、南アジアで最も豊かで人口の多い地域の一つの住民と税収の支配をもたらした。国家が戦争を生み出し、戦争が国家を生み出すというティリーの金言をしのばせる、成功の自己強化サイクルをこの征服が動かし始めたとしばしば考えられている。[*116] 歳入の大幅な増加により、同社はより大規模で有能な軍隊の費用を支払うことができ、それが支配下の領土と人口を増大させ、それがさらなる歳入を生み出す……というサイクルである。

南西部におけるＥＩＣの主敵は、拡大主義的なマイソールのスルタン国だった。四度にわたる一連の戦争で、マイソール王国はまず一七六七〜六九年、また再び一七八〇〜八四年にＥＩＣと対等に戦い、その後、ＥＩＣに率いられた、競合するインド諸国の連合に決定的に敗北し（一七九〇〜九二年）、一七九九年に消滅した。[*117] ヒンドゥー系のマラータ同盟は一七七五〜八二年、一八〇三〜〇五年、一八一七〜一八年の三度の戦争で敗れた。[*118] ＥＩＣおよびその後の英領インド帝国は、特に一八五七年のインド「大反乱」の瀕《ひん》死《し》体験に対応して、一九世紀を通して南アジアで重要な軍事作戦を遂行したが、これらの軍事作戦がイギリスの覇権を拡大し、維持することになった。この最終的な勝利を必然的なものとみなし、また一八世紀の重要な軍事的趨勢《すうせい》を説明する際に結末からさかのぼるという力強い誘惑がある。[*119] しかし、マイソール王国とマラータ人に対する戦争は、終始一種の勝利の連続だったというよりも、イギリス側に決定的に形勢が傾くまでは、この過程のほとんどを通じて双方が拮抗《きっこう》していたと指摘することが重要である。*120

EICの勝利を説明する――技術と戦術

では、イギリスの勝利の原因をどう読み解けばいいのだろうか? 一見すると、二億人ほどの住民を抱える、南アジアの広大な領域の西洋による支配、ないし少なくともイギリスによる支配という、一九世紀半ばまでに完了したプロセスについて、軍事革命は説得力ある説明を提供するように思われる。*121 ある見方によれば、教練と優れた銃砲に基づく、ヨーロッパの新戦術の導入によって、南アジアにおける西洋の存在感は、周縁的な海洋の端役から同等の競争相手へと変容し、その後イギリスの覇権として全盛を極めた。*122 教練を受け、規律ある隊形をとる、火打ち石銃で武装した歩兵隊は、騎兵や個人的な武勇にまさることが証明されたのである。

しかし、技術と戦術の利点が決定的だったという議論には、直ちに問題がある。

ヨーロッパ人がより優れた軍事知識を持っていたという主張は、戦場での結果が分岐しつつある中でも知識が収斂していたという事実とうまく折り合いをつけることができない。インドの諸政権がヨーロッパ人傭兵を雇用する慣行は非常に広範に及んでいたので、一八世紀後半にはヨーロッパとインドの知識圏《スフィア・オブ・ナレッジ》の区別を維持することはできなかったのである。*123

ヨーロッパ人とアジア人との間のより一般的な技術移転に関しては、チェイス(Kenneth Chase)が「無意識のダブルスタンダード」に対して注意を促している。「専門家がイタリアからイングランドに旅する場合には、それは新しい考えを受け入れる用意がある証《あか》しとして受け止められる。イタリアからトルコに旅する場合には、突然、外国技術への破滅的な依存となる」。[*124]ロイ（Kaushik Roy）らは、〔技術の〕移転と適応は双方向のものであり、ヨーロッパ人も南アジア人を模倣していたと熱心に強調する。[*125]ロケットのような技術は別としても、ヨーロッパ人は現地の騎兵戦術を採り入れることにより自軍を強化した。それどころか、最も重要な教訓は、おそらく軍隊の補給と資金調達のための現地の手配に関するものだったが、軍事史家が特定の戦闘に執着しているために、このことはあまりにしばしば見過ごされている。[*126]

歴史家たちは、ヨーロッパ人が銃砲について実際どの程度まで優位に立っていたかをめぐって、論争を繰り広げている。一六世紀ポルトガルの一部の史料は、現地の大砲が自国のものと同等か、むしろ優れていたと主張する。[*127]ロイは、一八世紀初頭には差《ギャップ》があったものの、この差は一七七〇年までに縮まっており、これは技術的優位が帳消しになった後でＥＩＣが大半の勝利を挙げたことを意味する、と論じている。[*128]チェイスは優れた銃砲を西洋の勃興に関する説明の中心に置くが、そのチェイスでさえ、南アジアについて以下のように述べている。「陸上では、ヨーロッパのマスケット銃と小銃も、多くの場合に現地兵器よりも優れていた。しかし産業革命までは、到底ヨーロッパ側の数的劣勢を相殺するほどに十分な数はなかった」。[*129]ヨーロッパ人の率いる軍隊がより優れた武器という強みを持っていたとしても、兵站や外交、財政、海洋支配などその他の要素の重要性を考えると、それが全体的な軍事的成功の主要因だったとは考えにくい。[*130]

軍事革命論のもう一つの重要な構成要素であり、[*131]一五〇〇〜一七〇〇年の時期における西洋拡大の歴史には明らかに欠けている要素でもある、戦場での軍隊の規模についてはどうだろうか？　一部の事例では、ヨーロッパ人に指揮され、訓練された、より小さな部隊が、何倍もの規模の南アジアの敵を撃破することができた。しかし、一七四〇年代以降にはフランスとイギリスの東インド会社が指揮する軍隊は徐々に規模が大きくなった。一七九〇年までに、ＥＩＣは七万人を超える兵士を抱えるようになった。[*132]一七五〇年代以降、〔東インド〕会社の軍隊は、イギリスとフランスの王権の指揮下にある陸海軍正規部隊によって補完されるようになったが、これらの正規部隊が会社の優位に挑戦することはなかった。イギリスの場合には、「インドについてほとんど何も知らない大臣たちは、どのように戦争を戦うべきかについて自らの見解を押しつけようとする傾向をほとんど示さなかった。……彼らは、概して、インドに向けて出発する提督や陸軍上級将校に与えられる訓令概要の起草を〔EIC〕重役の秘密委員会に任せた」。[*133] 一八世紀末にヨーロッパ人が戦場に展開した軍隊の規模が、東洋への最初の到着以降に結集した軍隊よりはるかに大きなものだったとしても、南アジアにおける一七世紀や一六世紀の水準、ないし中世の水準に照らしても特段大きいというわけではなかった。[*134] より重要なのは、軍隊の規模という他から切り離された問題ではなく、この要素がいかに軍事革命論の行財政的基盤とのリンクとして作用するかということである。[*135]

EICの勝利を説明する――軍事＝財政主義

戦場から焦点を移すと、ロバーツとパーカーはともに、必要な資金と人員を引き出す行政的手段を持つ統治者にしか、近代的軍隊を建設し維持することはできなかったと信じていた。ヨーロッパの諸政体は、この主権国家モデルに従うか、さもなければ消滅の危機に直面するかのいずれかだったと思われたのだ。行政および財政に関するこれらの論点が、近代戦争の増大する要求のために中央集権化された国家が必要になったという、軍事革命論のもう一つの側面を際立たせている。この軍事革命論の構成要素は、一八世紀の南アジアに当てはまるのだろうか？

数や技術よりも、ヨーロッパ人と南アジア人が軍隊を増強した方法が異なっていたことが重要な違いだったように思われる。南アジアの軍隊は、しばしばムガル帝国の先例に倣《なら》っていたのである。ムガル人は、分割され共有される自らの帝国の権威構造を反映する形で、騎兵の大軍を興《おこ》した。[*136] 皇帝の比較的少数の私兵からなる中核は別にして、貴族に列せられた多民族の臣下を抱えており、各貴族は特定地域からの税金を配分され、その代わりに賞与の規模に比例する数の騎兵を提供した。[*137] その賞与は、取り消し可能で譲渡を許されない特定の歳入源に対する権利であって、ヨーロッパの封建制のように、相続可能な領地ではなかった。重要なことに、総計で一〇万から二〇万人に達するこれらの騎兵の大軍は、皇帝や帝国ではなく、特定の貴族に忠誠を尽くす義務があった。[*138] この軍隊が帝国の土地収入のおよそ八〇パーセントを消費した。[*139] また、貴族たちは地方長官としての役割も果たしていた。[*140] 加えて、小地所を統治し租税を徴収するザミンダール〔地主〕も独自に私兵を維持していた。[*141] ザミンダールの私兵が四〇〇万人を数える非常に大きな軍事労働市場の大半を構成しており、ムガル帝国はここから貴族の騎兵を補強した。正式な将校や階級は存在せず、ムガル帝国の富は膨大なものだったので、その軍事作戦はヨーロッパのように信用払いではなく、国庫から直接資金を調達した。[*142] ムガル人は騎兵を中心とする既存の戦争様式に銃砲を組み込んだのであり、特定の軍事技術が必然的に戦術や組織に関する特定のアプローチを必要とするという、軍事革命の中心にある考えの説得力をさらに失わせている。[*143] ホマンス（Jos J. L. Gommans）とハサン、デ・ラ・ガルサ（Andrew de la Garza）は、軍事企業家と現地権力者を組み込むことで複合帝国《コンポジット・エンパイア》を建設するという、ムガル人の見事な成功が、同時に解体の種をまいたと論じている。[*144] こうして分裂した政治権力の複合モデルが、ムガル帝国後の諸政体とその軍隊を決定的に形作ることになった。

ムガル帝国を後継する諸政体は、軍閥指導者《ウォーロード》の連合を束ね、現地の軍事労働市場を利用し、これらの部隊をヨーロッパ人傭兵で補完することで軍隊を建設する傾向があった。[*145] これはヨーロッパ人が率いる軍隊と対等に戦うことのできる大規模な軍隊を生み出すことを可能にしたが、この財政＝軍事的な段取りは脆《もろ》いものでもあった。[*146] 一つには、同盟者と軍閥指導者、傭兵は、戦闘に加わらないか寝返るかするように、買収できたのである。これは、やはりムガル帝国の先例に倣っており、EICが一七五七年のプラッシーの戦いを含む、いくつかの重要な機会に利用して、大きな効果を発揮した戦術だった。[*147]〔買収という〕直接の誘因は除いても、個々の軍閥指導者に忠誠を尽くすさまざまな集団からなる軍隊を指揮するのはより困難で、戦闘の形勢が悪くなれば、個々の構成集団に分解する可能性があった。[*148]「サーダー〔軍閥指導者〕たちは、中央政府が自由に転任させることのできる官僚ではなかった。彼らは、武装した従者を維持する権利を有し、世襲の土地保有権を持つ軍事企業家だったのである」。[*149]もう一つの問題は、歳入権の割譲により領土と軍隊を拡大したことで、中央の統治者たちが手にする資金がますます減り、継続的に兵士に補給し、傭兵に支払い続けるのが困難になったことである。[*150]これらの潜在的な弱点は短期的には対処できるものだったが、繰り返される戦役と何十年にもわたる戦争を連続して戦う傾向のために、問題が深刻になった。また、これらの諸政体が特定の逆境、例えば戦闘での損失や指導者の死などから回復することはより困難になった。

いくつかの点で、こうした軍隊の西洋化の試みは、それが解決するのと少なくとも同じくらい多くの問題を作り出した。軍閥指導者と、同じ現地統治者に仕えるヨーロッパ人傭兵将校の関係はしばしば緊張しており、軍閥指導者は正規の指揮系統に身を委ねることを拒絶した。東南アジアに関してすでに言及した指摘を反映して、ブラックは、ヨーロッパ式に自軍を改革しようとする南アジア諸国の試みが、実際は時に軍事的有効性を高めるよりも低下させたと論じている。[*151]

当然のことだが、長期にわたる戦役や相次ぐ戦争での、こうした新しい大規模な軍隊への支出と補給は、〔東インド〕会社に膨大な財政圧力をかけることにもなった。フランスの〔東インド〕会社は王権に頼ることができた一方で、ＥＩＣは概して自己資金に頼ることを余儀なくされた。ただし、しばらくすると、ＥＩＣもイギリス王権の陸軍連隊や、特にイギリス海軍の支援を受けるようになった（こうした支援の費用はＥＩＣが支払わなければならなかった）。[*152]

最盛期のムガル帝国のように、ＥＩＣが手にしていた決定的な強みは、敵に賄賂を贈ることによる直接か、または傭兵が常に支払いを受け、軍隊にきちんと補給がなされるよう確実にすることによる間接かを問わず、軍事的成功を金で買う能力の高さであった。[*153] まさに賃金の支払いを当てにすることができるために、同社は多くの傭兵にとって望ましい雇用者となった。[*154] 同社は決して軍閥指導者を雇用することに反対していたわけではないし、また非正規の騎兵に大いに依存していたが、長期的契約を結ぶ、現地で召集されたますます大きな常備軍を築き上げた。[*155] これらの軍隊はヨーロッパの連隊形式に沿って組織されており、およそ二〇〇〇人の兵士を五〇人のヨーロッパ人将校が指揮していた。定期的な給与とは別に、兵士たちは退役後の年金も約束された。これらの軍隊が、南アジアの諸政体の大半に欠けていた、ＥＩＣ軍の信頼できる中核となった。

同社の優れた財政能力は、ある程度まで、仲介者が手にする分け前を減らすように自らの領土の土地税制を変更したことに起因していた一方で、[*156] 同社が重ねる軍事的成功はますます多くの略奪品と貢ぎ物をもたらした。[*157] それでもなお、この歳入だけでは不十分であり、同社は戦争を維持するためにますます借金をした。この信用貸しの九〇パーセントは現地の貸金業者に依存していた。[*158] その結果、イングランド人は競争相手や敵が潜在的に利用できる信用貸しの源泉を枯渇させる傾向があった。そうだとしても、ＥＩＣは確かに重い負担を感じ、マラータ同盟との戦争中の一八〇三年には危うく破産しかけた。同社の歳入に対する負債の比率は、一七九三年の一二〇パーセントから一八〇九年の三〇〇パーセント以上まで上昇したのである。[*159]

一七五〇年以降の南アジアにおいて軍事革命論を検討する

万事を考慮すると、一八世紀後半に南アジアにおいてＥＩＣが優位に立ったことを説明するに当たって、軍事革命論は筋が通っているのだろうか？　西洋の優れた火薬技術（例えば火打ち石銃）と戦術（例えば斉射）がそれ自体、決定的だった、ないしヨーロッパの支配を説明する主要な要素だったという考えは、疑わしいように思われる。[*160] ＶＯＣやポルトガルのようなヨーロッパ諸国〔や主権会社〕が、一八世紀に南アジアの諸政体によって軍事的に脇に追いやられたという事実は別にしても、すべての当事者間での兵器と知識の移転のおかげで、この差はわずかなものでしかなかった。ＥＩＣが南アジアとヨーロッパの一連の競争相手に対して最終的に勝利することを可能にしたのは、ＥＩＣの優れた組織・財政能力だったという考えを、多くの証拠が支持している。

しかし、軍事革命論は戦場で起こることの説明にとどまらないことを考えると、行財政能力という潜在的な決定要因が、一七五〇～一八〇〇年の南アジアにはよりうまく合致するように思われるかもしれない。パーカーやその他の研究者は、より長期的に見れば、軍事的成功は近代的で有効な陸海軍を創設し、維持するための国家建設に懸かっていると主張する。このダーウィン主義的なロジックによれば、諸政体は競争で後れをとらないようにこの形態を採用するか、さもなければ競争から落伍していった。もしＥＩＣの勝利が、南アジアの競争相手よりも継続的に、毎年のように戦場に有効な軍隊を展開することのできる、軍事・財政・行政を担う恒久的な官僚制の創設と資金提供の問題だったとすれば、これは軍事革命論を裏付けているのではないだろうか？

この〔軍事革命論という〕知的概念の全体を構成する要素の幅を考えると、軍事革命論の一部の側面が南アジアに当てはまるというのは、ハードルを低く設定しすぎているのかもしれない。優れた兵器、戦術、規律、戦略、その政体の財政＝行政組織の特徴のいずれかを組み合わせることで軍事的成功が説明されるという考えは、決して〔議論の当否に関する〕厳密な試金石ではない。想像する限り、これらの要素の一つかそれ以上が当てはまらない結果を思い浮かべることは非常に困難である。軍事革命論は、個々の条件がそこから臨機応変に選択され、混合され、調和される、ありそうな原因の一覧ではなく、相互に関連する要素の一連の連鎖なのだ。本書ですでに要約した因果の連鎖とロジック展開は、この時期の南アジアの歴史にほとんど合致していない。

国家建設に関する軍事＝財政要素――技術と戦術の側面よりも適合する――でさえ、ヨーロッパ（ポルトガルとフランス）とアジアの諸国をしのいだのが私企業だった、ないし少なくとも公私ハイブリッドだったという明白な問題に直面する。ＥＩＣは単にイギリス国家の拡張だった、ないしそれ自体で国家だったという考えのいずれも筋が通らない。[*161] 同社は民有の共同出資企業であると同時に、ムガル皇帝の属国であり、さまざまな南アジア進貢国の宗主国であり、またそれ自体ますます大きな人口を抱える直接統治者でもあった。その法的地位は別にして、実際問題としては、一八世紀に南アジアを征服するために投入された兵士と財宝の大部分は、王権や議会によってではなく、同社自体によって調達され、管理されていた。イギリス政府は、フランスやその他のヨーロッパ諸国との関係に関してはＥＩＣに対して拒否権を行使したり指導したりした。また、これらのヨーロッパの競合相手を撃退するために兵士や船舶を提供することはあったが、アジア諸国をめぐる問題に〔政府が〕関与する可能性は極めて低かった。ＥＩＣがイギリス国家に従属させられた一九世紀には、同社はその通商的性格のほとんどを失ったが、これはインド亜大陸における覇権確立の前ではなく、後のことであった。

結論

以上をまとめると、ヨーロッパのムガル帝国および中国との関係の比較から、興味深い類似と差異が明らかになる。まず最も明白なことに、ヨーロッパの陸軍は、アジアの諸帝国の軍隊と比べれば極めて小規模だった。一九世紀以前には、ヨーロッパ人とアジアの諸帝国の持続的な戦闘は、たとえあったとしても非常に少なかったが、それは主としてヨーロッパ人が戦えば負けるだろうと現実的に理解していたからだ。したがって、この点については、軍事革命に起因する強みの兆候はいっさいなかった。第二に、このヨーロッパの軍事的劣勢は、特にヨーロッパ人が交易へのアクセスを必要としていたことを考えると、アジアの大国に妥協したり、また通常は正式に従属したりするのが典型的なあり方だったということを意味した。第三に、アフリカでそうだったように、アジアの大国はどれも、ヨーロッパ人が夢中になっていたような形で海の航路や海洋交易を支配することに関心を持っておらず、双方の間での妥協と調停をはるかに容易なものにしていた。以下の見解は、他の多くの研究者と同じ結論を反映している。「近世におけるヨーロッパとインドの文化の『差異』を探すなら、最も明白な点は海岸線にある……ヨーロッパ人は、海洋交易が長く『自由』であって、主に政治権力から切り離されていたインドにとってまったく新奇な形で、『海を武装化』したのである」。[*162] 第四に、一八世紀後半のＥＩＣの軍事作戦を含み、ヨーロッパ人が陸上で戦った時には、彼らは現地の同盟者に決定的に依存していた。

軍事革命論の支持者にとって、軍事革命の強みが遅れて作用するようになった一八世紀半ばの南アジアを西洋拡大の画期とみなすことは、本質的に、本書の核心にある批判と建設的なテーゼの両方を間接的に裏付ける。これは、この時点以前の南北アメリカ大陸と南アジア、東南アジア、アフリカにおけるヨーロッパ拡大が、少なくとも陸上での拡大に関しては、軍事革命以外の要素に起因するに違いないということを紛れもなく意味しているのだ。パーカーの著作の副題には一五〇〇～一八〇〇年が時期区分として記されているが、彼の議論の重要な主張ではこの時期を一五〇〇～一七五〇年に短縮している。[*163] パーカーの著作の困った特徴は、その広範に及ぶ緻密な歴史的検討が、軍事革命と西洋の勃興に関する彼自身の比較的単純なテーゼをしばしば台無しにするということである。この点は、のちの産業化時代の傾向や要因をまったく異なる近世という時代に当てはめる危険性を、改めて提起している。

最後の問題は、組織の学習に関するパラダイム拡散モデルの妥当性である。近世には、南アジアにおいて確かに多くの軍事移転が行われていた。ムガル帝国の軍事システムは、それ自体、モンゴルとテュルク〔トルコ〕、ペルシアのモデルを融合させていた。南アジア人は一六世紀に火薬兵器を熱心に採用したが、この技術の導入に当たっては、オスマン人が少なくともヨーロッパ人と同じくらい重要であった。一八世紀には、マイソール王国のティプー・スルタン（Tipu Sultan）のような統治者がヨーロッパの軍隊を細部まで模倣しようとしたし、また西洋の傭兵には根強い需要があった。しかし、本書の序章で述べたように、パラダイム拡散モデルのロジックが機能するためには、満たされなければならない明確な条件がある。因果関係に関する学習が比較的容易（関係が単純かつ情報が豊富）でなければならないし、環境そのものが変化するより早く環境について学ぶことが可能でなければならないし、改革を通じて学んだ教訓を実行に移すことができなければならない。前章で提示した素材について熟考すると、これらの条件の一つでも満たされると自信を持って述べることは困難である。

戦争における組織の学習の難かしさに関する点は、一六世紀の事例から明らかである。[*164] 一五一九年、南インドを支配するヒンドゥー系のヴィジャヤナガル帝国は、ビジャープルのスルタン国に対して戦争を仕掛けた。ビジャープル王国には数百門の大砲があったが、ヴィジャヤナガル軍には大砲がごくわずか、または皆無で、その代わりに騎兵と弓兵、戦象《ぞう》に頼っていた。その結果として生じた戦闘と攻囲では、「近代的」なビジャープル王国が「後進的」なヴィジャヤナガル帝国によって決定的に敗北させられた。双方はこの結果をそれぞれの既存の戦力構成を是認するものと解釈し、敗れた側はより多くの銃砲を入手する努力をさらに倍加した。銃砲の有用性に関する双方の対照的な反応にもかかわらず、ビジャープル王国とヴィジャヤナガル帝国にとっての結末は同じで、双方の政体はのちにムガル帝国に併呑《へいどん》された。

ムガル帝国の緩やかな分裂が社会経済的変化の原因であり結果ともなって、一八世紀の南アジアは急速に変化していった、というのが衆目の一致するところである。初めてヨーロッパ人がこの地域の政治における主要なアクターとなった一方で、一七三〇年代および一七六〇年代のペルシア人とアフガニスタン人の侵攻のように、北西方面からの新たな脅威も存在した。さまざまな諸政体は、国内外の新旧の軍事概念、技法、技術を融合させることを目指した。この多くの変化とわずかな安定という動乱と不安定の時期には、環境の変化より早く学習する可能性は乏しかった。

第三章——アジアによるヨーロッパ侵略を文脈《コンテクスト》に位置づける

ヨーロッパ人がアジアに拡大し始めるのとまったく同時期に、アジア人もヨーロッパに拡大していた。それどころか、一六世紀と一七世紀には、おそらくアジア人に支配されるヨーロッパの地域と住民の方が、その逆よりも多かったのである。この状況は、イギリス軍が南アジアの相当な数の住民を支配下に置き始めた一七五〇年代まで続いた。その際にも、征服の主体は、アジアの帝国（ムガル帝国）に忠誠を誓う、主権的権力を持つ会社――イギリス東インド会社――であって、ヨーロッパの近代的主権国家ではなかった。近世のヨーロッパに存在したアジア人は、オスマン人である。中央アジアに起源を持つこのテュルク系民族集団は、ヨーロッパとアフリカ、中東を征服してローマ帝国とほぼ同規模の帝国を築き上げ、一四五三年以降はローマ〔ビザンツ〕帝国の最後の首都コンスタンティノープル〔現在のイスタンブール〕を首都としていた。一六世紀を通じて、また一七世紀末まで、オスマン帝国はヨーロッパ全体の存続を脅かす脅威として恐れられた。[*1]

なぜ、本書の中心的主張にとってオスマン帝国が重要なのだろうか？　本章の最初では、何世紀にもわたる主要な非西洋の敵、またヨーロッパの大国と継続的に高烈度戦争を戦った唯一の敵として、オスマン帝国が、なぜ西洋諸国と東洋諸国の軍事バランスの変化という主張を検証するうえで最も適切な事例なのかを説明する。次に、オスマン帝国の軍事システムを簡単に概観する。一番重要な点は、異なる戦争方式を有効な形で組み合わせ、採用するオスマン帝国の能力であり、またそれ以上に重要なのは、軍事革命を規定すると言われる重要な革新を彼らが先取りしていたことであった。オスマン帝国は、ヨーロッパの大国が同じことを始めるよりかなり以前から、銃砲で武装し、スルタンによって直接指揮され、官僚制に基づく複雑な兵站《へいたん》システムによって十分な補給を受け、また中央政府の税収から支払われる恒久的な常備歩兵軍を保有していたのである。

さらに、伝統的に西洋の歴史家の関心を集めてきた、中央ヨーロッパとバルカン半島における、オスマン人とそのさまざまな西洋の敵との戦争を検討する。それに加えて、はるかに関心の低い、北アフリカにおける現地軍とオスマン帝国軍、ヨーロッパ軍の抗争についても考察したい。一九世紀までずっと、ヨーロッパ人は北アフリカのイスラム系の敵にたびたび挫折や敗北を経験させられていた。このことは、西洋の海外拡大が立ちはだかる者すべてを一掃したという考えを、争う余地のないほどに打ち消している。スペイン人やポルトガル人が、地中海を横断する、〔北アフリカへの〕失敗に終わった遠征に、大西洋を横断する〔南北アメリカ大陸への〕遠征や東洋への遠征よりはるかに多くの資源を注ぎ込んでいたことを考えると、こうした挫折はいっそう重大である。軍事革命における重要な一世紀とされる一五五〇～一六五〇年の間、オスマン人はヨーロッパで終始優勢であった。オスマン帝国の失墜がようやく一八世紀後半に訪れ、しかもそれがロシア人の手によるという事実は、伝統的な物語の諸原理にうまく合致していない。オスマン帝国が、オランダやスウェーデンのような、近代性の模範とされる諸国よりも、はるかに広範かつ長期的な軍事的・地政学的成功に恵まれていたという事実は、奇妙なことに正しく評価されていない。

この最後の点は、いくつかの重要な全般的テーマの探究へと導く。オスマン帝国、また前の二章で考察した歴史的証拠を文脈に位置づけると、一五〇〇年以降の西洋の優位という神話の大半は、場所と時に関する広範なバイアスに基づいている。第一のバイアス――必然的な因果関係により、唯一可能な結果としての軍事革命を導くとみなされる、技術的、軍事的、政治的変化の連鎖に関するヨーロッパ中心主義的な解釈――は、他の地域に関する証拠と比較すると、検証に耐えない。大規模な行政機構に支えられる、銃砲で武装する職業常備軍のような、最も重要な革新は、アジアで先駆的に登場した。そのうえ、同じ火薬技術が非常に異なる制度的背景の中でうまく受け入れられたという事実は、ヨーロッパの域内であれ域外であれ、決定論的な因果の連鎖があったという考えの説得力を失わせている。時のバイアスは、西洋優位の一九世紀を近代を規定する本質とみなし、それに先立つ数世紀を必然的な西洋の勝利の前兆と解釈する見方を導くものだ。非西洋諸国は、ただ衰退を待つばかりの国として描写される。

オスマン帝国の概観

一三世紀末に北西アナトリアに登場したオスマン人は、バルカン半島の征服に着手して、一四五三年にはコンスタンティノープルを奪取した。以後、スルタンはローマ皇帝の権威継承を主張した。その後の五〇年間に、オスマン人はバルカン半島を支配するようになり、部分的にはクリミア・タタール人を臣下に組み込むことで、黒海沿岸にまで覇権を拡大した。[*2] 軍事史家が伝統的に軽視している、〔オスマン帝国による〕最も見事な征服は、南方と東方に対するものだった。[*3] 一五一四年、オスマン帝国はサファヴィー朝ペルシア軍をチャルディランの決戦で破り、その後の戦役を通じて東アナトリアと北メソポタミアを征服した。スルタンのセリム一世（Selim I）に率いられたオスマン帝国は、一五一七年、マムルーク奴隷兵士の帝国〔マムルーク朝〕を滅亡させ、エジプトとシリアの領土を獲得し、また帝国の版図を一五〇万平方キロへと倍増させた。[*4] その後の征服では、オスマン帝国《サブライム・ポルテ》はバグダッドとイエメン、北アフリカ、西コーカ

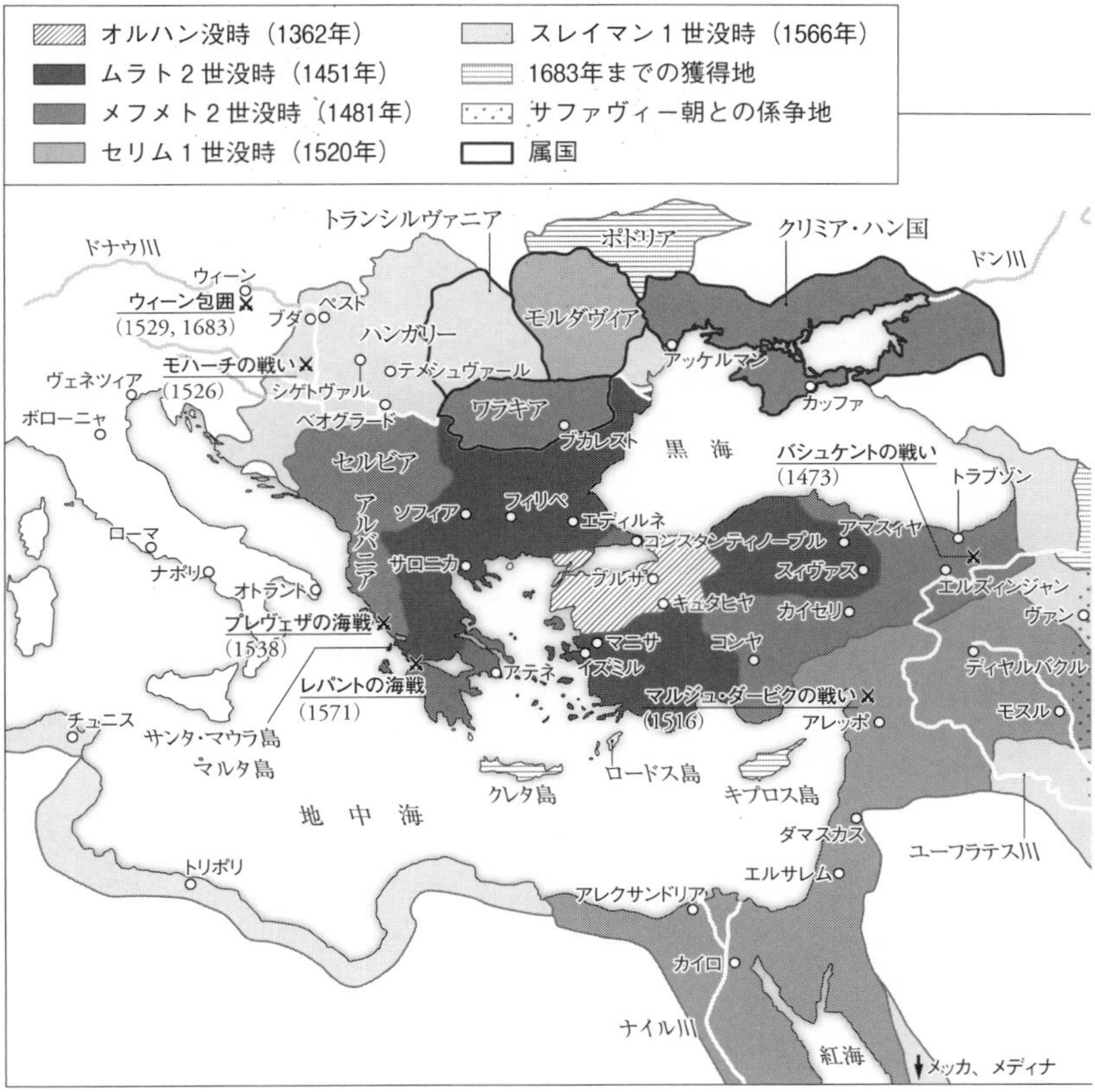

図４　オスマン帝国の版図拡大　1299〜1683年
小笠原弘幸『オスマン帝国』（中公新書）所収の地図を改訂

サス、東地中海を掌握し、ペルシャ湾と紅海へのアクセスを勝ち取り、二つの聖都メッカとメディナ〔の保護権〕を獲得し、それと共にカリフの称号を手にした。オスマン帝国は強力な海軍を発展させ、またはるか彼方のグジャラートやエチオピア、ウズベキスタン、スマトラの同盟者を支援するために遠征軍を派遣することで、さらに遠くまで影響力を振るった。[*5]

しかし一般的には、歴史家の関心は、一五二六〜四一年のハンガリーのほぼ全域の征服に続く、オスマン人の中央ヨーロッパへの攻勢に向けられている。この攻勢は、ハプスブルク家だけでなく、時とともに顔ぶれの変わるキリスト教同盟国——ヴェネツィアとポーランド・リトアニア共和国、ロマノフ朝ロシアを含む——との長期にわたる抗争の口火を切ったのである。一六八三年、最大の版図に達した後で、[*6]オスマン帝国のヨーロッパへの拡大は、その後〔一七〕世紀末から後退し始めた。[*7]一七三〇年代末まで、オスマン人はロシア人やハプスブルク家に対して重大な勝利を挙げたが、それ以後は、ロシア人がオスマン人を相手に長く繰り返される戦争で決定的に勝利することになった。

軍事革命論の試金石としてのオスマン帝国

なぜオスマン帝国は軍事革命論の最高の試金石《テスト》なのだろうか？　一見すると、ヨーロッパのキリスト教諸国とオスマン帝国の闘争の基本的な時系列は、軍事革命論の主張を支持するように思われる。軍事革命以前には、オスマン帝国はウィーンの城壁まで進軍する際に、西洋の敵を終始撃破したが、西洋軍が近代化を開始すると、西洋はスルタンの進撃を食い止められるようになった。その後、神聖ローマ皇帝とその同盟者の軍隊が三十年戦争の教訓を取り入れると、一七世紀末に初めてオスマン帝国を大敗させることに成功し、一八世紀と一九世紀には慢性的に敗北させるようになった。パーカーは、近代的な軍事技術を保有するにもかかわらず、ヨーロッパの競争相手に遅れずについていき損ねた国として、オスマン帝国をムガル帝国やサファヴィー朝とひとくくりにするが、これはイスラム系の諸帝国が既存の軍事システムや政治制度を改革することができなかったと考えられたためであった。[*8] これに関係する火薬帝国論（gunpowder empire thesis）――最初はホジソン（Marshall G. S. Hodgson）、のちにマクニールによって提示された――は、[*9] 同様にオスマン帝国の衰退を宣告するが、これは初期の大砲の採用が政治の中央集権化を引き起こし、それがその後さらなる改革への道を閉ざしたためだったとされている。

近世は必然的な西洋の前進の時代だったという暗黙の想定に反して、実際には、北アフリカの状況は、この時期を通じて西洋の挫折と失敗の連続だった。西洋の後退と敗北、征服失敗《ノン・コンクエスト》は、西洋の勝利と同様に重要であり、また教訓となるはずだったが、後退や敗北に目をつぶって、勝利に過剰に集中することがゆがんだ全体像を生み出してきた。したがってブラックは、途切れない西洋による支配の四世紀という偽りの物語を作り出すために、コルテスとヴァスコ・ダ・ガマから一七五七年のプラッシー、さらに一九世紀の西洋の勝利をつなぎ合わせる傾向の存在を指摘する。[*10]

一部の歴史家が指摘しているように、一五世紀から二〇世紀にかけてのオスマン帝国とヨーロッパのキリスト教諸国の戦いは、多くの点で、西洋と世界の他の地域との軍事バランスに関する議論を検証する最も自明な場であるが、それにもかかわらず、この何世紀にも及ぶ長い闘争は期待するほどにはこの文脈で関心を集めていない。[*11] オスマン帝国の事例は、これまでの章で指摘された、軍事革命論を遠征作戦に適用しようと試みる際の問題の多くを解消する。南北アメリカ大陸のコンキスタドールに適用するか、東洋におけるポルトガル人、オランダ人、イングランド人に適用するかを問わず、軍事革命論が繰り返し直面する問題は、これらの小規模の遠征軍が、当時ヨーロッパで大国間戦争を戦った軍隊とは似ても似つかないものだったということである。ヨーロッパ人の遠征は本質的には小競り合いを戦ったのであって、一七五〇年代以降は、（アステカ族とインカ族のような例外はあるが）いずれかの側の制度的、社会経済的な底力を試す継続的な戦役を戦ったわけではなかった。

南北アメリカ大陸とアフリカ、アジアで活動した一連の私的冒険者や主権会社は、「真の」ヨーロッパの軍隊や、少なくともヨーロッパでの大国間戦争を戦った陸海軍のような軍隊を展開しなかったし、これらの軍隊を象徴してもいなかった。したがって、西洋の大国が、非西洋諸国に対する明白な強みをもたらす軍事革命から恩恵を受けたかどうかを評価することは困難だ。産業革命が起こるまで、オスマン帝国以外のアジアの大国と大規模な戦争を戦ったヨーロッパの大国はなかった、というのが単純な事実である。この理由から、また海外における西洋の軍隊の大半は国家とは非常に緩やかにしか結びついていなかったという事実により、高烈度戦争が交戦国に政治的、社会的、経済的変化——特に、こうした軍事競争の行財政的要求を通じた、中央集権化された主権国家の形成——を強制したという極めて重要な主張を検証することは困難であった。しかし、これらの各論点について、オスマン帝国は重要な例外となっている。なぜなら、オスマン人は五〇〇年にわたって中央ヨーロッパ、バルカン半島、地中海、北アフリカでヨーロッパ人と大規模な戦争を頻繁に繰り広げており、したがって軍事革命論の中心的主張を検証するのに最適な事例を提供するからである。

このオスマン帝国とヨーロッパのキリスト教諸国の衝突が本当に軍事革命論の説得力ある試金石であり、ヨーロッパ戦域での事態と他の文明との軍事バランスとを結びつけているとすれば、なぜこの衝突はもっと関心を集めていないのだろうか？　一つの理由は、パーカーやロバーツ、その他の研究者は、近世の戦争における革命がユーラシア大陸の西半分（オランダ、フランス、イタリアおよびドイツの諸邦、スウェーデン、スペイン）を中心としていると同時に、東洋のヨーロッパ人は重要な革新を遅れて、しかも不完全にしか採用しなかった、と指摘していることである。[*12] ポーランド・リトアニア共和国（その滅亡は、軍事的流行に遅れずついていくのに失敗した国の末路に関して、研究者が好む教訓である）について語る際に、[*13] 彼らが相対的に後進的なオスマン人とタタール人の敵を相手にしていたことを考えると、騎兵を中心とする軍隊への傾倒を続けたことは道理にかなっていたとパーカーは考えている。[*14] オスマン帝国と戦うハプスブルク家の軍隊に関しても同様のロジックの影響が多少あるが、[*15] 別の著作では、パーカーはこれらの軍隊を軍事革命の産物に含めている。[*16] さらに別の著作で、パーカーはオスマン帝国が軍事革命を「不完全に〔しか〕実践」しなかったと指摘している。[*17]

しかし、戦場における攻囲と野戦の両方に目を向けてみると、この方面での戦争がなぜか後進的だったり、西欧の軍事的変化から取り残されたりしていたという主張を受け入れるのは困難である。アーゴシュトン（Gabor Agoston）は、一六世紀末以降、ハンガリーのハプスブルク帝国軍が、軍事革命の核となる手段を採用することによって、オスマン帝国の勝利に応酬したと説得力を持って論じている。[*18]「ハプスブルク家は、オスマン帝国との戦場で、一六世紀末には早くもヨーロッパの軍事技術と戦術の最先端となる軍隊を用いていた」。[*19] ハプスブルク帝国軍は、ロバーツやパーカー、その他の研究者によると軍事的近代化のための革新の源泉となった、フランドル地方におけるスペイン＝オランダ間の戦争の経験によって形作られていた。（パーカーによれば一五〇〇～一六五〇年の時期に重要な進歩があったことを想起すると）ハプスブルク軍はその後、三十年戦争の影響を受けてさらに変化し、[*20] 軍事革命論の支持者によれば、再び軍事革命の最前線に立つことになった。これらの変化には、より大きな割合を占めるマスケット銃兵、より複雑な戦術的機動を実行するための兵卒に対する将校の割合のさらなる増加、より多くの教練、指揮の中央集権化、軍事訓練学校や図書館の創設が含まれていた。したがって、遅くとも一五九〇年代以降は、オスマン帝国は、ハンガリー内外においてヨーロッパで最も先進的な軍隊と戦っていたのである。アーゴシュトンはハプスブルク帝国の勢力範囲における中央集権化を認めているが、一六四八年のウェストファリアの講和以後でさえ、明確に連邦制をとる神聖ローマ帝国の財政・軍事支援が重要であり続けた。この〔ハプスブルク帝国という〕存在《エンティティ》が中央集権化された主権国家の型に当てはまると考えるのは非常に困難だ。しかし、そのすべての複雑性にもかかわらず、ハプスブルク家の版図は、それぞれが独自の海軍と連隊《レジメント》、共同決定における拒否権を持っていたネーデルラント連邦共和国〔オランダ〕の七州（ある歴史家〔R・C・ボクサー〕は、連邦というよりも同盟に近いと述べた[*21]）と比べて、明らかに統合が進んでいた。近世ヨーロッパで最も先進的な国家として提示されるオランダと、最も成功しなかった国としてステレオタイプ化されるポーランド・リトアニア共和国が、極めて脱集権化された性格――政策決定における複数の拒否点（veto-points）〔政策決定過程において特定のアクターが拒否権を行使しうる段階〕がある――において際立つ類似性を示していたという事実について、歴史家やその他の研究者がより考察を深めていないのは驚くべきことである。[*22]

　これらの事実を念頭に置くと、軍事革命論が的確であるためには、一六世紀半ば以降、「論理的には、ハプスブルク家がトルコ人を封じ込めただけでなく、押し返したはずだった」という指摘に反対するのは難しい。[*23]それにもかかわらず、それから少なくとも一世紀半が経つまでは、オスマン人を封じ込めたり押し返したりすることはできなかった。パーカーは軍事革命の鍵となる軍事的革新が一六世紀に起きたと主張する一方で、[*24]ロジャーズ（Clifford J. Rogers）は転換点を一五世紀の歩兵と砲兵の勃興としてさらに前倒しにして、さらにこれが海外での西洋による支配にとって極めて重要だったと考えている。[*25]正確な日付はさておき、革命〔の時期〕が早ければ早いほど、オスマン帝国がいっそう重要になり、またその優れた実績は西洋の軍事的優位論に対する大きな挑戦となる。そのうえ、オスマン人は北アフリカにおいて、一六世紀のほとんどの時期に軍事的近代性の模範だったスペイン人を撃退することに成功しており、したがってヨーロッパ軍に対するオスマン帝国の軍事的有効性を示す第二の証拠となっている。モロッコ人とポルトガル人もこの戦場で大きな戦闘を戦った。要するに、バルカン半島と北アフリカの前線こそが、近世における西洋の軍事的優位と称するものに関する主張を検証するには最適な場なのである。[*26]

この闘争における海軍の要素も、イスラム系諸国とキリスト教諸国の抗争で重要だったが、これは軍事革命論の主張を検証するに当たって、それほど有益な領域ではない。地中海の海戦は、近世のほとんどの時期、大砲で武装する外洋航行帆船ではなく櫂走ガレー船を中心としていた。これが全般的な後進性の証拠とみなされるのか、それとも単に大西洋やインド洋、太平洋とは異なる現地の条件に適応しただけなのかは、答えが出ていない。[*27] ヘス（Andrew C. Hess）は、以下のように論じている。

大砲の短射程――二〇〇～五〇〇ヤード〔約一八〇～四六〇メートル〕――と予測できない挙動、地中海の微風にも適応可能な索具の欠如、喫水の深さなど、これらすべてが地中海のガレー軍艦に対する大西洋航行船の有効性を制約した。静穏な天候と浅海域における櫂走船の機動性、またその浜辺に乗り上げる能力が、地中海地域においては大西洋帆走船の大火力と航行能力をしばしば相殺した。[*28]

いずれにせよ、オスマン帝国は一九世紀まで地中海の島々や沿海部の領土をほぼ無傷で維持する一方で、バルバリア私掠者《プライヴァティア》を用いて敵のキリスト教徒を攻撃して苦しめることができたので、この時期のガレー船への固執が大きな戦略的損失を生じたとは考えにくい。[*29]

オスマン帝国の軍事システム

オスマン帝国の軍事的勝利の中心にあったのは、草原地帯《ステップ》の弓騎兵から、火器で武装する職業常備軍の歩兵隊、恐るべき攻城兵器隊や砲兵、さらに強力なガレー船部隊まで、非常に多様な戦争方式を組み合わせる柔軟性だった。一四世紀から一六世紀末まで、オスマン帝国軍の大半は、ムガル帝国を連想させる制度によって召集される騎兵からなっていた。各人は世襲を認められない特定の土地からの徴税権（ティマール）を与えられ、その代わりに、指定された数の従者を伴う完全装備の騎兵として軍務に就くことを求められた。これらの軍隊は、一六世紀に約五～八万人を数え、[30]スィパーヒーやティマリオット騎兵と呼ばれた。

一四世紀末から、スルタンは直属の騎兵や砲兵、また特にイェニチェリ（「新しい兵士」）などの俸給制常備兵の部隊も保有するようになった。一四〇〇～一六五〇年頃の時期に約二～三万人を数えたイェニチェリの部隊は、[31]スルタンのキリスト教徒臣民から少年のうちに徴兵され、その後歩兵として、また一六世紀初頭からは特にマスケット銃を使用できるように訓練を受けた軍事奴隷であった。これほど早くに大規模な常備軍を創設したという点において、オスマン帝国がヨーロッパ諸国よりもかなり先行していたことは注目に値する。[32]例えば、ハプスブルク家が同等の常備軍を創設したのは、一七世紀半ばになってからだった。[33]より最近の著作は、イェニチェリがヨーロッパの敵よりも何十年も前に斉射（近代性の印《トーテム》とされるもの）を用いていたと主張する。[34]

オスマン帝国は、非正規騎兵からなる臨時襲撃部隊も雇用し、[35]さらに数万人というタタール人臣従者の軽弓騎兵によって支援されていた。[36]一六世紀には、オスマン帝国軍の騎兵と歩兵の割合はおよそ三対一で、その機動性がオスマン帝国軍の成功の鍵だったが、一七世紀およびそれ以降には歩兵の割合が徐々に増加し、[37]一六九〇年代にハプスブルク家と戦った部隊では約一対一に達していた。[38]

オスマン人の火薬技術は、少なくとも一七世紀末まではヨーロッパ人と同等であり、またペルシア人やマムルーク人に対して勝利するうえでの重要な決定要因だったということに、歴史家たちは一般的に同意している。[39]しかし、火薬帝国論は、大型攻城砲に関する初期の成功が、オスマン人がその後より小型の野戦砲を採用するのに失敗したという点で、能力の低位均衡《ロー・エクィリブリウム》の罠（さらなる改善への刺激を失わせる「ほどよい《グッド・イナフ》」解決策を堅持すること）になってしまったと指摘する。[40]より最近の研究では、一九八〇年代になって初めて公開されたオスマン帝国史料に基づいて、これは一種の神話であって、実際にはスルタン軍はコンスタンティノープルや帝国のその他の地域の鋳造所で生産された、各種さまざまな中型・小型大砲を保有していたことが示唆されている。[*41] 銃砲に関するチェイスの百科事典的な研究は、「火器に関する限り、オスマン帝国は明白な成功譚《サクセス・ストーリー》だった」と結論づけている。[*42] マーフィー（Rhoads Murphey）は、キリスト教君主の多くと比べた際のオスマン人の宗教的寛容（例えば、イベリア半島から追放されたユダヤ人をスルタンが受け入れたこと）は、彼らが外国からの技術移転により前向きだったということを意味していたと論じている。[*43]

一八世紀まで、オスマン帝国は、兵站《へいたん》と財政、新兵募集といった点で、ヨーロッパの主要な敵国よりも秀でていた。オスマン帝国は終始ヨーロッパの競争相手よりも大きな軍隊を戦場に展開することができた。[*44] スルタンは二〇〇〇万～四〇〇〇万の人口を利用することができたが、[*45] その戦闘力をうまく維持することができた。これはフランスの人口とほぼ同じか、[*46] またはカール五世のハプスブルク家領土の住民をすべて合わせたのと同じであった（ただし、一九世紀の〔ヨーロッパからの〕撤退までは、オスマン帝国の人口の半分以上がキリスト教徒だったことは指摘する価値がある）。[*48] オスマン人が、メソポタミアの砂漠ではサファヴィー朝に対して、また中央ヨーロッパではハプスブルク家に対して非常に異なる戦争を戦う必要があったことを考えると、その兵站の成功はなおいっそう際立っている。オスマン帝国は、スルタンの指示を受けて動く鋳造所と造船所のおかげで、銃砲と船舶については自給自足することができた。[*49] その海軍――やはり、統治者によって直接建設され、武装され、召集され、指揮された――も同様に、ヨーロッパ人が（ヴェネツィアを例外として）私的解決策に依存していたことと比べると時代に先行していたが、[*50] オスマン人は北アフリカから活動する私掠船も雇用していた。[*51] 最後に、オスマン帝国は、当時多くのヨーロッパ諸国の間で標準的だった、破滅的な破産の恐れがあまりなく、毎年のように大規模な陸軍と海軍を召集し、維持することができた。[52]

ヨーロッパにおけるオスマン帝国の戦争

オスマン人は一四世紀には早くもヨーロッパに侵入し、その後の二世紀の間にバルカン半島の大半を従属させたが、ヨーロッパ中核地域への挑戦は一六世紀と一七世紀に起こった。バルカン半島におけるさまざまな反乱を鎮圧した後で、オスマン帝国はハンガリー王国の南方防衛線を攻撃し、一五二一年に重要な要塞都市ベオグラード〔ベルグラード〕を攻略した。一五二六年に、壮麗帝と呼ばれるスレイマン一世（Suleiman the Magnificent）が一〇万人もの軍隊を率いてキリスト教国の領土奥深くに侵入し、モハーチでハンガリーおよびその同盟国の軍隊と交戦した。ハンガリー軍は壊滅し、西洋諸国に対するオスマン帝国の技術的、戦術的、兵站上の優位を示したこの戦闘の最中に、ハンガリー国王が戦死した。教練を受けた職業軍のイエニチェリ・マスケット銃兵の中核部隊が極めて重要であり、またオスマン帝国の優れた砲兵も重要だった。[53]ギルマーティンは、オスマン人がハンガリーの大半を占領し、ウィーンのすぐそば（二三〇キロの距離）に陣取ることになったモハーチでの勝利は、この時までのヨーロッパの外でのスペイン人とポルトガル人による征服よりも、はるかに戦略的に重要だったと主張する。[54]この勝利によって、一五二九年にオスマン人はウィーンを攻囲することができたが、軍事作戦に適した季節の終わりまでに城壁を突破することができなかった。

政治的には、モハーチでのハンガリー国王の死は、二人の王位請求者を生み出した。サポヤイ・ヤーノシュ（John Szapolyai）と、ハプスブルク家のオーストリア大公フェルディナント〔のちの神聖ローマ皇帝フェルディナント一世〕である。オスマン帝国はサポヤイの後ろ盾となり、ハプスブルク家のハンガリー王位請求に対してサポヤイとその息子の王位請求を支援するために、ハンガリーでの戦闘に引き戻された。ハンガリーは、ハプスブルク家が統治するが正式には神聖ローマ帝国の外にある王領ハンガリー《ロイヤル・ハンガリー》、オスマン帝国を宗主国とし、キリスト教君主が統治するトランシルヴァニア公国、また最後に、当初サポヤイが統治したオスマン帝国領ハンガリーの三つに分割された。一五四一年に、オスマン人はブダ〔現在のブダペスト市の西側〕を占領することで支配圏を拡大し、また一五五一年にハンガリーの領土をさらに獲得した。オスマン帝国とハプスブルク家がそれぞれペルシアと北ヨーロッパでの闘いに戦力を注ぐようになると、一六世紀後半には平和の時期が続いた。

オランダ＝スペイン間の闘争と同様に、会戦ではなく攻囲がハンガリーでの戦争の中心となった。オスマン帝国は攻囲戦において比類ない強さを示し、一五四〇年までに、アドリア海からハンガリー北部までの防衛線を構成する多数の要塞を奪取した。[*55] ハプスブルク家は、生き残ったハンガリー貴族の資源と彼らの先祖代々の土地、神聖ローマ帝国から与えられた資金を利用して、最新のイタリア式要塞を主体とする、ほぼ一〇〇〇キロに及ぶ新たな防衛線を建設するという壮大な計画に着手した。しかし、こうした努力はおおむね無駄になった。なぜなら、オスマン人はこれらの新型対攻城砲要塞の多くを攻略することができたからである。オスマン帝国の側でも防衛に悩まされることになったが、キリスト教諸国の不和がスルタンの最大の強みだったかもしれない。

軍事作戦に適さない季節には、オスマン帝国はハンガリーに二万五〇〇〇人ほどの駐留軍を維持し、[*56] 休戦中でさえ、小競り合いと低烈度の戦争がほとんど絶えることなく続いた。一五九三〜一六〇六年の長期トルコ戦争（十三年戦争）〔クロアチアへの侵攻が始まった一五九一年を起点として「十五年戦争」とも呼ばれる〕で戦闘が本格的に再開した。この戦争では当初、キリスト教徒の臣従者の寝返りにより、オスマン帝国が軍事的、外交的に敗北したが、その後は形勢が逆転した。キリスト教諸国は戦場でのパフォーマンスを改善したが、それでもオスマン帝国は戦線を膠着《こうちゃく》させ、初期に奪取した領土を保持し続けることができた。[*57] 同時に、西ハンガリーではオスマン帝国が兵站距離の限界で行動していることが明らかになった。オスマン帝国の版図の中核地域から大軍を輸送し、補給する必要性のために、比較的短い期間しか軍事作戦を行うことができなかったのである。[*58]〔一方で、〕一七世紀前半のほとんどの時期、ハプスブルク家は三十年戦争という大きな闘争によって消耗していた。

オスマン帝国は、最後となるウィーン攻略の試みを一六八三年に実行した。ポーランド・リトアニア共和国の騎兵軍（軍事革命の進行により時代後れになったと想定されたような軍隊）が攻囲軍を潰走させた時に、攻囲の初期に〔オスマン帝国軍が〕城壁下の坑道掘削に成功したのは無益だったと判明した。それに続く十六年戦争〔大トルコ戦争、一六八三〜九九年〕はオスマン帝国に大きな問題を突きつけ、同帝国は初めて、神聖同盟として結成された、キリスト教徒の敵国の統一的同盟と同時に対決しなければならなかった。ハンガリーとバルカン半島ではハプスブルク家と、ウクライナではポーランド人と、黒海周辺ではロシア人と、またギリシヤではヴェネツィア人と戦うことになったのである。オスマン帝国は敗北し、一六九九年のカルロヴィッツ条約でハンガリー領を割譲しただけでなく、他の場所でも多くの譲歩をすることになった（その一部は一八世紀初頭に再び取り戻した）。研究者にとっては（ましてや、当時の当事者にとっては）、作用しているさまざまな要素を解き明かすのが相変わらず容易ではないが、オスマン帝国の最初の重大な敗北を導いたのは、キリスト教国の敵すべてと同時に交戦するという困難な問題だったように思われる。[*59]

ポーランド人が国内不和と軍事的衰退に屈した一方で、オスマン帝国は一八世紀前半にロシア人とヴェネツィア人、ハプスブルク家をそれぞれ個別の戦争で敗北させることができたという事実が、この印象を強めている。例えば、オスマン帝国とハプスブルク家が一七三七〜三九年に戦った最後の大戦争では、勝利したのは神聖ローマ皇帝の軍隊ではなく、スルタンの軍隊であった。一七一一年のピョートル大帝率いるロシア軍に対する勝利、一七一五年のヴェネツィア軍に対する勝利に続いて、オスマン帝国軍が勝利したのである。ハプスブルク軍とオスマン帝国軍は一七八七〜九一年に衝突するが、これは主として同時期の露土戦争に伴う副次的な戦争にすぎなかった。ロシア人はこの時、重要な軍事的、外交的勝利を勝ち取ったが、ハプスブルク家は戦争初期に獲得した領土を返還しなければならず、現状がそのまま維持された。その直後に、神聖ローマ帝国はナポレオンを前に決定的な敗北を喫し、解体された。

一八世紀半ばからのオスマン帝国の没落

一八世紀に起きた、オスマン帝国の軍事的失墜の理由は何なのだろうか？　いくつかの点で、オスマン帝国のヨーロッパに対する挑戦の撃退は、最初はベンガル、のちに南アジアのより幅広い地域における、同時代の東インド会社の征服とよく似ており、東洋と西洋の軍事バランスにおける、より全般的な変化の初期の兆候を示している。[*60]これまでに提示した証拠は、一五〇〇～一七五〇年のヨーロッパの全般的な軍事的優位という主張が間違っていることを裏付けている。しかし、この時期を越えると、また特に一九世紀の間に、西洋の軍事的優位はますます現実的かつ重大なものとなった。この時期の経験を近世に当てはめるという誤った傾向が、非ヨーロッパの敵との比較における、ヨーロッパの軍事的有効性に関するわれわれの理解を大幅にゆがめている。[*61]

一四五三～一六八三年という、ヨーロッパの敵に対してオスマン帝国が優位に立っていた時期には、戦争は度重なる正面対決によって定義されるというよりも、しばしば攻囲およびほぼ絶え間ない国境襲撃の問題であって、オスマン人はこの両方の形態の戦争に秀でていた。[*62]パーカーは大砲の時代の要塞攻撃と防御がその後の軍事的、制度的、政治的変化に最初に火をつけたと考えているので、攻囲におけるオスマン帝国の優越は、より広範な軍事革命論にとって極めて重要である。しかし、〔第二次ウィーン攻囲で始まる〕一六八三～九九年の戦争では、一五回という異例なほど多数の戦闘が発生し、オスマン帝国が二つを除いてすべてに敗北した。[*63]これは一七世紀後半に始まる、オスマン帝国の軍隊と政体の構造的大変革と同時に起きており、この大変革は次の一八世紀に加速し、深化した。指定された数の騎兵を提供する代わりに非世襲の土地を下賜されるティマール制〔軍事封土制〕は崩壊したが、これは部分的には歩兵の必要性が高まった結果であり、また関連する軍事的責務を果たすには農業収入がもはや十分ではなくなったためでもあった。[*64] より多くのイェニチェリを展開する圧力が強まることになるが、これらの歩兵は帝国の国庫から俸給を直接支払わなければならず、相当な財政的重圧となった。[*65] 帝国のキリスト教徒住民から少年のうちに召集された奴隷軍としての起源から、イェニチェリは次第に世襲的アクターに変化し、収入を補完するために副業を始めた。[*66] 各スルタンは、しばしば地方の現地有力者が召集する臨時編成部隊で歩兵をかさ増しし始めた。

　すると今度は、これらの現地有力者の財政力、軍事力が増大し、オスマン帝国はますます脱中央集権化したアクターを抱えるようになった。[*67] 税収のほぼ六〇パーセントが帝国国庫に納められる一六世紀のシステムから、一七世紀末までにこれらの現地有力者が税収の七五パーセントを統制するようになり、[*68] のちには八〇パーセント以上を占めるまでになった。[*69] アクサン（Virginia H. Aksan）は、一七六八〜七〇年に、イギリス東インド会社がスルタンの三〜四倍の費用を軍に投じていたという重要な比較をしている。[*70] 臨時編成部隊の現地召集に偏る、新しい措置のマイナス面の一つは、戦闘の小康時にそれまでの兵士が山賊行為を働くようになったり、スルタンに対する反乱に加わったりして、帝国の歳入問題をさらに悪化させることだった。[*71] それにもかかわらず、一八世紀前半には、非常に大きな軍隊、優れた兵站、また非正規のタタール人同盟者の支援を動員するオスマン帝国の強みは、これらの臨時編成の部隊がヨーロッパの軍隊との競争力を維持するには概して十分であった。[*72] しかし、約三〇年に及ぶ平和の後で、一七六八年以降のロシアとの相次ぐ戦争で、オスマン人は何度も敗北と惨事を経験した。オスマン帝国《サブライム・ポルテ》は税収入のいっそう大幅な低下に苦しみ、軍事兵站システムが崩壊し、また部分的にはその結果として、新しい部隊の戦術的欠陥に耐えられなくなった。[*73]

当時とその後のオスマン帝国の軍事的衰退に関する従来の描写は、ヨーロッパの軍隊が急速に近代化していた時に、宗教と文化、国内政治の諸要素が幾分組み合わさって、各スルタンはますます時代後れの戦争方式に縛られるようになった、というものである。[*74] しかし、静止と停滞どころか、オスマン帝国は一六五〇～一八〇〇年に急速かつ根本的な変化を経験していたのである。前述のこれらの変化は、主に制度上、財政上のものであったが、変化しつつある軍隊にも直接影響を及ぼした。全体として、技術は問題ではなかった。なぜなら、オスマン人もその敵であるロシア人も、西ヨーロッパから容易に兵器や専門的技術を入手できたからである。[*75] 一八世紀のオスマン帝国軍は一七世紀の軍隊とは大きく異なっていたが、最も重要な変化の一部は、有効性を高めるというよりも損なう傾向があった。[*76] 例えば、イェニチェリは一七〇〇年頃に教練を放棄したように思われる。[*77] すでに触れたように、オスマン人は実際にはヨーロッパの敵よりもかなり早くから近世革命の重要な特徴を採用していたので、帝国の構造と近代戦争の要件は必ずしも矛盾していなかった。このために、一八世紀末の敗北の後で、〔オスマン帝国がとるべき〕正しい方針は西ヨーロッパのモデルを詳細に模倣することで変化を加速することなのか（より広範な政治的、社会的制約の中でそれが可能だったと仮定して）、それとも堕落してしまったオスマン帝国の伝統的な強みを取り戻そうとすることなのかは、明らかではなかった。ある研究者〔クリストファー・タック〕は、この問題を以下のように簡潔に指摘する。「一方が負けたことは自明かもしれない。〔しかし〕なぜ負けたのか、ないし一度の敗北が敗者の長期的な軍事能力について何を物語るのかは、しばしば少しも明白ではない」。[*78]

皮肉なことに、オスマン帝国に破壊をもたらしたヨーロッパの主体《エージェント》は、西洋アイデンティティが最も希薄な国であった。なぜなら、一六八六～九九年の戦いで勝利した神聖同盟での働きに加えて、一七六八～一八二九年に起きた四度の戦争でオスマン帝国に勝利したのは、ハプスブルク家ではなく、ロマノフ朝ロシアだったからである。農奴制という社会的基盤と、おそらくはるか西方からの技術移転にオスマン帝国とちょうど同じくらい依存していたという事実を考えると、[*79]ロシアは軍事革命論の模範としては似つかわしくなかった。オランダやスウェーデン、イングランド、フランスのような、歴史家や社会科学者にとっての近代性の模範からは、かなりかけ離れていたからである。実際には、「後進的な」ロシアは、オスマン帝国を敗北させただけでなく、一七二一年に大北方戦争が終結すると、パラダイムと言えるほどに近代的なスウェーデンの、大国としての地位をずっと早く終わらせた。[*80]パーカーやチェイス、ホフマン、またその他の研究者は、軍事競争から完全に恩恵を受けるには、ロシアはあまりにしばしば「正しくない」敵――つまり、騎馬遊牧民――と戦ったのだと主張する傾向がある。[*81]同様に、当時でさえ、プロイセンのフリードリヒ大王（Frederick the Great）は、一七六八～七四年のロシアのオスマン帝国に対する勝利を「盲目の者たちを徹底的に打ち負かした隻眼の者たち」の事例と見下して退けていた。[*82]それでもなお、フロスト（Robert I. Frost）はロシアの勝利について以下のように述べている。「ピョートル期〔ピョートル一世の治世、一六八二～一七二五年〕のロシアは、後進的で十分に開発されていない農村経済を基盤として、軍備を整える小規模な社会的エリートが大国の地位を獲得し、維持するのを近代的な軍事技術が可能にするという、二〇世紀には極めて明白となる事実の初期の事例であった」。[*83]

北アフリカ

ポルトガル人とハプスブルク家が北アフリカで経験した限界と挫折は、非西洋の敵を相手とする近世の海外遠征でのヨーロッパの無敵性という考えに対する、有益な中和剤である。これらの戦役は、火薬技術でのヨーロッパの技術的優位がいかに儚《はかな》いものだったかを、またより重要なことに、より広範な文脈上の要素がいかにしばしば戦場での偏狭な問題を圧倒したかを改めて示している。もしかすると、この戦場

〔北アフリカ〕は西洋至上主義の標準的な比喩的表現《トロウプ》に一致しないために、比較的わずかな関心しか集めていないのかもしれない[*84]。しかし、この相対的な知名度の低さを、この地域の戦闘が副次的なものだったという事実に帰することはできない。オスマン人とポルトガル人の双方は、近世に北アフリカに対して過去最大の艦隊による遠征を実行し、この遠征はインド洋や南北アメリカ大陸に派遣されたどの軍隊よりもはるかに大きな軍隊を伴った。一五八〇年までの一世紀強の間、イベリア半島人は半島の再征服《レコンキスタ》（グラナダの攻略により、一四九二年に完了したばかりだった）を地中海の向こう側にまで拡大するという夢を周期的に抱いていた。ポルトガル国王は、勝利を見越して「ポルトガルおよびアフリカの海のこちら側と向こう側にある二つのアルガルヴェの国王」という称号を採用しさえした[*85]。にもかかわらず、ポルトガル人はモロッコで最大かつ最も重要な敗北を経験することになった。オスマン人とその同盟者はヨーロッパ人を打ち負かし、ヨーロッパ人は北アフリカ沿岸の価値の低い拠点を維持するためにその後極めて不釣り合いな大金を費やした。

　こうしたのちの骨折りの前兆は、ポルトガル人が一四一五年にジブラルタル海峡すぐ近くの都市国家セウタを奪取したことだった。歴史家は、この征服には経済的動機があったと指摘する。セウタはサハラ砂漠を縦断する黄金交易の重要な中継地であり、周辺の土地は穀物と織物を豊富に生産していたのだ。しかし歴史家は、十字軍的精神《エトス》がおそらく経済的動機よりも重要だったとも考えている。ポルトガル人は、にわかには信じがたいことであるが、西ゴート族の北アフリカ王国の正統な継承者として、この土地への権利主張を正当化した[*86]。この遠征（国王とその三人の息子が直接率いた）は成功したが、その後数十年にわたりセウタ防衛の他に征服はほとんど遂行されなかった。一四五八年から一五一〇年代まで、ポルトガル人は特にモロッコ大西洋岸の一連の港や拠点を攻略し、要塞化した。重要な点で、彼らの成功は軍事革命のパターンに合致している。当初ポルトガル人は船と大砲ではほぼ完全な優位を享受し、たとえ数のうえで

エルバ島襲撃
(1553)
コルシカ島
ローマ
バルセロナ
ナポリ
メノルカ島
サルディーニャ島
マヨルカ島
バレアレス諸島侵攻
(1558)
イビサ島
フォルメンテーラ島沖の海戦
(1529)
シチリア島
アルジェ
(Sp.1510～29)
テネス
シェルシェル
ベジャイア
(Sp.1510～55)
ボナ(アンナバ)
(Sp.1535～40)
チュニス
(Sp.1535～74)
マルタ島
マルタ島攻囲
(1565)
ハフス朝
マーディア
(Sp.1550～54)
ケルケナ諸島
ジェルバ島沖の海戦
(1560)
ジェルバ島
(Sp.1521～24, 1551～60)
トリポリ
(Sp.1510～51)
□ スペインの飛び地領(Sp.)
◇ ポルトガルの飛び地領(P.)
主要な戦闘

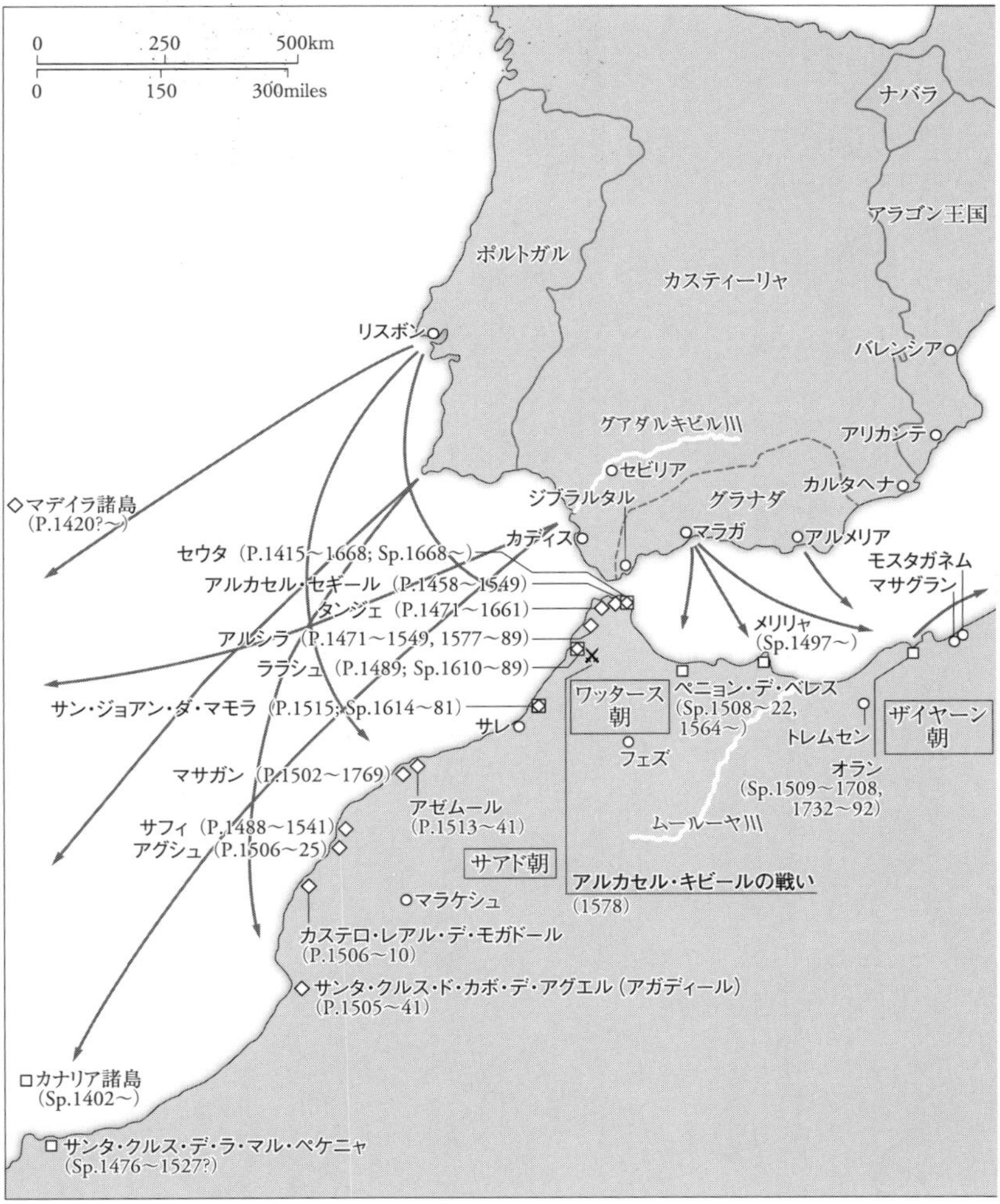

図5 北アフリカ 15～16世紀――ポルトガル・スペインの飛び地領
Andrew C. Hess, *The Forgotten Frontier: A History of the Sixteenth-Century Ibero-African Frontier* (Chicago: University of Chicago Press, 1978), pp. 40–41 の地図を改訂

大きく圧倒されている場合でさえ、タンジェ〔タンジール〕のような沿岸の飛び地《エンクレーヴ》を攻略し、保持することができたのだ。[*87] ハプスブルク軍も、さらに東方の地中海沿岸でメリリャ（一四九七年、現在でもスペインが保有）とアルジェ（一五一〇年）のような港を攻略する際に同様に成功を収めたが、これもやはり部分的には軍事技術における明確な優位のためであった。[*88]

それでもなお、これらの初期の勝利を説明するうえで、ことによると少なくとも同程度に重要なのは、マグレブ〔北アフリカ〕沿岸部の現地諸政体の不和だった。この地域は、部族間の内紛と継承をめぐる慢性的な闘争に悩まされていたのである。しかし、形勢が逆転し始める前から、ヨーロッパ人は、アフリカやアジアの他の地域における同様の限界をしのばせるような、征服の戦略的限界を理解するようになった。ポルトガル人とスペイン人は自国船舶の大砲の射程内ではたいてい優勢だったが、沿岸要塞からの襲撃の範囲を超えると、内陸部では軍隊の有効性が急激に低下した。一部のイスラム系の現地有力者を同盟者や臣従者とすることができたとはいえ、キリスト教徒とイスラム教徒、特にそう遠くない過去にスペインから追放されたイスラム教徒との間の宗教対立のために、現地住民をヨーロッパ人の支配におとなしく従わせる努力は非常に複雑になった。財政的には、初期の征服は利益を生んだ。なぜなら、サハラ交易がポルトガル人とハプスブルク家が支配する港を経由するようになったからである。[*89] しかし、他のヨーロッパ人侵入者、特に北ヨーロッパからの侵入者がこの交易に食い込むにつれて、また現地商人が他の交易路を発見するにつれて、北アフリカの要塞と守備隊を維持する費用は期待される報酬を大幅に超過した。ポルトガル人は、入植地を維持するために、マグレブの拠点が生み出す歳入の五〇倍の費用を支払うことになったのである。[*90] ポルトガル人とスペイン人は、北アフリカで勝利することはできないし、帳尻を合わせることすらできないということを結局は理解した。[*91] この地域に資源を注ぎ込み、その後、残された拠点に何十年、何世紀もしがみつくという彼らの決断は、威信とイデオロギーが合理的な費用便益計算《コスト・ベネフィット》にまさったことを証明している。

二つの重要な軍事的展開がヨーロッパ人の勢いを停止させ、その後逆転させた。それは第一にモロッコ軍の強化と統一であり、また第二にエジプトを征服した後で西に進出するオスマン人の到来だった。スペインから逃れてきたイスラム教徒の難民、ヨーロッパ人の銃砲密輸者や離反者、オスマン人の砲術家、現地の発明力が組み合わさったおかげで、モロッコ人はポルトガル人の敵との大砲における差を縮めた（ポルトガル人のために戦う砲手の大半も外国人——フランス人、ドイツ人、イタリア人——だったことを指摘するのが重要である）。[*92] ポルトガル人はいくつかの重要な要塞を失い（例えば、一五一五年にはサン・ジョアン・ダ・マモラ、一五四一年にはアガディール）、その後はイスラム教徒の敵の大砲に対抗可能な、攻城砲に耐えられる近代的設計で残された要塞を建て直すための相当な出費に直面した。当然ながら、この要求のために、王権が北アフリカの領土で出した純損失はさらに増加した。その結果、一五四一～五〇年の時期に、ポルトガル人は三か所を除くすべての入植地から撤退することになる。しかし、事態はいっそう悪化した。

一五七八年、若き国王セバスティアン一世（Sebastian I）は、国家歳入の半分ほどを費やした約二万人のポルトガル軍を率いてモロッコで完敗し、国王自身や同国貴族の大半が戦場で殺された。[*93] モロッコ人は、この戦闘で銃砲についてポルトガル人に匹敵し、優れた統率と規律、騎兵のおかげで勝利した。[*94] ある歴史家〔A・R・ディズニー〕は、この出来事について「間違いなく、海外拡大の過程でポルトガル人が被った中で最大の軍事的大惨事」と述べている。[*95] ポルトガル王国には王位継承者がおらず、その後の不安と衰弱の時期にスペインの電光石火の侵略を経験し、その結果スペイン国王がポルトガル国王を兼ねるようになった。こうして、ポルトガルのヨーロッパ外での骨折りは、王国自体の独立にとって重要な、致命的でさえある影響を及ぼしたのである。

北アフリカでのオスマン帝国とハプスブルク家の闘争は、一五一八年以降に展開した。スペイン軍は一五一〇年にトリポリを奪取した。この時、ハプスブルク家の要塞と地中海両岸の海運は、さまざまな庇護者《パトロン》に雇用される、恐るべき水陸両用軍をまとめ上げる私的軍事企業家、トルコのバルバロス兄弟〔バルバリア私掠者を代表する兄弟〕に脅かされていた。一五一七年に、バルバロス・オルチ（Oruc Barbarossa）は、自身の忠誠と引き換えに、マムルーク人からエジプトを征服したばかりのオスマン人の助力を求めた。オスマン帝国のスルタンはこれを認め、金曜礼拝でスルタンの名前が読み上げられると共に、この新しい領土の宗主権を象徴するために硬貨にその肖像が追加された。アルジェとチュニスはオスマン帝国の二つの新しい州となり（トリポリがのちに第三の州の核となった）、オルチの弟のバルバロス・ハイレッティン（Hyreddin Barbarossa）はアルジェ州軍政官、またのちに全オスマン帝国艦隊の元帥となった。スルタンは、この新領土を掌握してキリスト教徒の撃退を支援するために、相当な量の支援物資とイェニチェリ兵を送り込んだ。

神聖ローマ皇帝カール五世は、現在のアルジェリアとチュニジアの海岸を攻略するためにますます多くの努力を注いでおり、ある段階ではコンキスタドールのエルナン・コルテスの協力を得た。一五四〇年代から一五七〇年代にかけて、最大三万人のハプスブルク軍が主要な港の攻略と防衛のために動員されたが、これは一五八八年のスペイン無敵艦隊《アルマダ》でイングランドを征服するために動員された軍隊よりも規模が大きかった。オスマン帝国の側では、一五七四年、チュニスを奪還するために、一〇万人という巨大な軍隊――一六世紀で最も高額な費用がかかった遠征――と、そのほんの三年前にレパントに展開したよりも大規模な艦隊が召集された。[*96] ハプスブルク家の要塞はイタリア式築城術に基づいて近代化されていたために、オスマン帝国軍の任務は複雑なものになったが、それでもこれらの港は脆弱であると証明された。

このチュニスをめぐる山場の戦いにオスマン帝国が勝利した後で、両帝国は他の場所に関心を向け始めた。スペインのハプスブルク家はますますプロテスタントの敵国に集中する一方で、スルタンは東方のサファヴィー朝ペルシアに対する攻撃を決断した。スペインは少数の拠点を維持することに成功したが、オスマン帝国の影響力がかなり優勢だった。イスラム教徒の私掠者《プライヴァティア》と海賊《コルセア》は、イングランドやアイルランド、アイスランドほどに遠くまで攻撃するために、大砲を搭載する帆船を用いて、海運と沿岸都市の襲撃を続けた。[*97] 一方、この時期を通じて、オスマン帝国の戦闘の大半は、現地のアラブ人やベルベル人の敵を相手としていた。スルタンの軍隊の優れた規律と火力が、たいていは決定的だった。[*98] したがってヨーロッパ人は、海路による征服も、一六世紀の戦場における火薬兵器に関連する特定の革新も独占していなかった。一九世紀および二〇世紀にいたるまで、オスマン帝国《サブライム・ポルテ》は北アフリカに対する宗主権（一般的に直接的な支配ではなかったが）を維持していたのである。

北アフリカにおける西洋の拡大の限界を考察するに当たって、ポルトガル人はヨーロッパ外での他の冒険的事業に費やしたよりも多くの兵士と船、資金を〔この地域に〕投入したことを指摘するのが重要である。ポルトガル領インディアとアルブケルケによるゴア、ホルムズ、マラッカ征服の最初の重要な一〇年間でさえ、ポルトガル人にとってモロッコは「繰り返し、大規模で高額な軍の展開」が行われる優先地域であり続けた。[*99] 東洋におけるポルトガル人の遠征軍が二〇〇〇人を超えることはほとんどなかったが、一四一五年の最初のセウタ攻撃は二万人の軍隊を伴い、一四七八年のアルシラに対する攻撃には三万人、また一五七八年の最後の破滅的な遠征にはほぼ二万人の軍隊が投入された。[*100] クック（Weston F. Cook）が述べるように、「まだアジア全域が手付かずで、無駄にできる資源はほとんどなかったにもかかわらず、リスボン〔ポルトガル〕はそれでもモロッコに兵員と資金を注ぎ込んだ」。[*101] ハプスブルク家は、アルジェリアとチュニジア、リビアでオスマン帝国と戦うために同規模の軍を派遣した。このように、ポルトガル人とハプスブルク家が北アフリカで戦略的目的を達成し損ねた理由を、その献身不足に帰すことはできない。キリスト教諸国とオスマン帝国は、どちらも権力の中枢からほぼ同じくらい離れた場所で戦っていたが、モロッコ人はその本拠地で戦っていたのである。北アフリカのより小規模な政体に対する初期の勝利ではヨーロッパの海軍力が重要だったが、（レパントの海戦〔一五七一年〕の後でさえ）オスマン帝国海軍を決定的に撃破したり、西地中海に大規模な遠征軍を展開し補給するのを妨げたり、バルバリア海賊《コルセア》を鎮圧したりするのにさえ十分ではなかった。[*102] 戦争中に軍事組織がどのように学習するのか（または学習しないのか）という、本書のより幅広い教訓の観点からは、スペイン人が北アフリカでオスマン帝国に敗れたことをどう説明しているのかを指摘することには価値がある。「スペイン人はトルコ人の戦闘能力――特に彼らの規律――を認めていた。しかし、キリスト教徒が敗北したのは敵の強さのためではなく、統率の拙《まず》さや惑星の配列のせいだとされた」。[*103]

オスマン帝国＝西洋間の軍事バランスに関する結論

軍事革命論と東洋＝西洋バランスに照らして、オスマン帝国については何が指摘できるだろうか？　第一は、時代区分の重要性と時代錯誤《アナクロニズム》の危険性である。一四〇〇～一六五〇年に、オスマン人はヨーロッパと地中海において最も成功した征服者であり、この後も一世紀にわたり総じて広大な征服地を維持し、西洋の大国を個々に撃破することができた。一八世紀後半にオスマン帝国の勢力が衰退したことは間違いないが、「ヨーロッパの病人」というオスマン帝国の描写を一七世紀、ないし一六世紀にまで不正確に当てはめてしまう傾向がある。こうして、全盛期の超大国が衰退を待つばかりの国として誤って描写されるのだ。後で論じるように、明確に絶頂を過ぎてからでさえ、オランダやポルトガル、スペインのような、ヨーロッパの近代性の典型であるとされる諸国ほど、オスマン帝国が広範ないし急速に崩壊したりはしなかったと指摘することも重要である。これらのヨーロッパ諸国は、第一次世界大戦の終結後にオスマン帝国が崩壊するよりずっと前に、いずれも他国の征服を受けたのである。

より具体的に、軍事革命論についてはどうだろうか？　ロバーツとパーカーが革命的変化の全盛期とみなす時期に、オスマン帝国は、新技法の先頭を走っていたとされるスペインや神聖ローマ帝国のようなヨーロッパの敵よりも優位に立っていた。もし軍事革命がそれよりも以前、ロジャーズやギルマーティンが論じるように中世末に起こったとされるなら、[*104]オスマン帝国軍による西洋軍の撃破はなおのこと重要であり、技術と戦術、兵站における早期の進歩はいっそう注目に値する。こうして、ブラックが指摘するように、「ロバーツの時期［つまり一五五〇～一六五〇年］、ないしそれ以前に軍事革命が起こったとする限り、軍事革命はその時［一七世紀末］まで、軍事バランスの決定的な変化やキリスト教国とイスラム教国の国境の移動を引き起こさなかったことになる。この点は、北アフリカに対するキリスト教国の軍事的影響の周縁的性格によって、さらに明確に示された」[*105]。

ある意味で、パーカー自身、以下のように述べる際に、自らのテーゼの最も鋭い批判者の一人なのである。

トルコ人は、一六六〇年代にヴェネツィア人からクレタを征服し、一七一一年にはロシア、一七三七～三九年にはオーストリアを徹底的に敗北させた……スペインによるアルジェへの攻撃は一七七五年と一七八三年、一七八四年に失敗し、ナポレオンでさえ一七九九年にアッカーを奪取することができなかった。……一八世紀末まで、巨大な軍隊を動員し、維持する能力のおかげで、イスラム系の諸大国は――アジアの諸帝国と同様に――西洋を寄せ付けなかった。一六八三年にウィーンの外でトルコ人を潰走させたように、ヨーロッパ人は一七世紀の間にイスラム軍を大敗させることができたが、トルコ人がウィーンの城門にいたのであって、ヨーロッパ人がイスタンブール［コンスタンティノープル］の城門にいたわけではなかったということを覚えておかなければならない。[*106]

パーカーは、オスマン帝国は産業革命の到来によって初めて西洋に完敗したと述べて、自身の見解を訂正する。それにもかかわらず、近世の軍事革命は、攻勢という点では重要ではなかったけれども、一五〇〇年代のオスマン帝国の押し寄せる潮を西洋が押しとどめることを可能にしたために、依然として重要だったとパーカーは考えている。[*107] しかし、すでに指摘したように、西洋の防勢の勝利は、東洋におけるサファヴィー朝の勝利と同様に、ヨーロッパ人の側の技術や戦術の革新以上に、オスマン帝国がその兵站距離の限界で行動していたという事実を反映しているのかもしれない。そうだとすれば、このことは潜在的要因を軽視して、技術の重要性と戦場を誇張する歴史家の傾向に関して、ブラックがたびたび指摘する問題を裏付けていることになる。[*108] それはまた、当事者および何世紀も後から振り返る研究者の両方がどうすれば軍事的有効性を判断することができるのか、というより一般的な疑問を提起する。その疑問は、軍事組織がいかに有効性と競争力を高めるのか、またそもそも高めることができるのかという問題の検証に直接関わってくる。マーフィーは、オスマン帝国の軍事的パフォーマンスは、当時の他の諸国の大半と同様に、「技術の制約、費用の制約、物理的障壁と環境の制約、動機の限界、国家の力と強制の限界」という五つの要素によって決定されたと述べる。[*109] これらの制約が慎重な組織改革の余地をどれほど残したかを知るのは困難である。

以上をまとめると、いくつかの理由から、軍事革命論を評価する際には、オスマン帝国およびその長期にわたるヨーロッパ諸国との対立を考察することが重要である。第一に、近年の優れた修正主義的著作の出版にもかかわらず、以下で論じるように、軍事史には依然として西洋の経験に偏る大きな不均衡が存在する。第二に、歴史に関する一般的な文献や、また社会科学分野の研究はなおさら、軍事革命による西洋の支配という伝統的な描写、およびヨーロッパの病人としてのオスマン帝国という同じくらい伝統的な描写をいまだに前提としているのである。ホフマンの著作のような最近の研究は、こうしたモデルの持続的な影響力を示している。[*110] 西洋の勃興を説明する際に、軍事革命論をそのまま模して、[*111] ジェナイオリ（Nicola Gennaioli）とフォート（Hans-Joachim Voth）は、明朝とオスマン帝国について「われわれの理論が予言するように、どちらの国も高度に中央集権化された統治機構や高次の一律徴税を発展させなかった」と結論づける。[*112] 他の研究者もオスマン帝国について同様に否定的だが、それはまったく逆の理由からである。オスマン帝国は過剰に中央集権化されており、権力の分離と行政機関の抑制が欠けていたことが、オランダとイングランドの成功を説明するとされた。[*113] 社会科学者が熱心に取り入れる「財政＝軍事」国家論は、まさに君主が自律的な国内アクターと駆け引きや交渉する必要性が、進歩を促す際に決定的だったと指摘している。[*114] 最後に、オスマン帝国を比較の観点に位置づけることにより、この歴史的事例に関する認識を変えるだけでなく、西洋の勃興、国家の勃興、戦争中および戦争を通じた変化のダイナミクスに関する、全般的な議論を修正することが目的となる。

近世革命に関する結論

ここまでの各章では、南北アメリカ大陸、アフリカ沿岸部、アジアのインド洋沿岸部における遠征作戦の遂行が軍事革命論の型に合致するのかどうか、また合致するとしてどの程度まで合致するのかを評価するに当たって、これらの地域における近世ヨーロッパの拡大を中心に据えて検討してきた。全体的には合致しない、というのがその答えである。軍事革命論とは完全に矛盾して、一七五〇年以前には、ヨーロッパ人はヨーロッパを含むどの地域でも他の文明に対して軍事的優位に立っていなかった。南北アメリカ大陸におけるスペイン人の成功という部分的な例外は、軍事技術そのものというよりも、病気と現地同盟者のおかげであった。ヨーロッパで大規模な戦争を戦ったような軍隊を他の大陸に輸送する試みはなされなかったし、ましてやその能力などなかったので、軍事革命は近世の西洋の拡大を説明することができない。西洋拡大の主体は、主に特許会社やフリーランスの冒険者であって、国家の役人や将校ではなかったのである。

アフリカとアジアにおけるヨーロッパの拡大は、むしろ、海洋という既存の大国が関心を向けない地表の断片をめぐって、ヨーロッパ人同士で進んで競争するというヨーロッパ人の意欲、また小さな沿岸交易拠点を確保するためにアフリカやアジアの現地政体に取り入り、合意に達する能力によって説明される。一般的には、征服のための軍事作戦よりも、外国の統治者への恭順、また彼らとの協力が重要だった。こうしたアプローチは、技術や戦術、財政＝軍事的制度と同じくらい、文化的傾向の影響を受けていた。非西洋の大国は、海洋をめぐって競争しないことを選択したのだ。大陸を横断する遠距離移動という重要な基本的事実を別にすれば、海洋における西洋の強みは、非西洋の大国を相手とする軍事バランスを変化させたりしなかった。要するに、最初の真にグローバルな国際システムが登場してから少なくとも二五〇年間は、西洋の軍事的優位などまったく存在しなかったのである。

一五〇〇〜一七五〇年の時期には、ヨーロッパ人による征服は、獲得した経済的、人口的資源という点でも、また打ち負かした軍事的抵抗の大きさという点でも、オスマン人やムガル人、満洲族による征服よりも重要性がはるかに低かったし、範囲も狭かった。中国とオスマン帝国は、西洋諸国のどれと比べても、中央集権化された複雑な行政、財政、兵站機構によって支えられる、教練を受け、銃砲で武装する職業常備軍のような、重要な軍事的革新の先駆者とみなされる資格がある。そのうえ、近代性の試金石を提供するものとして一つのモデルに固執し、その後、そのモデルを有効性の基準とみなすのは危険だ。戦争と組織の変化という観点からすると、一方の収斂および同質性と他方の有効性の関係は、パラダイム拡散モデルが適応できる以上に多様なのである。

もし近世における西洋のグローバルな覇権の原動力としての軍事革命を支える証拠がそれほどに弱いのなら、なぜこのテーゼは影響力を持ち続けているのだろうか？　以下の二つの節で、その答えは歴史的記録が整理され解釈されるさまに関する場所と時のバイアスに大きく懸かっていると論じたい。その結果として、これらのバイアスによってゆがめられているのは、より広い世界に関する理解だけでなく（確かにそれもゆがめられているが）、ヨーロッパそのものの理解なのだ。場所のバイアス（ヨーロッパ中心主義）は、ヨーロッパにおける軍事と政治に関する一連の出来事が、厳格で必然的、普遍的な因果関係の物語として誤って解釈されることを意味した。時のバイアス（時代錯誤《アナクロニズム》）は、異常でかなり一時的な、西洋による支配の一時期を自然の摂理として隔離し、その後で、それ以外の歴史的記録をこの主張を支えるように分類、選別してきた。

時のバイアスは、一九世紀の結果と産業革命のダイナミクスを、非常に異なる産業革命以前の時代に当てはめるという、極めて誤解を招く傾向に表れている。一九世紀後半の西洋の勝利を、他の経験すべてを評価する基準となる自然の摂理、ヨーロッパの他文明との関係を規定するライトモチーフとみなす一方で、それ以前のヨーロッパ劣勢の時期だけでなく、第二次世界大戦後のヨーロッパ諸帝国の崩壊、現代の非西洋諸国の勃興を無視するのは、まったく正当化できない。現代の「終点」があるとすれば、それは結論の章で扱うように、ヨーロッパの軍事力の衰退であり、アジアの諸大国の地政学上の勃興であり、一九五〇年代から現在にかけての東南アジアやイスラム教徒の反乱に対する戦争での西洋の敗北である。

場所のバイアスに目を向けて、ヨーロッパ人をこの構図から取り除き、西洋の外での軍事的、社会的変化が軍事革命の支持者が明示する連鎖に合致するかを問うと、この描写はどう変化するだろうか？　他の地域では、新戦術と火薬技術のいずれにも、変化をもたらす効果がなかったことを証拠が示している。全世界からの広範な証拠を考察することはそれ自体良いことであるが、このように視野を広げると、ヨーロッパについてわれわれが知っていると考えていることへの疑念が湧いてくる。銃砲や新式要塞、新戦術は、本当に軍隊の大型化を引き起こしたり、要求したりしたのか、それともこれは単なる偶然だったのだろうか？　こうしたより大規模な軍隊は、本当に中央集権化された主権国家を生み出したり、要求したりしたのか、それともそれは偶発的で特異な理由による、ヨーロッパでの成り行きにすぎないのだろうか？

場所のバイアス――ヨーロッパ中心主義

研究者の間にあるヨーロッパ中心主義的なバイアスを示す証拠は何だろうか？　アンドラーデは、他地域と比べると、ヨーロッパに関しては「一〇〇～一〇〇〇倍」も多くの軍事史の著作があると推計している。[*115] ジェレミー・ブラックは、このバイアスは単なる数量の問題に止まらず、それがいかに歴史が想起され、書かれる言葉を規定しているのかを説明する。

この傾向は、第一に、まったくそれのみではないにせよ、主に西洋の出来事に集中し、第二に他の地域を西洋のパラダイムの観点から、また非西洋諸国の西洋との交流という観点から考察するものであり、これら二つの要素は密接に絡み合っている。……したがって、例えば軍事革命の議論の焦点は西洋にあり、その定義は西洋的なものであり、非西洋諸国が取り上げられるとしても、それは西洋諸国の成功を記録するためなのである。[*116]

パーカーやマクニールのような著者は、ヨーロッパの外の出来事にも関心を払っている。両者ともに、軍事革命の最中に起きた進歩の多くについて、実際には中国で何世紀も前に似たことが起きていたことに気づいている。特にパーカーは、日本とインド、スリランカ、また東アフリカと南アフリカで広範な一次史料調査を行っていた。[*117] それにもかかわらず、依然としてはっきりとヨーロッパに焦点が当てられている。

表3-1　国際関係論におけるヨーロッパ中心主義（1980～2007年に国際関係論の主要ジャーナル12誌に掲載された、376～1919年の時期の出来事について記述する論文の地理的対象ごとの数）

地理的対象	論文数
ヨーロッパとカナダ	205
東アジア	66
米国	35
中東と北アフリカ	21
南アジア	6
東南アジア	6
サハラ砂漠以南のアフリカ	5

出典：ウィリアム・アンド・メアリー・カレッジ「教育・研究・国際政策（TRIP）」プロジェクトの情報。J. C. Sharman, “Myths of Military Revolution: European Expansion and Eurocentrism,” *European Journal of International Relations* 24 (3) (2018)から再掲。

近世の軍事史に関する重要な編著の中で、一二章のうち八章がヨーロッパを扱っているのは注目に値する。[*118] 軍事革命論争に関する最も重要な論集には、西・中央ヨーロッパの外に目を向ける章は一つしか含まれていない。[*119]

この傾向は、国際関係論の分野でも少なくとも同程度に顕著だ。レヴィ（Jack S. Levy）は、一四九五年以降の大国に関する著作の序論で、以下のように率直に述べる。「この研究の関心は、五世紀ほど前のヨーロッパに起源を持つ、近代の大国システムにある。……この研究のヨーロッパ中心主義的なバイアスは意図的なものだ。このヨーロッパを中心とするシステムは、ほとんどの西洋の研究者にとって歴史的に非常に興味深いものであるし、また国際行動（international behavior）や戦争に関する理論の大半がそこから導き出されてきた」。[*120] 上記の表にまとめられている、国際関係論の主要ジャーナルに掲載された論文の地理的対象によって示されるように、それ以降の研究は現時点ではこの状況を是正することができていない。「国際システム」や「大国」一般について書きながら、ヨーロッパの事例や証拠しか用いないのはかなり普通のことであり、また特に際立ったことではないと考えられている。各著者は、システムの競争と拡散がこの説明の重要な要素である限りにおいて、フランスとオランダ、ハプスブルク帝国、スウェーデン、イングランド、またその他のヨーロッパ諸国を比較するかもしれないが、彼らはそれでも一地域〔ヨーロッパ〕の事例にしか目を向けていない。[*121]

軍事革命論を一地域の証拠に過度に依拠させ、また必要十分な因果関係を仮定すると、より広範な証拠を検討する際に、その中核となる原理の多くが挑戦を受けることになる。部分的にはこのバイアスの結果として、説明が決定論的になり、特定の結果に導く道は一つしかないと暗示する傾向が生じる。[*122] この議論は、同じ結果が独立した偶然の前兆の産物だったことを認めずに、一連の特定かつ明確な出来事が定められた順番で起きたのであり、所与の結果を生じるためにはすべて合わせて必要十分だったと主張しがちである。他の地域に目を向ければ、こうした必要十分な関係とされるもののほぼすべての説得力が失われることになる。偶然性および因果関係の複雑さの重要性を強調することにより、ヨーロッパ史の一部の側面に新しい光を当てることにもなるだろう。

ステレオタイプに基づけば、歴史家は詳細な叙述を好み、社会科学で一般的な、単純な因果関係による説明を避けると思われるかもしれない。実際には、もともとの軍事革命論は、必要原因（necessary causes）という観点から明快に表現されていた。例えば、ロバーツは以下のように述べる。「戦争の規模の変化は、必然的に国家権力の拡大を導いた。……今や、大規模な交戦に必要な行政的、技術的、財政的資源を供給できるのは国家だけであった」。[*123] 初期の戦術の変化は「実に、真に革命的な変化の動因であった」。[*124] 軍事革命論の個々の要素は、必然的に相互に関係しているとされる。因果の連鎖の一部分は、他の部分も存在することを要求するのだ。例えば、新式要塞は必然的にそれを守るために大規模な軍隊を必要とし、火薬は歩兵を中心とする軍隊を要求し、先進的な海軍にかかる費用は私有ではなく公有を必要とする、などである。[*125]

歴史家は軍事革命論がヨーロッパの外では有効ではないということを明らかにしただけでない。彼らの研究成果は、こうした説明がヨーロッパでも有効ではない可能性も示唆している。例えば、火薬兵器や新しい横隊戦術、新式の対攻城砲要塞という発展は、軍隊の規模拡大や国家の勃興の原因となるような影響をいっさい及ぼさなかったのかもしれない。軍隊の規模が増大した後で、西ヨーロッパの複数の政体がのちに近代主権国家を規定するようになる特徴を発展させたという事実は、単なる偶然だったのかもしれないのだ。[*126]

『アジアの軍事革命』の中で、ロージは「近世型の戦争は、一二世紀から一三世紀の中国で生まれた」のであって、[*127]したがって近世ヨーロッパにおける軍事的発展は、西洋の戦争の遅れた中国化を意味すると論じている。[*128]中国は、ヨーロッパにほぼ一〇〇〇年先行して、火薬兵器と斉射を広範に利用する専門的な訓練を受けた大規模な常備歩兵軍、攻城砲に耐えられる要塞、また高度に発達した官僚制の行政機構を最初に発展させた。新しい大砲も、新式の要塞も、既存の政治制度を変化させるような大きな影響力を持たなかった。中世の中国軍は、一八世紀にいたるまで、長らく西ヨーロッパのどの軍隊よりも規模が大きかった。職業軍や火薬、銃砲のような中国の革新を考えると、西洋の文化は明らかに主要な軍事＝技術的進歩の前提ではなかった。[*129]中国と日本、南・東南アジアがそれぞれたどった独特な道を詳述する中で、ロージは必要条件という考え、つまり最も重要なことに、火薬兵器の普及が単一の制度上の対応を要求するという考えを特に批判する。[*130]

銃砲がヨーロッパで騎兵に対する歩兵の優位を固めたとすれば、それは日本でも同じだったが、銃砲が既存の弓騎兵の伝統に組み込まれた南アジアでは、軍事革命の型に適合する事例はなかった。[*131]弓騎兵は大砲やマスケット銃よりも革命的だったのである。[*132]砲兵は攻囲の遂行に比較的わずかな影響しか及ぼさず、いくつかの点では攻撃側よりも防衛側に有利であった。[*133]決して、火薬兵器が政体を変えたりはしなかった。このように、ヨーロッパでたまたま起きたような連鎖は、自然でも必然でもなかった。西洋の外の支配的帝国は軍事＝技術的進歩を妨げたとする、[134]「火薬帝国」論に特有の研究は、ムガル帝国と中国の慣行のより詳細な分析により否定されている。[135]

歴史から国際関係論に目を向けると、東アジアに関連して、ジョンストン（Alastair Iain Johnston）やカン（David C. Kang）、鈴木章悟（Shogo Suzuki）、ホブソン（John M. Hobson）、許田波（Victoria Tin-bor Hui）、リングマル（Erik Ringmar）、その他の研究者も同様に、ヨーロッパ史は、一般的な説明を形作る基礎としては非常に誤解を生じやすいと論じている。[136]「戦争の相関研究」（Correlates of War）や「大国間戦争、一四九五～一八一五年」（Great Power Wars 1495-1815）などの、明確にヨーロッパ中心主義的なデータセットに依拠する国際関係論の著作が提示する、国際システムに関する結論は、大いに誤解を招くものであることがすでに示されている。[137]中国史とヨーロッパ史を比較する許の研究は、国家の勃興における戦争の役割に関して、ロバーツやパーカーのような歴史家と同じ基本的問題の多くに答えようとしているために、地域比較アプローチから得られる、新しい洞察の事例として特に重要である。

許は、古代中国と近世ヨーロッパのシステムがたどった分岐する道を比較する。[138]古代中国は一五〇〇年頃のヨーロッパと似ていると考えられ、どちらも「封建的階層の崩壊、度重なる戦争、国際的な無秩序状態、主権的領域国家の登場、勢力均衡の構成、中央集権化された官僚制の発展、国家＝社会契約の誕生、国際交易の拡大」によって特徴付けられている。[139]許によれば、戦争は国家を生み出すかもしれないが、時に帝国を生み出すこともある。というのも、古代中国と近世ヨーロッパのこのような類似する初期の状況にもかかわらず、終点は完全に異なっていたからだ。中国の戦国時代の後には〔秦《しん》〕帝国による統一が起きた一方で、ヨーロッパは分断された無秩序なシステムを維持していた。普遍的かつ必然的な関係として提示されてきたものは、むしろ特異な偶然の関係であるという許の結論は、ロージなどの歴史家と一致している。

ヨーロッパの研究者は、ヨーロッパの多元的な国際システムを説明するために、勢力均衡《バランス・オブ・パワー》と規模の不経済というメカニズムを仮定したが、その後、これらのメカニズムは普遍的に当てはまると想定した。しかし、中国の経験を検討して、許は真逆の結果を生じる傾向のある、便乗《バンドワゴン》および規模に応じた正の効果《ポジティヴ・リターン》という他の二つのメカニズムを認める。中国では、これらのメカニズムが、一つの帝国を作り出すべく個々の国家の征服を助長した。中国との比較の観点は、ヨーロッパにおける基本的な傾向を、まったく別の角度から見せることになる。中国の戦国時代の勝者たちは、自軍を拡大するために徴兵制を導入し、そうすることで競争相手を打ち負かした。「均衡の論理」よりも、「支配の論理」がこのシステムの発展をうまく説明する。許は、軍事革命論では近世ヨーロッパにおける国家建設の力強いプロセスとみなされるものを、彼女が「自己弱体化《セルフ・ウィークニング》」と呼ぶ一連の短期的な即興の策として描き出す。重要な事例は、国家自身の財源ではなく負債への大きな依存、また徴兵軍ではなく傭兵の利用、[*140]つまり制度を確立するのではなく問題をお金（それもしばしば他の誰かのお金）で解決しようとする傾向であった。こうして、基本的な誘導問題（orienting question）はヨーロッパの成功を説明するものから、ヨーロッパ統一の失敗を説明するものに変化する。[*141]

要するに、異なる地域の歴史的経験を比較すると、近世に軍事的近代性への道を切り開くうえでのヨーロッパの例外主義という考えが持つ説得力は決定的に失われてしまう。より広い視点をとると、特定の技術や戦術の効果が、文化的、政治的背景《コンテクスト》によって強く影響を受けたということも明らかになる。これらの背景は極めて多様なので、出来事が特定の順番で起きなければならないと規定する支配的論理《マスター・ロジック》は存在しないのである。

時のバイアス――時代錯誤と目的論

場所のバイアスは、時のバイアスと密接に関係している。西洋の成功と東洋の失敗の前兆を探すことで、現在の観点から過去について書こうとする傾向が顕著である。ロージは、西洋の支配とアジアの弱さの時点からさかのぼり、「必然的」な西洋の成功とアジアの失敗の「必要条件」をそれ以前の諸世紀から掘り出そうとする歴史家の傾向を指摘する。[*142] 彼は、「一五〇〇年以降のヨーロッパ国民国家の勃興する力を強調することで、つまり、特にヘーゲル的な整然とした進歩を通じて、西洋が支配しているとわれわれが考える世界を導いた経済的、技術的、政治的発展を強調することで、こうした非西洋政体の本当の歴史は、骨董《こっとう》学的興味の領域へと格下げされてしまう」と警告する。[*143] 数世紀にわたる西洋の勝利を一つの一般的傾向としてまとめることの危険性に関してブラックが強調している論点に共鳴して、[*144] ソーントン(John K. Thornton)は、一九世紀のアフリカ征服を、それに先立つ数世紀間のヨーロッパ=アフリカ関係の非常に異なる状況に当てはめる同様の傾向をやはり非難している。[*145]

近世の大国はすべていずれかの時点で勃興し、衰退することになったが、一部の事例は主にその勃興について議論され、別の事例は圧倒的にその衰退について議論されている。オランダやスウェーデン(大北方戦争で決定的に敗北した)は一八世紀初頭に小国に格下げされた一方で、ポルトガルはスペインに敗北して一五八〇年から一六四〇年にかけて占領されたが、これらの諸国については、その勃興と成功《サクセス》という観点から書かれることがほとんどである。オスマン帝国とムガル帝国、中国の明朝・清朝は、これらのヨーロッパ諸国のどこよりもはるかに大きな領土、人口、富、軍事力を征服し、支配していた。ムガル帝国は例外であるにせよ、各帝国はまた大国としてははるかに長期にわたって存続した。明らかに、どのような客観的指標によっても、非西洋の諸帝国の方がもっと成功していたのである。それにもかかわらず、オスマン帝国とムガル帝国、中国は、総じて、衰退しつつある存在として、また各帝国の後進性と敗北を運命付けた重大な失策や失われた機会という観点から描かれている。のちの勝利の前兆を見つけるために、西ヨーロッパのその後の成功から振り返るという誘惑があるが、アジアの事例では逆である。つまり、以前の数世紀の出来事すべての中に衰退と失敗、敗北の起源を見つけるために、これらの諸帝国の崩壊から振り返るという誘惑がある。*146

物語の「終わり」への固執が、次の結論の章における議論の土台となる。物語の終わりがそれ以前の出来事をわれわれがどう見るかを規定するとすれば、ここまで私が提起してきた主張は、視点の変化にどこまで耐えられるのだろうか？　私の議論は、どの程度までフランス革命頃の時期という特定の終わりの日付に依存しているのだろうか？　特に、西洋は実際に勝利し、アジアの諸大国を威圧し壊滅させ、第一次世界大戦の時期までにヨーロッパの支配を地表の三五パーセントから八五パーセントまで拡大したのだ、と反論する者がいるかもしれない。もしかすると、軍事革命は数百年遅れただけで、結局のところ正しかったのだろうか？　こうした疑問に答えるために、次章では、異なる終点から物語がどう変化するのかを検討したい。第一の終点は、二〇世紀初頭における西洋の力の絶頂である。第二の終点は、一九五〇年代から現在にかけての、ヨーロッパの諸帝国の崩壊およびヨーロッパと米国の軍隊に対する反乱の成功である。

結論——いかにしてヨーロッパ人は最終的に勝利したのか（またその後に敗北したのか）

自然な結末がない物語をどこで終えるかという決断は、そこから引き出される教訓に大きな影響を及ぼす。ヨーロッパ拡大の限界に関する叙述を、ヨーロッパによる支配の全盛期——およそナポレオン戦争の終結から第一次世界大戦まで、また特にこの時期後半——の直前で締めくくると、私が何かいかさまをしている、私の議論に適合しないような歴史的記録を除外しているかのように思われかねない。なぜなら、一九世紀の間に、ヨーロッパ人はそれまで帝国を築く夢を制約してきた障害をはねのけたからである。イギリス東インド会社は南アジアの征服を成し遂げ、ヨーロッパ人はのちに東南アジアも植民地化した。南北アメリカ大陸への入植者たちは、先住民の最後の抵抗をたたきつぶした。この時までにヨーロッパの諸大国は、オスマン帝国と清朝だけでなく、日本も脅かしていた。最後に、アフリカは（南大西洋とともに）さまざまな植民地帝国の間で分割された。二〇世紀初頭には、地表のあらゆる場所が西洋の公式の統治ないし非公式の覇権に晒されていたと言うのは、ほとんど誇張ではない。この空前かつほぼ完全なグローバルな勝利は、ヨーロッパの軍事的優位という考えを批判し、非西洋の諸政体の力《パワー》を強調する、これまでの章で示してきた見解の説得力を失わせはしないのだろうか？　つまり、私の議論は、最終的にヨーロッパ人が勝利したという事実をどう説明しうるのだろうか？

近世以降の展開を見てゆく中で、私は時期区分に関するこのかなりもっともな反論に答え、また異なる終点から見た時に、以前の出来事がいかに違って見えるかを探究してゆきたい。本書のここまでの叙述は、一八世紀末頃までに及んでいる。ヨーロッパ人の完全な勝利という考えは、二〇世紀初めの視座から物語を締めくくるものだが、当然ながら、ヨーロッパ人は最終的に勝利しなかった。二一世紀初頭の観点から、一九世紀の極めて急速な帝国建設の後で、一九四五年以降の数十年間に、帝国の崩壊というプロセスがいっそう急速に進行したことをわれわれは知っている。この帝国建設と脱植民地化という広範に及ぶプロセスは、主権国家からなる現在の国際システムを生み出したが、[*1]国際関係論の研究者は、これらの対となる変容にふさわしい関心を払ってこなかった。[*2]

この短い結論の章では、ナポレオン戦争の終結から現在までの二世紀における、西洋と世界の他の地域の軍事的関係すべてを駆け足でたどることはできないし、それを試みたりもしない。一九世紀から二一世紀にかけての展開を非常に選択的に概観する目的は、新帝国主義や脱植民地化の原因と結果に関して、一貫した歴史的ないし分析的議論を提示することではない。そうではなく、近世に関する私の議論が、その後の出来事に照らして批判に耐えられるのかを検討することが目的なのである。

これまでの各章では、軍事技術における強みはめったに決定的ではなかったこと、またヨーロッパ人がこうした決定的な強み（例えば大砲で武装する帆船）を持っていた場所でさえ、この強みが戦略バランスを変えたりはしなかったことを論じてきた。こうした主張は、一方が近代的なライフルと機関銃、他方が槍や剣、マスケット銃で武装する場合にも、本当に有効なのだろうか？　軍事＝技術的優位は、かなり小規模なヨーロッパ軍がいかにアジアの諸帝国をたびたび打ち負かし、また一九世紀に広大な領土を征服したかを説明するのではないだろうか？　もしそうだとすれば、兵器の差が決定的であることはほとんどないという、これまでの各章を通じてなされた主張は無効になるのではないだろうか？

産業革命の進展は、ヨーロッパと他の諸文明との関係における根本的な変化を画している。それに先立つ近世期のダイナミクスが極めて異質なのは、部分的にはこのためである。[*3]それでも私は、最近の歴史に基づいて、一九世紀の帝国による征服戦争では、ヨーロッパの兵站《へいたん》と組織、現地の同盟者と資源を動員する能力、敵の中の不和が、優れた兵器と少なくとも同じくらい、ヨーロッパが勝利するために重要だったと主張する。先行するオスマン帝国ともやや似て、中国の清《しん》朝は、軍事能力の絶対的衰退を導くことになる国内制度の腐敗というプロセスに苦しんだ。より最近では、一九四五年から現在までの経験から、現代の西洋軍が敵に対して享受する、同様の、ことによるといっそう大きな技術的優位は、驚くほど少ししか役に立たなかったことが示されている。脱植民地化をめぐる戦争、またより最近の反乱《インサージェンシー》は、西洋の軍隊が巨大な技術的利点を持ち、戦闘の大半に勝利する場合でさえ、それでもなお戦争にたびたび敗北したことを示している。

したがって、近世から導かれる結論に一九世紀の観点から新しい光を当てるならば、一九世紀の経験にも二一世紀の観点から新しい光が当てられることになる。このように、多くの研究者はヨーロッパ拡大に関する理解を一八五〇年頃～一九一四年の時期に依拠しているが、この時期は極めて例外的だった。〔したがって、〕過去五〇〇年にわたる国際政治の大きな流れ、ないし文明間戦争における勝利の決定要因を理解する指針としては不適切なのである。

帝国建設と崩壊のプロセスは、文化的要因の優越に関する主張をさらに詳細に検討することを要求する。私は、近世においては確固として陸地志向だった、アジアやアフリカのより強力な諸政体と共存する能力にとって、相互に結びつく海外の海洋領域を求めるヨーロッパ人の選択が重要だったと論じてきた。一九世紀の西洋の勝利が、産業革命の科学と技術、またそれと関連する、近代的な官僚国家の勃興によって支えられていたとすれば、思想と文化はいったいどう影響しているのだろうか?

繰り返しになるが、産業革命は確かに、ヨーロッパ人がどのようにして新帝国の建設に成功したのかを説明する、重要な理由の一つだった。しかし、それよりも重要な、もしかすると常識に反する質問は、〔そもそも〕なぜヨーロッパ人は巨大な帝国の建設を望んだのか、というものである。軍事および経済の観点からはいくらひいき目に見ても不確かな利益を考えると、多くの場合、のちの帝国拡大主義は、大国の名声が植民地を必要とする国際的文脈《コンテクスト》における、威信と地位に関する懸念を反映していたように思われる。しかし、第二次世界大戦後の数十年間に、国際社会の慣習《モーレス》の根本的な変化の一環として、植民地の保有は評価されることから強く非難されることへと変化した。ヨーロッパ人は、自分たちが直面する脱植民地化勢力に対して、全般的な産業上、行政上の優位を維持していたが、こうした優位はなぜか、もはや決定的であるようには思われず、ヨーロッパの諸帝国は崩壊した。このように、ヨーロッパの諸帝国の興隆と没落の両方は、物質的要素および手段・目標の合理的計算だけ、ないし主にこれらの要素や計算によってではなく、思想や文化の文脈における変化によって、決定的に突き動かされ、規定されたのである。

物語を評価する歴史の終点が動く時に、これまでに語られた物語がどう変化するかを見ることが本章の主眼《ゴール》の一つだとすれば、本章のもう一つの主眼は、戦争と制度変化のモデルに関してこれまでに提示してきた議論を締めくくることである。合理的学習とダーウィン主義的な生存圧力を前提とする、機能主義的モデルを信じることができない理由をまとめたい。より優れた西洋の戦争方式への収斂《しゅうれん》という予想に反して、非西洋の敵が非常に異なる戦争方式を採用することで、いかに自身のパフォーマンスをたびたび改善してきたかは印象的である。成功は往々にして、合理的な模倣と競争環境下で同質化を迫る排除圧力の両方、またはそのいずれかの産物ではなく、戦術および制度の差異化の産物であった。組織の学習と変化に関する、これらのより全般的な論点は、文化的に構築された認識や期待を重視する観点にうまく合致する。文化的に構築された認識や期待は、優先事項の決定や目標の設定、費用便益の解釈、勝敗の合意形成、軍事制度の適切な形態や機能を形作る際に重要であった。この見方は、戦争と制度変化を理論的に説明する新しいモデルを提供するだけではない。一九世紀の「新帝国主義」という変革の地政学《トランスフォーマティブ・ジオポリティクス》や、それに続くヨーロッパの収縮および崩壊という、同じくらい根本的なプロセスに関しても、特に重要なのである。

最終的な勝利——新帝国主義の動機と手段

ヨーロッパ人と非ヨーロッパ人との間の軍事バランスの変化を最も顕著に示す事例は、もしかすると一九世紀の第四・四半期の「アフリカ分割《スクランブル・フォー・アフリカ》」なのかもしれない。ヨーロッパの諸帝国の領土は、一八七六年にアフリカの一〇パーセント以下しか支配していないところから、[*4]第一次世界大戦までにアフリカ大陸全土の九五パーセントに及ぶようになった。[*5]それより三五〇年前〔一五二〇年代〜三〇年代〕のコルテスとピサロの時代以来、ヨーロッパ人がこれほどに並外れた軍事的偉業を達成したことはなかった。アフリカ人の槍と弓を相手にする連発銃と機関銃というイメージは、技術に基づく西洋の勝利の説明の中で繰り返し登場する比喩的表現の一つだ。概して西洋の強さを、またとりわけ技術の決定力を一貫して高く評価しない議論の文脈で、これらの一方的な勝利をどう説明できるのだろうか？　まず一歩退いて、なぜこれらの戦闘や戦争が戦われたのか、そして新帝国主義の動機とは何だったのかを問うことにしたい。

第一章で論じたように、ヨーロッパ人とアフリカ人が初めて持続的に交流するようになった一五世紀後半以降、一九世紀に入ってからも、ヨーロッパ人はアフリカの政治で周縁的な役割を演じていた。大西洋およびインド洋沿岸におけるヨーロッパ人の交易と奴隷売買の拠点は、一般的に現地統治者の温情《グッドウィル》に依存していた。この間の諸世紀におけるヨーロッパ人の軍事的革新のプロセスは、勢力バランスの大幅な変化を生じたりはしなかった。しかし、一八八〇年代初頭には、仏独両国の政府による新たな領土獲得、また広大な私領〔コンゴ自由国、のちのベルギー領コンゴ〕を求めるベルギー国王の非現実的な試みによって、一八八四〜八五年のベルリン会議、またその後数十年間のヨーロッパ諸国によるアフリカ分割に結実するダイナミクスが生じた。[*6]一大陸の征服というこの大きな変化は、まずなぜヨーロッパ人は「アフリカ分割」に乗り出したのか、次にいかにして成功することができたのかという問題を提起する。第一の「なぜ《ホワイ》」に関しては、多くの場合において、大国の威信の印を求める文化的な刺激に突き動かされていたということであり、また「いかにして《ハウ》」ヨーロッパ人は征服することができたのかは、戦場での技術の問題であったし、それと少なくとも同程度に、政治と兵站の問題でもあった。

新帝国主義の動機

「なぜ」の問題にまず取りかかると、この主題に関して極めて関連の深い著作は以下のように述べている。

歴史家たちは今や、ヨーロッパ帝国主義の根底にある普遍的動機の正体を明らかにする、賢者の石の探究を諦めている。この論争を呼ぶ主題についてはほとんど合意されていることがないとしても、帝国的事業に加わる動機は多様で複雑なものであり、各国間で大幅に異なっていたということは少なくとも認められている。[*7]

ここではもちろん、この問題に関する大量の歴史学文献を概観するのに十分な紙幅はない。[*8]もしかすると、国際関係論の観点からの（この学問分野が植民地化のプロセスに関心を持つ驚くほど限定された範囲における）基本的想定は、ヨーロッパ諸国は自国の富と力を増大させるために新たな海外征服を追求した、というものかもしれない。[*9]一九世紀から二〇世紀初頭にかけて、帝国建設はしばしば国家安全保障と富を増大させるための戦略として正当化された。こうした論拠は、国際政治における行動の動機とされるものに関する社会科学の基本的想定と一致する。例えば、「帝国は内的バランシング〔internal balancing〕の一手段である。他国の領土を征服したり併合したりすることで、諸国は有用な産物や人的資源へのアクセスを得る。同時に、この戦略は競争相手がこれらの資源にアクセスするのを拒絶する」[*10]。このロジックによれば、基本的には防勢志向のヨーロッパ諸国でさえ、特に当時のヨーロッパ内部で激化する競争を考えると、将来の潜在敵国と比べて自国の安全保障が悪化するのを避けるために、アフリカ分割に強制的に引きずり込まれたのかもしれない。

　多様で複雑な動機が作用していることに注意しなければならないが、地位や威信に関する懸念が新帝国主義を突き動かす中で重要だったことは明らかである。当時、社会化（socialization）〔国家間の交際を通じて、ある概念が規範として認識されるようになる現象〕は帝国的野心を助長し、また「単なる」主権国家という考えを軽視するように作用した。[*11] 海外帝国を持つ大国はその維持を決意した一方で、他の国々は海外帝国の獲得を熱望した。ドイツに加えてイタリアや日本のように、国際システムに新しく登場した諸国は、既存の大国が保有する、大陸をまたぐ帝国を模倣しようと努めた。[*12] 後述する淘汰メカニズムを明確に反映して、ボズワース（R. J. B. Bosworth）は、イタリア領エリトリアについて以下のように述べている。「植民地を擁護する最も単純で説得力のある議論は、多様な社会ダーウィン主義であった。エリトリアを植民地化する中で、イタリアは国際的な適者生存の大闘争に加わった。この闘争に加わり損ねることは『国家の死』を意味したのである」。[*13] 当時の一流紙は、イタリアはアフリカに帝国を獲得するか、さもなければ「大国の役割を果たすといういっさいの振りをやめ……大きなスイスであることに満足」しなければならないと述べた。[*14] このように、「一九世紀後半のイタリア外交政策および軍事政策の立案者の主要な目標は……新国家〔一八六一年、イタリア王国成立〕の大国としての地位を確認することになった。一九世紀末には、こうした地位は帝国の保有を要求するように思われた」[*15]のは、軍事的不安に対応するためではなく、地位の不安に対応するためだったのだ。経済的には、イタリア帝国は絶えざる損失と「壮大な過剰投資」[*16] の物語であった。軍事的には、気を散らすもの《ディストラクション》から、イタリアの運のどん底を画す、一八九六年のアドワでのエチオピア軍に対する敗北のような災難までに及んでいた。

一九世紀末の日本の帝国主義は、イタリアのそれと同様のロジックによって突き動かされていた。

帝国主義とそれを支える強力な軍隊も、「文明」国のアイデンティティに必須のものとみなされた。……強力な帝国主義国家であることが日本を軍事的に守るだけでなく、「文明」的国際社会の完全なメンバーとして日本が認められ、その庇護を受ける助けにもなる。何と言っても、「文明」的諸大国は、最も軍事的に強力であると同時に、「非文明」国を「文明化する」使命を遂行するために広大な植民地を保有していたのである。[*17]

長年の帝国国家であったとはいえ、フランスの一八三〇年代以降のさまざまな植民地遠征（アルジェリア）や、その五〇年後のサハラ砂漠以南のアフリカにおける植民地遠征は、物質的利益の追求だっただけではない。それと少なくとも同じくらい、威光の追求のため、また一八七一年のプロイセンに対する屈辱的な敗北という汚名をそそぐためだったように思われる。[*18] 東南アジアでの、オランダ植民地の遅ればせながらの拡大でさえ、一八九〇年代以降の同様のダイナミクスを反映しており、やはり威信に関する懸念が経済的要因や他のヨーロッパ競合国に関する懸念にまさっていたと言われている。[*19] 同様にロージは、ヨーロッパ人の帝国建設を「栄光を追求するためだけに、総じて見れば利益の上がらない冒険に血を流し、金を費やすことを厭わない情熱」の産物と片付ける。[*20] ロージは、中国やその他のアジアの諸政体が海洋帝国の建設に「失敗」したのは、これらの諸国が損失を生じる虚栄の事業に金を費やすのを渋ったためであると説明している。[*21]

植民地帝国が実際に軍事的ないし経済的能力を増強できたかどうかは、特に、これらの新領土を獲得し、守備隊を駐屯させ、統治するコストを考えると、かなり疑わしい。海外での新たな機会から恩恵を得る（と同時に、本国が帝国統治のコストを負担するのを免れる）ことを目的に設立された新興の特許会社は、ほとんど常に損失を出し、しばしば破産するか、または納税者の負担により存続しただけであった。こうした事実は、新植民地が商業的利益に乏しかったことを示唆している。[*22] ある推定では、「イギリス帝国は……少なくとも一八八〇～一九一二年には利益をいっさい生じなかった。それどころか、帝国は補助金を必要としたのである」と指摘されている。[*23] 植民地が収益をもたらす──典型的には、ごく一部のエリートに──場所でさえ、征服や正式な服従なしに、対等な立場での取引や投資を通じて、こうした収益ないしより大きな収益が得られたかどうかは明らかではない。[*24] 諸帝国は植民地において兵士を徴募したけれども、これらの軍隊の主な任務は、本国自体の防衛を強化するというよりも、帝国国境に駐屯し、領土を拡張することだった。[*25] もしかするとより重要なことに、研究者が帝国の経済的および安全保障上の恩恵（もしあるとすれば）について依然として議論を続けるとしても、当時の指導者たちが〔そうした恩恵を〕正確に推計することができた可能性は極めて低い。これは、指導者たちが実際に費用便益を計算したり、異なる趨勢《すうせい》や決断の因果効果（causal impact）を評価したりすることができるという想定の信憑《しんぴょう》性の低さに関する論点を改めて強調している。

ここでの問題は、ヨーロッパ諸国が自らを貧しく脆弱にすると知っていた、ことさらに非合理な外交政策を追求したということではない。そうではなく、大国にとっては帝国が規範上適切な制度形態であって、植民地の保有が偉大な国家への道であると時代精神が暗示していた、ということなのだ。帝国は国家の繁栄と安全保障の手段だけでなく、目的そのものともみなされた。帝国は、当時の背景《コンテクスト》においては大国の正統な形態だったのである。

新帝国主義の手段

一九世紀の新帝国主義の動機に関する問題は脇に置いておこう。ヨーロッパ人が新たに帝国を征服して獲得した手段は、これまでの各章で論じてきた、近世の軍事的成功の誘因にどう合致しているのだろうか？　本書の中で、アジアやアフリカ、ヨーロッパ自体でも、ヨーロッパ人は非西洋の敵に対しておおむね軍事技術の大きな利点を享受していなかった、と私は論じてきた。なぜなら、これらの敵はすでに同等の技術を獲得していたか、もしくは素早く習得したからである。例外となる事例——例えば、ヨーロッパ人が南北アメリカ大陸の一部地域や外洋で優れた兵器を手にしていた事例——は、たいてい重要ではなかった。これは、他の要素が有力だったためか（病気や人口動態）、またはこうした技術的優位が存在する限定的な領域が決定的な強みをもたらさなかったためである（例えば、アジアの諸帝国やアフリカの大半の政体に対して、または、異なる形ではあるが、マプチェ族のようなアメリカ先住民集団に対して）。したがって、戦場兵器に関するヨーロッパ人の技術的優位とされるものの重要性は、一八〇〇年までのヨーロッパ拡大に関する従来の説明の多くで非常に誇張されている、というのが全般的な結論であった。

しかし、一八〇〇年以降についてはどうだろうか？　この時期には、戦場の技術が決定的な要因だったように思われるかもしれない。これらの技術のうち最も明白なのは兵器の進歩であって、特に一八八〇年代以降の連発銃や、少し後の機関銃の登場であった。この点に関する私の主張は、産業革命は確かに、アフリカやアジア、その他の地域の諸政体との比較のうえで、ヨーロッパ諸政体の力《パワー》の分水嶺《れい》を画したが、より先進的な兵器よりも、非軍事技術や政治、兵站の方が重要だったというものである。残存する東洋の諸帝国の中で最も強力なものとしての清朝——それでも、ヨーロッパ人によって従属させられた——に目を向けると、小規模な西洋の軍隊が優位に立つのを許してしまうに当たっては、この政権自体の政治的および制度的な経年劣化が、軍事技術の差よりも重要だったように思われる。

技術に基づく説明を重視する研究者でさえ、軍事技術に匹敵する非軍事技術の重要性を強調する。[*26]　これらの非軍事技術の一つは、アフリカで熱帯病の犠牲となるヨーロッパ人の膨大な死者数を引き下げた、医療の進歩であった。[*27]もう一つは蒸気船の発明であり、これは特に河川ネットワークを通じてはるか内陸部まで軍を展開し、支援する能力のためだった。[*28]鉄道がのちにこの兵站の利点を補強し、拡張した一方で、電信は本国と植民地の拠点の間ではるかに密接な戦略の連携を可能にした。

技術以外については、東南アジアとアフリカ、その他の地域の研究者は、ヨーロッパ人による征服を説明する際に、兵站と計画、規律、戦略的機動性の組み合わせを強調する。[*29]近世との連続性の一つは、現地の兵士がやはり重要であって、一般的に帝国の軍隊の大半を構成したということである。一方で、アフリカの諸政体が現地の対立を棚上げにし損ねたこと、また分割統治戦術の有効性も、ヨーロッパ人による征服を可能にした重要な要素であった。[*30]

しかし、ヨーロッパ人の勝利の最盛期でさえ、植民地帝国の没落、またより一般的には西洋の遠征戦争の衰運を導く趨勢の始まりを目にすることもあった。非正規戦術を実行するヨーロッパ域外の人々は、ヨーロッパ人の侵略者に対して絶えず問題をもたらす可能性がより高かったのだ。対照的に、西洋の手法を模倣しようと努めた非西洋諸国は、実際には往々にしてヨーロッパ人による征服に対してより脆弱になった。[*31]こうした非正規軍の敵を鎮圧するために、ヨーロッパ人は、小規模な遠征軍ではなくますます大規模な軍隊を投入しなければならず、こうした軍隊は軍全体にとってかなりの浪費を意味した。

例えば、フランスは一八四〇年代にアルジェリアを「鎮定《パシファイ》」するために、全軍の三分の一に当たる一〇万人以上の兵士を投入した。[*32]ロシアは、一八三八年、コーカサス地方におけるチェチェン人の抵抗を鎮圧する試みに、一五万五〇〇〇人規模の軍隊を動員せざるをえなかったが、この試みは失敗し、クリミア戦争の直後に二五万人の兵士を投入して初めて鎮圧に成功した。[*33]第一次世界大戦の直前、イタリアはリビアを征服するために一〇万人以上の兵士の派遣を強いられた。[*34]イギリス東インド会社は一九世紀の初めに東南アジアにおける軍隊を一〇万人以上の規模に拡大したが、その一世紀後に、イギリスは南アフリカでボーア人を鎮圧するためにほぼ五〇万人を動員し、輸送した。[*35] 戦間期には、モロッコのリーフ地方における抵抗を鎮圧するために、スペインの度重なる屈辱的敗北の後で、二五万人の仏西連合軍を投入しなければならなかった。これらのより大規模な軍隊投入にもかかわらず、ヨーロッパ人による鎮圧の成功率は低下し始めた。マクドナルドによると、一九一四年以前には帝国に対する反乱のうち一八パーセントしか成功しなかったが、一九一八年以降には成功率が五七パーセントに上昇した。[*36] これらの帝国の戦役で勝利するために、ヨーロッパ人が敵を数のうえで大幅に圧倒しなければならなかったという事実は、対峙するはるかに大規模な敵軍を負かす小規模な西洋軍というステレオタイプ的な描写——コルテスからプラッシーの戦い、ロルクズ・ドリフトの戦い〔一八七九年、南アフリカにおけるズールー戦争中の戦闘〕にいたる——と鋭く矛盾している。

アフリカから目を移して、東洋の諸帝国についてはどうだろうか？ 本書では、アジアの諸帝国が長年にわたりヨーロッパの諸帝国を圧倒していた、またヨーロッパの諸帝国ではなくアジアの諸帝国こそが近世の偉大な征服者と正しくみなされるべきだ、と主張するのに紙幅を割いてきた。それでもなお、一九世紀末までに、東洋の諸大国は打ち負かされ、従属させられたのである。一九世紀後半には、ヨーロッパの軍隊は、アフリカにおけるのと同じくらい圧倒的かつ決定的な形で、中国軍に対する戦闘に勝利していた。第二章と第三章でムガル帝国とオスマン帝国の衰退について論じたが、中国についてはどうだろうか？ ヨーロッパ拡大のダイナミクスに関するより幅広い議論にとって、〔中国の〕「屈辱の世紀」〔一八四〇～一九四九年〕は何を意味するのだろうか？

一八四〇年以降、ヨーロッパ人は中国の沿岸および内陸河川の防衛を何度も突破した。[*37] 第二次アヘン戦争〔アロー戦争〕は、一八六〇年、精鋭のモンゴル騎兵軍が完敗した後で、北京占領と皇帝の都落ちという結果になった。イギリスとフランスは、二万人ほどの小規模な軍隊で、清朝皇帝〔咸豊《かんぽう》帝〕を決定的に打ち負かすことができたのである。[*38] 清朝には何が起きていたのだろうか？ 一八世紀には、清朝はヨーロッパ人を寄せつけなかっただけでなく、中央アジアへの大量虐殺を伴う領土拡張の戦役を通じて、ついに大草原地帯からの遊牧民の脅威を抑え込むことに成功していた。[*39] 当時は、今と同様に、「中国」とは「本質的に帝国的な術語であり、政治的に定義され、軍事的に強制されるもの」であった。[*40] その一世紀前のオスマン帝国とかなり類似しているが、ヨーロッパ人が自らの陸海軍を劇的に進歩させつつある時に、昔のやり方に固執する、過去に囚《とら》われたアジアの軍隊という物語などではない。むしろ、清朝の軍隊は絶対的に衰退し、伝統的な強さを失ったのである。[*41] やはりオスマン帝国と同様に、軍事的衰退は深層に存在する国内の政治的、財政的な要因に確固として根ざしていた。[*42] 一連の大反乱、特に太平天国の乱――何百万人もの死者を出した、一九世紀で断然最も激しい紛争――では、清朝を存続させる窮余の策として、軍事および財政に関する権限が省レベルに委譲された。

軍事的敗北それ自体とほとんど同じくらい顕著なのは、中国の宮廷の反応だった。パラダイム拡散モデル、またより一般的には機能主義にとって、組織の失敗は改革への大きな刺激を意味するとされている。特に計画的な改革と組織の学習――軍事史と社会科学の両方に共通する想定――を強調する者にとっては、二度のアヘン戦争で清朝軍が経験したような長年に及ぶ戦場での敗北は、現実に起きたよりもはるかに急速で徹底的な改革を生じるはずであった。この改革の失敗は、学習を通じて軍事的有効性を改善するのがなぜ非常に不確実かを示唆している。第一次アヘン戦争でイギリス軍に最初の決定的な敗北を喫したと伝えられた時、清朝の指導者たちは何が悪かったのか、またその理由を究明しなければならなかった。[*43] ある一派はこうした敗北が根本的な改革を必要とする全般的問題のために起きたと説明した一方で、別の一派は裏切りとお粗末な統率こそが真の原因であると主張して、西洋化に抵抗した。[*44]

これらの対照的な結論が個人的なもくろみや宮廷の策謀の誹《そし》りを免れないのは間違いないが、オスマン帝国に関して第三章で指摘した論点が改めて当てはまる。つまり、負けたことを知るのと、なぜ負けたのか、またはどうすれば状況を挽回できるのかを知るのは、まったく別のことである。繰り返しになるが、後知恵の大きな恩恵を受ける研究者たちにとってさえ、こうした原因の究明は依然として非常に難しく、論争を呼ぶものなのだ。清朝の統治者が正確に問題を診断することができ、改善措置を決めたとしても、改善措置の実施にはそれ独自の大きな困難が伴う。ヨーロッパの軍隊モデルの導入に関するラルストン(David B. Ralston)の著作が明らかにしているように、西洋式の改革という道を明確に選択した非西洋の統治者たちは、概してこうした変革をもたらすのは極めて困難であると思い知らされた。改革の結果としての西洋モデルと現地モデルの融合は、時に軍事的有効性が実際は低かっただけでなく、改革の過程で統治者たちはしばしば自らの権力を維持してきた政治システムの基盤を損なうことにもなった。[*45]

それでは、全体として、新帝国主義の最盛期から振り返ると、近世のヨーロッパ拡大の物語はどう違って見えるのだろうか？　ただ二〜三世紀遅れただけで、軍事革命論は、結局のところヨーロッパ拡大に関して正しかったのだろうか？　こうした主張に反して、軍事革命論とは、特定の歴史的背景《コンテクスト》に位置づけられ、大砲の発明からヨーロッパの常備軍の誕生、封建制の終焉にいたる、技術と制度に関するあくまで近世の発展という形をとるものなのである。軍事上の物質的、技術的優位により、歴史上のどこかの時点で西洋の人々が他の地域の人々から勝利した、という漠然とした感覚と軍事革命論を同一視することはできない。一歩退いて、軍事革命論の基礎となるロジックに目を向けると、国際的な安全保障をめぐる競争が――統治者の合理的な政策決定を通じてであれ、征服によるダーウィン主義的排除を通じてであれ――最適かつ最も軍事的に有効な解決策への収斂を促すよう、制度形態を容赦なく効率的に選別してゆくという考えは、ヨーロッパ植民地帝国の勃興とはうまく合致しないのである。

最終的な敗北――一九四五年以降の脱植民地化と反乱

ヨーロッパ縮小も合わせて説明することなしに、ヨーロッパ拡大を説明することはできるのだろうか？南北アメリカ大陸とオセアニアの入植国以外では、ヨーロッパ人による支配は、その確立よりもさらに突然崩壊した。多くの基準に照らして、ヨーロッパの諸帝国は戦間期に最大の版図に達した。それでもなお、一九四五〜七五年の時期には、政治的緊縮（political retrenchment）と軍事的敗北が累積的に組み合わさることで、諸帝国は、主権国家を中心とする、先例のないほどに同質化した国際システムによって取って代わられた。繰り返しになるが、ここでの目的は、ヨーロッパの諸帝国の崩壊という極めて複雑な物語を改めて語ったり、要約したりすることではない。そうではなく、終点を移すことで、すでに提示した結論に関するわれわれの見方が変化するかどうかを検討することが目的である。第一に、諸帝国の正統性低下の重要性は、近代国際システムの創造および再編においては、力と富の合理的な追求とは異なるものとして、すでに言及した文化と思想が重要であるという結論を補強する。[*46] 第二に、「後進的」な非西洋の軍隊が「先進的」な西洋の敵を何度も打ち負かしたという事実は、より幅広い問題とは切り離された兵器と軍事技術の重要性に関する、これまでに述べた懐疑を裏付けている。

ヨーロッパ縮小の「なぜ」を考察すると、脱植民地化は、厳密に軍事的敗北や経済的衰退の産物であるのと少なくとも同程度に、正統性喪失の産物だったように思われる。[*47] イギリスは戦うことなくその植民地の大半を放棄した。オランダやポルトガル、また特にフランスのような諸国が帝国の一部を維持しようと戦った時には、その軍事闘争の結果は、植民地と本国、より広範な国際社会における世論の動向にいっそう大きく左右された。次第に、変化する国際的規範が費用便益計算のバランスを変えるようになった。本国でも海外でも、帝国領土はその維持のために戦うほどの価値を認められなくなったのである。近世の主として海洋におけるヨーロッパの拡大と、一九世紀の新帝国主義の両方を可能にした重要な要素の一つが、現地の同盟者と支持を獲得する能力だったことを想起すると、この支持が失われてゆくにつれて、帝国を維持するのはますます困難になった。一九世紀には、ヨーロッパ人による征服に抵抗しようと苦闘した者たちの多くが孤独に戦っていた。一方、二〇世紀の第三・四半期には、共産圏からの支援や、その他の新たに〔植民地支配から〕解放された諸国における避難所《サンクチュアリ》によって、帝国の軍隊と戦う者が成功する見込みはますます高まることになった。その後、ヴェトナム戦争やアフガニスタン紛争のようなひどい失敗だけでなく、一九八三年のレバノンや一九九三年のソマリアのような小規模な米国の敗北もあった。〔こうした経験を受けて、〕多くの観察者は、民主的な大衆は死傷者を出すことを嫌うと論じている。現代の民主的政治システムは、西洋の軍隊が世界の他の地域で非正規軍に対して享受する、圧倒的な軍事＝技術的な利点を打ち消して余りあるほどに、長期にわたり決着のつかない戦争を戦うには本質的に適していない、というのである。[*48]

脱植民地化戦争およびその後の西洋の対反乱作戦は、最も先進的な技術と最大の経済、最も発展した国家装置を有する国が勝利するという安易な想定を決定的に覆している。[*49] アジアやアフリカ、中東において、西洋の軍隊が戦闘には勝利するが戦争には敗北するという事態が繰り返された。[*50] これは戦場での要因の重要性に疑念を抱かせることになる。しばしば一九世紀の帝国的征服戦争の基本的「教訓」とされるもの、つまり、より後進的な非西洋の敵に対して勝利する際の、西洋の軍事技術および近代的な工業国の優位は、一九四五年から現在までの事態とまさに矛盾している。より優れた兵器、完全な航空優勢、より優れた通信、より先進的な医療技術、はるかに大きな戦略的機動性、より発展した兵站、より多くの訓練、はるかに豊富な資金、またその他の関連する一連の要素は、なぜか一貫して非西洋の敵に対する勝利をもたらすことができなかった。イラクとアフガニスタンにおける、失敗に終わった対反乱作戦の後で、米国および西洋諸国の軍隊は、もしかしたら五〇年前よりもこれらの問題の解決からいっそう遠ざかっているのかもしれない。[*51] 西洋諸国の政府や軍隊は現在、領土の保持や現地住民の統制を伴う海外遠征作戦を避けなければならない、と考えているように思われる。なぜなら、客観的に見てはるかに弱い敵に対峙する場合でさえ、西洋の軍隊はこうした争いに負けるからである。

こうした類いの反乱は「真」の大国間戦争ではないという主張は、ヨーロッパ人はそもそもこのような遠征戦争によって自分たちの帝国を築き、国際システムを創出したのだという事実にまったく対処することができない。同様に、脱植民地化戦争での敗北、またその後の共産主義者とイスラム主義者の反乱に対する米国の敗北は、軍事的な理由以上に政治的、社会的な要因を反映しており、したがってこれらの敗北は戦争の研究に関係がないというのも、ごまかしにすぎない。軍事革命論およびその後の歴史に関する議論が、軍事的成功の政治的、社会的な決定要因を強調するだけでなく、各要素が互いにどのように影響し合っているのかを分析する必要性を強調するよう努めていることを考えると、こうした弁明は特に説得力を失ってしまう。軍事革命論は、各軍隊がその戦い方をどう収斂させていったのか、また各軍隊がどのように組織されたのかに関する制度的な説明でもある。伝統的な観点によれば、まずはヨーロッパで、またその後は世界規模で、近代的な先進国家と結びついた近代的な先進的軍隊がより劣った制度形態と戦い、劣った制度は新しい典型に合致するよう適応するか、さもなければ途中で〔競争から〕落伍していったとされる。競争での勝利は、類似性と結びつけられた。しかし、一九四五年以降の時期から引き出される教訓を考慮すると、非対称戦という考えによれば、模倣ではなく差異化こそが西洋の軍隊と戦う者に勝利をもたらしたのである。

パラダイム拡散モデルと代替モデル

軍事革命への批判、さらに私的アクターと戦術的適応、非西洋の大国に対する恭順の重要性、またヨーロッパ人の海洋志向のために容易になった一時的妥協をめぐる私の議論は、社会科学分野により正確な情報を提供できるように、歴史家の著作を大幅に、また直接に利用している。しかし、この裁定取引《アービトラージ》の多くが歴史から社会科学に対するものだとすれば、そのお返しとなるものはないのだろうか？　歴史家は国際関係論やその他の社会科学と交流がないことに気づいているとしても、[52]この交流の欠如が果たして損失なのかどうかについては、（序論で述べたように）ひいき目に見ても見解が割れている。それにもかかわらず、以下で、実際には歴史家は社会科学から学べることがあると論じたい。もしかすると皮肉なことかもしれないが、歴史家は時にその議論の基本形態において、無意識のうちに過剰に社会科学的だった。ヨーロッパ拡大に関して社会科学者が持つ暗黙の歴史的想定が社会科学という学問分野を規定するように、歴史家もしばしば合理的学習および効率的な組織学習と変化に関する暗黙の社会科学モデルに大きく影響されている。両分野の研究者は、これらの想定に光を当てて、もっと詳細に検討する必要がある。

したがって、組織の学習と適応、周囲の環境との相互作用に関して、歴史家（たいていは暗に）と社会科学者（ややより公然と）がしばしば持っている共通の想定に関する分析をまとめることが、最後に残された課題である。これらの想定は、学習と環境圧力を通じて、競争が効率的な組織モデルへの収斂を促すという基本理念を前提としている。本書で検討した具体例は、戦争における軍事組織と国家に関するものだが、同様のロジックが、他の多くの領域にも、より広範に及んでいる。

序文で論じたように、歴史におけるパラダイム拡散モデルと呼ばれるものは、しばしば社会科学における機能主義と同一視されるが、それを何と呼ぶにせよ、この考えは常識の域を出ないように思われるだろう。軍事革命論は、根本的には以下のロジックに依拠している。

より大規模で、資金力を持ち、うまく組織された政治構造は火薬戦争（gunpowder warfare）を遂行するのにより適していたために、大砲がバランスを逆転させた。それゆえに、弱い政治構造、貧しい政治構造、稚拙に組織された政治構造は次第に消えていった。ある国がより強力な統制を達成すればするほどに、より多くの歳入を得ることができ、より多くの大砲を購入することができ、より多くの要塞を建設することができる、というフィードバック・サイクルがその結果として生じた。こうして火薬戦争は、効率的な、中央集権化された国家を選んだのである。それはほとんど普遍的と言って良いほどに、広く支持されている考えである。[*53]

ここで作用している学習と排除という二つのメカニズムには、進化論の趣《おもむき》がある。前者はよりラマルク主義的〔生物に変化の主体性を認める〕で、[*54] 後者は古典的なダーウィン主義〔環境が進化の方向性を左右する〕である。[*55]〔人類の〕学習する性向に関して非常に大ざっぱに述べる際に、マクニールは「人間が生み出した技術は、目覚ましい成果を上げたならば、その発祥地から伝播《でんぱ》してゆくものである。新機軸であるその技術に遭遇し、自分たちがそれまで知っていたことや行っていたことよりも優れていると悟った他の地域の人々の間に根付くことによって、広まってゆくのである」と推論する。[*56] 軍事的競争を通じた学習という見方は、「戦争が終わった後で……何が失敗し、何がうまくいったのかが明らかになった」という想定に基づいていた。[*57] それに関連する「適者生存」という排除のダイナミクスは、学習への動機を提供するとともに、適応し損ねた組織の淘汰を通じて、効率性を促進するもう一つの道となる。[*58]

政治制度と国際システムにおける変化を説明しようとする際に、軍事革命論の重要性が戦場のはるか向こうにまで及ぶのとまさに同様に、学習と排除のメカニズムは、軍隊だけでなく国家を形作ると考えられている。例えば、とある最近の社会科学の文献は以下のように論じている。「戦争のために資金調達する能力が生存にとって重要だったので、軍事紛争によって、君主たちは効率的な財政インフラを築くよう強いられた」[*59]。より一般的には、「適応に失敗した企業と同じように、適応に失敗した国家や同盟——一貫して最適ではない政策をとりつづける組織——は、改革をするか、さもなければ崩壊するに違いない」[*60]。歴史家もしばしば同様の主張をする。「初期の効率的な財政＝軍事国家はますます権力と領土を拡大した一方で、それほど効率的でない国家はその地位を失うか、もしくは完全に消滅した」[*61]。このダイナミクスは、戦争の特別な力にも当てはまる。「戦争は国家の安全保障に対する重大な脅威をもたらすので、諸国家にとって必然的に、政治的、社会的、文化的適合性の問題に関わりなく、勝利する軍隊の構造と価値観、慣習をできる限り素早く採用するためのあらゆるインセンティヴがあるはずである」[*62]。この生きるか死ぬかの闘争という場においては、軍事的効率性が厳然として必要であるために、その必要性が思想や文化の力にまさるとされる。つまり戦争は、「文化に突き動かされるが軍事的には無効な思想や慣習が栄えるのを許さない」[*63]。

効率性による長期に及ぶ生存に等しい、この機能主義的ロジックのどこが間違っていて、またそれに代わる選択肢は何だろうか？　序論で取り上げた防弾の事例は、パラダイム拡散モデル、またより一般的には機能主義的ロジックと鋭く矛盾しているが、あくまで一つの事例でしかない。これに代わる見方の諸要素を本書の中で積み上げてきたが、ここでそれらの諸要素を総合して整理したい。

第一の要点は、学習と改革によって組織のパフォーマンスを改善するという単純に思われる考えは、実際には満たされる可能性の低い、極めて厳しい想定に依存しているということである。これまでの議論で、軍事的有効性と無効性の原因を正確に特定するのは非常に難しいことを述べてきた[*64]。とても多くの要素が作用しているからだ。事後長い年月が経ってからでさえ、研究者やアナリストはしばしば勝敗の理由について合意することができない。社会的世界において何が原因となって何が起きるのかを見分けるのが難しいだけでなく、そうした判断は見かけ以上に困難なのである。今も昔も、人々は一般的に、自分が因果関係について実際に知っているよりもはるかに多くを知っていると考える。そうした事例の一つは、戦場での結果は神によって決められている、ないし超自然的な存在の介入を受けるという信念であろう。こうした信念は、本書に登場する歴史のアクターの間だけでなく、防弾に関する現代の事例においても非常に一般的である。このような大きな困難に加えて、敵（当然ながら学習を妨げようと試みる）の変化や文脈的要素の変化に伴い、軍事的事業も常に変化していたという事実があった。たとえ正確な知識を蓄積することができたとしても、それはすぐに時代後れになってしまうだろう。[*65]

　効率的かつ機能的な学習と適応とは異なり、私が支持する別の観点は、組織のパフォーマンスに関して各アクターが引き出す教訓は、文化的考察に大きく影響されるというものである。防弾は印象的な事例であるが、決して例外的なものではない。一五九〇年代の日中間の激しい交戦〔豊臣秀吉による文禄・慶長の役（一五九二～九三年、五九七～九八年）〕について語る際に、ロージは双方にとって「戦場での結果が、戦争に関する先入観を補強した。人々は、自らが学びたいと思う教訓を学んだのであり、そうした教訓ですら、その政治的含意から大きく影響されたのである」と述べる。[*66] 社会学者たちが現代についても同様の発見をしていることを考えると、近代の西洋軍事組織はこうした傾向をなぜか免れていたと想定すべき理由はない。[*67]

　セオ・ファレル（Theo Farrell）は、自ら「自滅的な軍隊《スーサイダル・アーミー》」と名付けたものについて語り、一九二〇年代のアイルランド防衛戦略が、イギリス軍の侵攻を抑止するためのゲリラ戦に基づく、かなり成功した現実的なアプローチから、型通りの「ミニチュアのイギリス軍」を創設するという極めて高くつき軍事的に実現不可能な姿勢へと、どのように変化していったのかを描きだす。[*68] こうした伝統的な軍隊の典型を特別視する文化の中で活動するアイルランド軍参謀部は、自軍の有効性を大幅に低下させる教訓を「学習」した。それ以後、アイルランド軍兵士は敬礼の仕方について三時間の訓練を受けたが、ゲリラ戦術についてはいっさい学ばなかったのである。[*69] 少なくとも一部の事例では、現代の軍隊は象徴性という理由から、威信を高める「金メッキ」の兵器（例えば、先進的航空機や大型軍艦など）を、実際にパフォーマンスを向上させるであろう優先事項（例えば、より多くの訓練や既存装備の整備改善）よりも好んでいることを否定するのは困難であるように思われる。[*70]

しかし、統治者や将軍たちに、自らの知覚や心理的カテゴリ〔範疇〕を作り出し、情報を与える文化的カテゴリの働きをどうにかして止めること、また作用する因果関係の迷路のような複雑さを解き明かす方法を学ぶことが可能だったとして、その場合どうなるというのだろうか？ すでに何度も指摘した点に立ち帰るが、問題を診断することと問題を解決することは決して同じではない。歴史学における「戦争と社会」〔という研究テーマ〕や、社会科学における軍事的有効性に関する、最近の著作の広範な主張は、軍事パフォーマンスとは、主にその根底にある制度的、社会的、文化的な要素――通常は計画的な改革の影響を受けにくい――の産物であるということを強調している。[*71]

次に、ダーウィン主義的な排除のプロセスが効率性と有効性を保証するという見方についてはどうだろうか？[*72] この説明の利点は、計画的な政策介入による有効性と合理的改革への道という、学習に関する信じがたい非現実的な想定をせずに済むことである。チェイスは、戦争の遂行に関する「ばかげた」考えについて以下のように述べる。「こうした考えは、それを抱く人々が長生きしなかったために存続しなかった」。[*73] 競争市場の中で業績を悪化させる企業とまさに同じように、適応に失敗した無効な軍隊や政体は軍事的競争の非人間的な作用によって淘汰されるとすれば、効率性と有効性に関する想定を復権させることができる。

しかし実際には、排除を通じた効率性という期待は裏切られる。第一に、自滅的なアイルランド軍のように、ほとんどの軍隊は大半の時期に戦争の試練を経験せず、戦争を戦う軍隊でさえ、壊滅するほどの試練を受けることはほとんどないからだ。排除メカニズムが有効なモデルへの収斂を一貫して促進するためには、組織の「死亡」率が、歴史上のほとんどすべての時期でそうだったよりも、はるかに高くなければならない。[*74] 征服により諸政体が国際システムから排除される率に関する体系的な研究は、組織の「死亡」という事態が非常に珍しいだけでなく、それが組織の規模や軍事能力、同盟者の存在などの要素とは無関係であるということを示している。[*75] ある研究者〔マイルズ・ケーラー〕が述べるところによれば、「非効率的な組織の存続は、経済史および国際関係史における重要な難問であり続けている」。[*76] 軍事革命論と密接に関係する理論的立場に言及する際に、別の研究者〔ロナルド・ロゴウスキー〕も以下のように同意する。「古典的リアリストの立場からは、国内制度は単一の『最も適応した』形態へと素早く自動的に進化することになるが、今日までの研究においてこの見方を裏付ける証拠は見つかっていない」。[*77] 同様に、西洋の戦争と征服に関しては唯一の支配的な方式があるのではなく、われわれは形態の多様性を認める必要に迫られている。

　歴史的および政治的プロセスの複雑性と多様性、われわれの無知の深刻さ、誤った確信の危険性を強調するのは、本の結末としては盛り上がりに水を差したり、自虐的であると感じられたりするかもしれない。おそらく何も知りえないのならば、本を書く意味などないのではないか？　私は決してこうした試みが無益であると示唆しているわけではない。私の願いは、本書が、われわれの想定や先入観について考える際にもう少し熟考し、問いを発して証拠を選ぶ際にもう少し広い視野を持ち、またあるいはもう少し歴史をあるがままに受け止めようとするのに役立つことである。

　過去をあるがままに、より正確に理解することの恩恵に加えて、西洋の覇権をめぐる伝統的な物語から離れると、われわれの現在の状況に新たな光を当てることにもなる。[*78] ヨーロッパ以外の地域をしかるべく考慮する、よりコスモポリタンな、それほど自民族中心主義的《エスノセントリック》でない観点は、西洋による国際システムの支配を相対的に儚《はかな》いものとして提示する。したがってこの観点からは、西洋以外の諸国の勃興とともに、西洋の支配が現在挑戦を受けているとしても、それはほとんど驚くべきことではないのである。多極的でグローバルな国際秩序は、歴史上の例外ではなく、標準的な状態となる。特に未来に関して、また社会科学者にとって、予言するのは困難であるが、中国とインドが二一世紀で最強の大国になるとすれば、それは多くの点で一七〇〇年頃に存在した状況への回帰を意味するだろう。われわれの過去だけでなく、現在と未来に関する見方は、歴史についてわれわれが問う問題、また問い損ねる問題によって変化するのである。

1698." *Journal of Early Modern History* 19(5): 439-461.
Wendt, Alexander. 1999. *Social Theory of International Politics*. Cambridge: Cambridge University Press.
Weststeijn, Arthur. 2014. "The VOC as a Company-State: Debating Seventeenth-Century Dutch Colonial Expansion." *Itinerario* 38(1): 13-34.
Wheatcroft, Andrew. 2008. *The Enemy at the Gate: Habsburgs, Ottomans and the Battle for Europe*. London: Bodley Head.
Wickremesekera, Channa. 2015. "European Military Experience in South Asia: The Dutch and British Armies in Sri Lanka in the Eighteenth Century." In *Chinese and Indian Warfare: From the Classical Age to 1870*, edited by Kaushik Roy and Peter Lorge, 289-301. Abingdon, UK: Routledge.
Wills, John E. 1993. "Maritime Asia, 1500-1800: The Interactive Emergence of European Domination." *American Historical Review* 98(1): 83-105.
Wilson, Nicholas Hoover. 2015. "'A State in Disguise of a Merchant?' The English East India Company as a Strategic Action Field, ca. 1763-1834." In *Chartering Capitalism: Organizing Markets, States, and Publics*. Special issue of *Political Power and Social Theory* 29(1): 257-285.
Winius, George Davidson. 1971. *The Fatal History of Portuguese Ceylon: Transition to Dutch Rule*. Cambridge, MA: Harvard University Press.
Wlodarczyk, Nathalie. 2009. *Magic and Warfare: Appearance and Reality in Contemporary African Conflict and Beyond*. New York: Palgrave.
Wong, J. Y. 2000. "The Limits of Naval Power: British Gunboat Diplomacy in China from the Nemesis to the Amethyst, 1839-1949." *War and Society* 18(2): 93-120.
Zarakol, Ayşe. 2010. *After Defeat: How the East Learned to Live with the West*. Cambridge: Cambridge University Press.

Intercultural Alliances, Imperial Expansion, and Warfare in the Early Modern World, edited by Wayne E. Lee, 167–192. New York: New York University Press.

Tilly, Charles (ed.). 1975. *The Formation of National States in Western Europe*. Princeton: Princeton University Press.

Tilly, Charles. 1985. "War Making and State Making as Organized Crime." In *Bringing the State Back In*, edited by Peter B. Evans, Dietrich Rueschemeyer, and Theda Skocpol, 169–191. Cambridge: Cambridge University Press.

Tilly, Charles. 1992. *Capital, Coercion and European States, A.D. 990–1992*. Oxford: Blackwell.

Tracy, James D. 1990. "Introduction." In *The Political Economy of Merchant Empires: State Power and World Trade 1350–1750*, edited by James D. Tracy, 1–21. Cambridge: Cambridge University Press.

Tuck, Christopher. 2008. "'All Innovation Leads to Hellfire': Military Reform and the Ottoman Empire in the Eighteenth Century." *Journal of Strategic Studies* 31 (3): 467–502.

Tucker, Molly. 2012. *Bloodwork: A Tale of Medicine and Murder in the Scientific Revolution*. New York: W. W. Norton.

Turner, Victor (ed.). 1971. *Colonialism in Africa*, Vol. 3. Cambridge: Cambridge University Press.

Tyce, Spencer R. 2015. "German Conquistadors and Venture Capitalists: The Welser Company's Commercial Experiment in Sixteenth Century Venezuela and the Caribbean World." Ph.D. Dissertation, Ohio State University.

Vail, Leroy. 1976. "Mozambique's Chartered Companies: The Rule of the Feeble." *Journal of African History* 17 (3): 389–416.

van Creveld, Martin. 1977. *Supplying War: Logistics from Wallenstein to Patton*. Cambridge: Cambridge University Press.〔マーチン・ファン・クレフェルト著／佐藤佐三郎訳『補給戦――何が勝敗を決定するのか』（中央公論新社、2006年）。〕

Vandervort, Bruce. 1998. *Wars of Imperial Conquest in Africa 1830–1914*. Bloomington: Indiana University Press.

Vigneswaran, Darshan. 2014. "A Corrupt International Society: How Britain was Duped into Its First Indian Conquest." In *International Orders in the Early Modern World: Before the Rise of the West*, edited by Shogo Suzuki, Yongjin Zhang, and Joel Quirk, 94–117. Abingdon, UK: Routledge.

von Clausewitz, Carl. 2008. *On War*. Princeton: Princeton University Press.〔クラウゼヴィッツ著／清水多吉訳『戦争論』上下（中央公論新社、2001年）。〕

Walt, Stephen M. 2002. "The Enduring Relevance of the Realist Tradition." In *Political Science: State of the Discipline*, edited by Ira Katznelson and Helen V. Milner, 197–230. New York: W. W. Norton.

Waltz, Kenneth N. 1979. *Theory of International Politics*. Reading, MA: Addison-Wesley.〔ケネス・ウォルツ著／河野勝・岡垣知子訳『国際政治の理論』（勁草書房、2010年）。〕

Ward, Kerry. 2008. *Networks of Empire: Forced Migration in the Dutch East India Company*. Cambridge: Cambridge University Press.

Washbrook, David. 2004. "South India 1770–1840: The Colonial Transition." *Modern Asian Studies* 38 (3): 479–516.

Watson, I. Bruce. 1980. "Fortifications and the 'Idea' of Force in Early English East India Company Relations with India." *Past and Present* 88 (1): 70–87.

Watt, Robert N. 2002. "Raiders of a Lost Art? Apache War and Society." *Small Wars and Insurgencies* 13 (3): 1–28.

Weigert, Stephen L. 1996. *Traditional Religion and Guerilla Warfare in Modern Africa*. Houndmills, UK: Macmillan.

Wellen, Kathryn. 2015. "The Danish East India Company's War against the Mughal Empire, 1642–

Streusand, Douglas E. 2011. *Islamic Gunpowder Empires: Ottomans, Safavids, and Mughals.* Boulder, CO: Westview.

Subrahmanyam, Sanjay, and Luis Filipe F. R. Thomas. 1990. "Evolution of Empire: The Portuguese in the Indian Ocean during the Sixteenth Century." In *The Political Economy of Merchant Empires: State Power and World Trade 1350–1750*, edited by James D. Tracy, 298–331. Cambridge: Cambridge University Press.

Subrahmanyam, Sanjay. 1990. *The Political Economy of Commerce: Southern India, 1500–1650.* Cambridge: Cambridge University Press.

Subrahmanyam, Sanjay. 1992. "The Mughal State—Structure or Process? Reflections on Recent Western Historiography." *Indian Economic and Social History Review* 29(3): 291–321.

Subrahmanyam, Sanjay. 1995. "Of *Imârat* and *Tijârat*: Asian Merchants and State Power in the Western Indian Ocean, 1400–1750." *Comparative Studies in Society and History* 37(4): 750–780.

Subrahmanyam, Sanjay. 2006. "A Tale of Three Empires: Mughals, Ottomans and Habsburgs in a Comparative Context." *Common Knowledge* 12(1): 66–92.

Subrahmanyam, Sanjay. 2007. "Holding the World in Balance: The Connected Histories of the Iberian Overseas Empires 1500–1640." *American Historical Review* 112(5): 1359–1385.

Subrahmanyam, Sanjay. 2012. *The Portuguese Empire in Asia, 1500–1700: A Political and Economic History.* Hoboken, NJ: Wiley.

Sun, Laichen. 2003. "Military Technology Transfer from Ming China and the Emergence of Northern Mainland Southeast Asia(c. 1390–1527)" *Journal of Southeast Asian Studies* 34(3): 495–517.

Suzuki, Shogo. 2005. "Japan's Socialization into Janus-Faced European International Society." *European Journal of International Relations* 11(1): 137–164.

Suzuki, Shogo. 2009. *Civilization and Empire: China and Japan's Encounter with International Society.* Abingdon, UK: Routledge.

Suzuki, Shogo, Yongjin Zhang, and Joel Quirk. 2014. "Introduction: The Rest and the Rise of the West." In *International Orders in the Early Modern World: Before the Rise of the West*, edited by Shogo Suzuki, Yongjin Zhang, and Joel Quirk, 1–11. Abingdon, UK: Routledge.

Swope, Kenneth. 2005. "Crouching Tiger, Secret Weapons: Military Technology Employed During the Sino-Japanese-Korean War, 1592–1598." *Journal of Military History* 69(1): 11–41.

Swope, Kenneth M. 2009. *A Dragon's Head and a Serpent's Tail: Ming China and the First Great East Asian War.* Norman: University of Oklahoma Press.

Tagliacozzo, Eric. 2002. "Trade, Production and Incorporation: The Indian Ocean in Flux, 1600–1900." *Itinerario* 26(1): 75–106.

Thompson, William R. 1999. "The Military Superiority Thesis and the Ascendancy of Western Eurasia in the World System." *Journal of World History* 10(1): 143–178.

Thompson, William R., and Karen Rasler. 1999. "War, the Military Revolution(s) Controversy, and Army Expansion." *Comparative Political Studies* 32(1): 3–31.

Thompson, William R.(ed.). 2001. *Evolutionary Interpretations of World Politics.* New York: Routledge.

Thomson, Janice E. 1994. *Mercenaries, Pirates and Sovereign: State-Building and Extra-Territorial Violence in Early-Modern Europe.* Princeton: Princeton University Press.

Thornton, John K. 1999. *Warfare in Atlantic Africa 1500–1800.* London: Routledge.

Thornton, John K. 2007. "The Portuguese in Africa." In *Portuguese Oceanic Expansion, 1400–1800*, edited by Francisco Bethencourt and Diogo Ramada Curto, 138–160. Cambridge: Cambridge University Press.

Thornton, John K. 2011. "Firearms, Diplomacy, and Conquest in Angola." In *Empires and Indigenes:*

Francis.
Roy, Kaushik, and Peter Lorge. 2015. "Introduction." In *Chinese and Indian Warfare: From the Classical Age to 1870*, edited by Kaushik Roy and Peter Lorge, 1-14. Abingdon, UK: Routledge.
Roy, Tirthankar. 2013. "Rethinking the Origins of British India: State Formation and Military-Fiscal Undertakings in an Eighteenth Century World Region." *Modern Asian Studies* 47(4): 1125-1156.
Rudolph, Lloyd I., and Susanne Hoeber Rudolph. 2010. "Federalism as State Formation in India: A Theory of Shared Sovereignty." *International Political Science Review* 31(5): 553-572.
Scammell, G. V. 1989. *The First Imperial Age: European Overseas Expansion c.1400-1715*. London: Unwin Hyman.
Schilz, Thomas Frank, and Donald E. Worcester. 1987. "The Spread of Firearms among the Indian Tribes on the Northern Frontier of New Spain." *American Indian Quarterly* 11(1): 1-10.
Secoy, Frank Raymond (ed.). 1953. *Changing Military Patterns on the Great Plains*. Lincoln: University of Nebraska Press.
Sharman, J. C. 2017. "Sovereignty at the Extremes: Micro-States in World Politics." *Political Studies* 65(4): 559-575.
Sharman, J. C. 2015. "War, Selection, and Micro-States: Economic and Sociological Perspectives on the International System." *European Journal of International Relations* 21(1): 194-214.
Slinn, Peter. 1971. "Commercial Concessions and Politics During the Colonial Period: The Role of the British South Africa Company in Northern Rhodesia, 1890-1964." *African Affairs* 70(281): 365-384.
Snyder, Jack. 1991. *Myths of Empire: Domestic Politics and International Ambition*. Ithaca, NY: Cornell University Press.
Spicer, Edward H. 1967. *Cycles of Conquest: The Impact of Spain, Mexico and the United States on the Indians of the Southwest*. Tucson: University of Arizona Press.
Spruyt, Hendrik. 1994. *The Sovereign State and Its Competitors: An Analysis of Systems Change*. Princeton: Princeton University Press.
Spruyt, Hendrik. 2001. "Diversity or Uniformity in the Modern World? Answers from Evolutionary Theory, Learning, and Social Adaptation." In *Evolutionary Interpretations of World Politics*, edited by William R. Thompson, 110-132. New York: Routledge.
Spruyt, Hendrik. 2005. *Ending Empire: Contested Sovereignty and Territorial Partition*. Ithaca, NY: Cornell University Press.
Steele, Ian K. 1994. *Warpaths: Invasions of North America*. Oxford: Oxford University Press.
Steensgaard, Niels. 1973. *The Asian Trade Revolution of the Seventeenth Century: The East India Companies and the Decline of the Caravan Trade*. Chicago: University of Chicago Press.
Stern, Philip J. 2006. "British Asia and British Atlantic: Connections and Comparisons." *William and Mary Quarterly* 63(4): 693-712.
Stern, Philip J. 2009. "History and Historiography of the English East India Company: Past, Present and Future!" *History Compass* 7(4): 1146-1180.
Stern, Philip J. 2011. *The Company-State: Corporate Sovereignty and the Early Modern Foundations of the British Empire in India*. Oxford: Oxford University Press.
Stevens, Carol B. 2007. *Russia's Wars of Emergence 1460-1730*. Harlow: Pearson.
Strang, David. 1991. "Anomaly and Commonplace in European Political Expansion: Realist and Institutionalist Accounts." *International Organization* 45(2): 143-162.
Streusand, Douglas E. 1989. *The Formation of the Mughal Empire*. Oxford: Oxford University Press.
Streusand, Douglas. 2001. "The Process of Expansion." In *Warfare and Weaponry in South Asia 1000-1800*, edited by Jos J. L. Gommans and Dirk H. A. Kolff, 337-364. New Delhi: Oxford University Press.

Rapkin, David. 2001 "Obstacles to an Evolutionary Global Politics Research Program." In *Evolutionary Interpretations of World Politics*, edited by William R. Thompson, 52–60. New York: Routledge.

Record, Jeffery. 2007. *Beating Goliath: Why Insurgencies Win*. Washington, DC: Potomac.

Reid, Anthony. 1982. *Europe and Southeast Asia: The Military Balance*. Centre for Southeast Asia Studies, James Cook University, Occasional Paper 16.

Resende-Santos, João. 2007. *Neorealism, States, and the Modern Mass Army*. Cambridge: Cambridge University Press.

Restall, Matthew. 2003. *Seven Myths of the Spanish Conquest*. Oxford: Oxford University Press.

Reus-Smit, Christian. 2011. "Struggles for Individual Rights and the Expansion of the International System." *International Organization* 65(2): 207–242.

Reus-Smit, Christian. 2013. *Individual Rights and the Making of the International System*. Cambridge: Cambridge University Press.

Richards, John F. 1993. *The Mughal Empire*. Cambridge: Cambridge University Press.

Ricklefs, M. C. 1993. *War, Culture and the Economy in Java, 1677–1726*. Sydney: Allen and Unwin.

Ringmar, Erik. 2012. "Performing International Systems: Two East-Asian Alternatives to the Westphalian Order." *International Organization* 66(1): 1–25.

Roberts, Michael. 1955 [1995]. "The Military Revolution, 1560–1660." In *The Military Revolution Debate: Readings in the Military Transformation of Early Modern Europe*, edited by Clifford J. Rogers, 13–35. Boulder, CO: Westview.

Rodger, N. A. M. 2011. "From the 'Military Revolution' to the 'Fiscal-Naval State.'" *Journal for Maritime Studies* 13(2): 119–128.

Rogers, Clifford J. 1995a. "The Military Revolution Debate in History and Historiography." In *The Military Revolution Debate: Readings in the Military Transformation of Early Modern Europe*, edited by Clifford J. Rogers, 1–12. Boulder, CO: Westview.

Rogers, Clifford J. 1995b. "The Military Revolutions of the Hundred Years War." In *The Military Revolution Debate: Readings in the Military Transformation of Early Modern Europe*, edited by Clifford J. Rogers, 55–93. Boulder, CO: Westview.

Rogers, Clifford J.(ed.). 1995c. *The Military Revolution Debate: Readings in the Military Transformation of Early Modern Europe*. Boulder, CO: Westview.

Rogowski, Ronald. 1999. "Institutions as Constraints on Strategic Choice." In *Strategic Choice and International Relations*, edited by David A. Lake and Robert Powell, 115–136. Princeton: Princeton University Press.

Roland, Alex. 2016. *War and Technology: A Very Short Introduction*. Oxford: Oxford University Press.〔アレックス・ローランド著／塚本勝也訳『戦争と技術』(創元社、2020年)。〕

Rommelse, Gijs. 2011. "An Early Modern Naval Revolution? The Relationship between 'Economic Reason of State' and Maritime Warfare." *Journal for Maritime Research* 13(2): 138–150.

Rose, Susan. 2001. *Medieval Naval Warfare*. Abingdon, UK: Routledge.

Rosen, Stephen Peter. 1994. *Winning the Next War: Innovation and the Modern Military*. Ithaca, NY: Cornell University Press.

Rosen, Stephen Peter. 1996. *Societies and Military Power: India and its Armies*. Ithaca, NY: Cornell University Press.

Rosenthal, Jean-Laurent, and R. Bin Wong. 2011. *Before and Beyond the Great Divergence: The Politics of Economic Change in China and Europe*. Cambridge: Cambridge University Press.

Roy, Kaushik. 2011a. "The Hybrid Military Establishment of the East India Company in South Asia: 1750–1849." *Journal of Global History* 6(2): 195–218.

Roy, Kaushik. 2011b. *War, Culture and Society in Early Modern South Asia*. London: Taylor and

Pedreira, Jorge M. 2007. "Costs and Financial Trends in the Portuguese Empire, 1415-1822." In *Portuguese Oceanic Expansion, 1400-1800*, edited by Francisco Bethencourt and Diogo Ramada Curto, 49-87. Cambridge: Cambridge University Press.

Peers, Douglas M. 2007. "Gunpowder Empires and the Garrison State: Modernity, Hybridity, and the Political Economy of Colonial India, circa 1750-1850." *Comparative Studies of South Asia, Africa and the Middle East* 27(2): 245-258.

Peers, Douglas M. 2011. "Revolution, Evolution, or Devolution: The Military Making of Colonial India." In *Empires and Indigenes: Intercultural Alliances, Imperial Expansion, and Warfare in the Early Modern World*, edited by Wayne E. Lee, 81-106. New York: New York University Press.

Peers, Douglas M. 2015. "Military Revolution and State Formation Reconsidered: Mir Qasim, Haider Ali and Transition to Colonial Rule in the 1760s." In *Chinese and Indian Warfare: From the Classical Age to 1870*, edited by Roy Kaushik and Peter Lorge, 302-323. Abingdon, UK: Routledge.

Perdue, Peter C. 2005. *China Marches West: The Qing Conquest of Central Eurasia*. Cambridge, MA: Harvard University Press.

Phillips, Andrew. 2011. *War, Religion and Empire: The Transformation of International Orders*. Cambridge: Cambridge University Press.

Phillips, Andrew, and J. C. Sharman. 2015. *International Order in Diversity: War, Trade and Rule in the Indian Ocean*. Cambridge: Cambridge University Press.

Philpott, Daniel. 2001. *Revolutions in Sovereignty: How Ideas Shaped Modern International Relations*. Princeton: Princeton University Press.

Pierson, Paul. 2003. "Big, Slow-Moving . . . and Invisible: Macrosocial Processes in the Study of Comparative Politics." In *Comparative Historical Analysis in the Social Sciences*, edited by James Mahoney and Dietrich Rueschemeyer, 177-207. Cambridge: Cambridge University Press.

Pierson, Paul. 2004. *Politics in Time: History, Institutions, and Social Analysis*. Princeton: Princeton University Press.〔ポール・ピアソン著／粕谷祐子監訳『ポリティクス・イン・タイム――歴史・制度・社会分析』(勁草書房、2010年)。〕

Prestholdt, Jeremy 2001. "Portuguese Conceptual Categories and the 'Other' Encounter on the Swahili Coast." *Journal of Asian and African Studies* 36(4): 383-403.

Polachek, James M. 1991. *The Inner Opium War*. Cambridge, MA: Harvard University Press.

Pomeranz, Kenneth. 2001. *The Great Divergence: China, Europe and the Making of the Modern World Economy*. Princeton: Princeton University Press.〔K・ポメランツ著／川北稔監訳『大分岐――中国、ヨーロッパ、そして近代世界経済の形成』(名古屋大学出版会、2015年)。〕

Posen, Barry R. 1993. "Nationalism, the Mass Army and Military Power." *International Security* 18(2): 80-124.

Powell, Walter W., and Paul J. DiMaggio (eds.). 1991a. *The New Institutionalism in Organizational Analysis*. Chicago: University of Chicago Press.

Powell, Walter W., and Paul DiMaggio. 1991b. "Introduction." In *The New Institutionalism in Organizational Analysis*, edited by Walter W. Powell and Paul DiMaggio, 1-40. Chicago: University of Chicago Press.

Prakash, Om (ed.). 2002. *Downfall of Mughal Empire*. [*sic*] Delhi: Anmol.

Quirk, Joel, and David Richardson. 2014. "Europeans, Africans and the Atlantic World, 1450-1850." In *International Orders in the Early Modern World: Before the Rise of the West*, edited by Shogo Suzuki, Yongjin Zhang, and Joel Quirk, 138-158. Abingdon, UK: Routledge.

Ralston, David B. 1990. *Importing the European Army: The Introduction of European Military Techniques and Institutions into the Extra-European World 1600-1914*. Chicago: University of Chicago Press.

the Pacific. Oxford: Oxford University Press.
North, Douglass C. 1990a. *Institutions, Institutional Change and Economic Performance*. Cambridge: Cambridge University Press.〔ダグラス・C・ノース著／竹下公視訳『制度・制度変化・経済成果』（晃洋書房、1994年）。〕
North, Douglass C. 1990b. "Institutions, Transaction Costs, and the Rise of Merchant Empires." In *The Political Economy of Merchant Empires: State Power and World Trade 1350–1750*, edited by James D. Tracy, 22–40. Cambridge: Cambridge University Press.
North, Douglass C., and Robert Paul Thomas. 1973. *The Rise of the Western World: A New Economic History*. Cambridge: Cambridge University Press.〔D・C・ノース&R・P・トマス著／速水融・穐本洋哉訳『西欧世界の勃興——新しい経済史の試み』（ミネルヴァ書房、新装版、2014年）。〕
North, Douglass C., and Barry R. Weingast. 1989. "Constitutions and Commitment: The Evolution of Institutions Governing Public Choice in Seventeenth-Century England." *Journal of Economic History* 49(4): 803–832.
Odegard, Erik. 2014. "Fortifications and the Imagination of Colonial Control: The Dutch East India Company in Malabar 1663–1795." Paper presented at the Urban History Conference, September 3–7, 2014, Lisbon.
Oman, C. M. C. 1885 [1953]. *The Art of War in the Middle Ages, AD 378–1515*. Ithaca, NY: Cornell University Press.
Pace, Desmond, Jana Hili, and Simon Grima. 2016. "Active versus Passive Investing: An Empirical Study on the US and European Mutual Funds and ETFs." In *Contemporary Issues in Bank Financial Market*, edited by Simon Grima and Frank Bezzina, 1–35. Bingley, UK: Emerald Group.
Padden, Robert Charles. 1957. "Cultural Change and Military Resistance in Araucanian Chile, 1550–1730." *Southwestern Journal of Anthropology* 13(1): 103–121.
Parker, Geoffrey. 1976 [1995a]. "The 'Military Revolution, 1560–1660'—A Myth?" In *The Military Revolution Debate: Readings in the Military Transformation of Early Modern Europe*, edited by Clifford J. Rogers, 37–54. Boulder, CO: Westview.
Parker, Geoffrey. 1988 [1996]. *The Military Revolution: Military Innovation and the Rise of the West, 1500–1800*. Cambridge: Cambridge University Press.〔ジェフリ・パーカー著／大久保桂子訳『長篠合戦の世界史——ヨーロッパ軍事革命の衝撃1500～1800年』（同文舘出版、2001年）。〕
Parker, Geoffrey. 1990. "Europe and the Wider World, 1500–1750: The Military Balance." In *The Political Economy of Merchant Empires: State Power and World Trade 1350–1750*, edited by James D. Tracy, 161–195. Cambridge: Cambridge University Press.
Parker, Geoffrey. 1995b. "In Defense of The Military Revolution." In *The Military Revolution Debate: Readings in the Military Transformation of Early Modern Europe*, edited by Clifford J. Rogers, 337–365. Boulder, CO: Westview.
Parker, Geoffrey. 2002. "The Artillery Fortress as an Engine of European Overseas Expansion 1480–1750." In *Empire, War and Faith in Early Modern Europe*, edited by Geoffrey Parker, 192–218. London: Penguin.
Parrott, David. 2012. *The Business of War: Military Enterprise and the Military Revolution in Early Modern Europe*. Cambridge: Cambridge University Press.
Pearson, M. N. 1990. "Merchants and States." In *The Political Economy of Merchant Empires: State Power and World Trade 1350–1750*, edited by James D. Tracy, 41–116. Cambridge: Cambridge University Press.
Pearson, Michael N. 1998. *Port Cities and Intruders: The Swahili Coast, India and Portugal in the Early Modern Era*. Baltimore: Johns Hopkins University Press.
Pearson, Michael N. 2003. *The Indian Ocean*. London: Routledge.

Matthews, K. S. 2015. "Indo-Portuguese Naval Battles in the Indian Ocean during the Early Sixteenth Century." In *Chinese and Indian Warfare: From the Classical Age to 1870*, edited by Kaushik Roy and Peter Lorge, 166–180. Abingdon, UK: Routledge.

McNeill, William H. 1982. *The Pursuit of Power: Technology, Armed Force and Society since AD 1000*. Oxford: Basil Blackwell.〔ウィリアム・H・マクニール著/高橋均訳『戦争の世界史——技術と軍隊と社会』上下(中央公論新社、2014年)。〕

Merom, Gil. 2003. *How Democracies Lose Small Wars: State, Society, and the Failures of France in Algeria, Israel in Lebanon, and the United States in Vietnam*. Cambridge: Cambridge University Press.

Meyer, John W. and Brian Rowan. 1977. "Institutionalized Organizations: Formal Structure as Myth and Ceremony." *American Journal of Sociology* 83(2): 340–363.

Meyer, John W., John Boli, George M. Thomas, and Francisco O. Ramirez. 1997. "World Society and the Nation-State." *American Journal of Sociology* 103(1): 144–181.

Meyer, John W., Gili S. Drori and Hokyu Hwang. 2006. "World Society and the Proliferation of Formal Organization." In *Globalization and Organization: World Society and Organizational Change*, edited by Gili S. Drori, John W. Meyer, and Hokya Hwang, 25–49. Oxford: Oxford University Press.

Meyer, John W. 2010. "World Society, Institutional Theories, and the Actor." *Annual Review of Sociology* 36(1): 1–20.

Milton, Giles. 1999. *Nathaniel's Nutmeg: Or, The Incredible True Adventures of the Spice Trader who Changed the Course of History*. London: Hodder and Stoughton.〔ジャイルズ・ミルトン著/松浦伶訳『スパイス戦争——大航海時代の冒険者たち』(朝日新聞社、2000年)。〕

Modelski, George, and Kazimierz Poznanski. 1996. "Evolutionary Paradigms in the Social Sciences." *International Studies Quarterly* 40(3): 315–319.

Moertono, Soemersaid. 2009. *State and Statecraft in Old Java: A Study of the Later Mataram Period, 16th to 19th Century*. Sheffield: Equinox.

Mommsen, Wolfgang J. 1980. *Theories of Imperialism*. Chicago: University of Chicago Press.

Morrow, James D. 1991. "Alliance and Asymmetry: An Alternative to the Capacity Aggregation Model of Alliances." *American Journal of Political Science* 35(4): 904–933.

Mortimer, Geoff. 2004a. "Introduction: Was There a 'Military Revolution' in the Early Modern Period?" In *Early Modern Military History, 1450–1815*, edited by Geoff Mortimer, 1–5. Houndmills, UK: Palgrave.

Mortimer, Geoff(ed.). 2004b. *Early Modern Military History, 1450–1815*. Houndmills, UK: Palgrave.

Mostert, Tristan. 2007. "Chain of Command: The Military System of the Dutch East India Company 1655–1663." Masters Thesis, Department of History, University of Leiden.

Murphey, Rhoads. 1993. "The Ottoman Resurgence in the Seventeenth Century Mediterranean: The Gamble and its Results." *Mediterranean Historical Review* 8(2): 186–200.

Murphey, Rhoads. 1999. *Ottoman Warfare 1500–1700*. New Brunswick, NJ: Rutgers University Press.

Nagtegaal, Lucas. 1996. *Riding the Dutch Tiger: The Dutch East India Company and the Northeast Coast of Java, 1680–1743*. Leiden: KITLV.

Nelson, Richard R., and Sidney G. Winter. 1982. *An Evolutionary Theory of Economic Change*. Cambridge, MA: Harvard University Press.〔リチャード・R・ネルソン&シドニー・G・ウィンター著/後藤晃・角南篤・田中辰雄訳『経済変動の進化理論』(慶應義塾大学出版会、2007年)。〕

Neil-Tomlinson, Barry. 1977. "The Nyassa Chartered Company 1891-1929." *Journal of African History* 18(1): 109–128.

Newbury, Colin. 2003. *Patrons, Clients, and Empire: Chieftaincy and Over-Rule in Asia, Africa, and*

Lorge, Peter A. 2008. *The Asian Military Revolution: From Gunpowder to the Bomb*. Cambridge: Cambridge University Press.〔ピーター・A・ロージ著／本野英一訳『アジアの軍事革命――兵器から見たアジア史』(昭和堂、2012年)。〕
Lovell, Julia. 2011. *Opium War: Drugs, Dreams and the Making of Modern China*. London: Pan Macmillan.
Lyall, Jason, and Isaiah Wilson. 2009. "Rage Against the Machines: Explaining Outcomes in Counter-Insurgency Wars." *International Organization* 63(1): 67–106.
Lynn, John A.(ed.). 1994. *Feeding Mars: Logistics in Western Warfare from the Middle Ages to the Present*. London: Routledge.
Lynn, John A. 2008. *Battle: A History of Combat and Culture from Ancient Greece to Modern America*. New York: Basic Books.
MacDonald, Paul K. 2009. "Those who Forget Historiography Are Doomed to Repeat It: Empire, Imperialism and Contemporary Debates about American Power." *Review of International Studies* 31(1): 45–67.
MacDonald, Paul K. 2013. "'Retribution must Succeed Rebellion': The Colonial Origins of Counterinsurgency Failure." *International Organization* 67(2): 253–286.
MacDonald, Paul K. 2014. *Networks of Domination: The Social Foundations of Peripheral Conquest*. Oxford: Oxford University Press.
Mack, Andrew. 1975. "Why Big Nations Lose Small Wars: The Politics of Asymmetric Conflict" *World Politics* 27(2): 175–200.
Mahoney, James. 1999. "Nominative, Ordinal and Narrative Appraisal in Macrocausal Analysis." *American Journal of Sociology* 104(4): 1154–1196.
Malone, Patrick. 1991. *Skulking Way of War: Technology and Tactics Among the New England Indians*. Lanham, MD: Madison.
Mann, Michael. 1986. *The Sources of Social Power*. Vol. 1, *A History from the Beginning to 1760 AD*. Cambridge: Cambridge University Press.〔マイケル・マン著／森本醇・君塚直隆訳『ソーシャルパワー――社会的な「力」の世界Ⅰ――歴史先史からヨーロッパ文明の形成へ』上下（ＮＴＴ出版、2002年)。〕
Mann, Michael. 1993. *The Sources of Social Power*. Vol. 2, *The Rise of Classes and Nation-States, 1760–1914*. Cambridge: Cambridge University Press.〔マイケル・マン著／森本醇・君塚直隆訳『ソーシャルパワー――社会的な「力」の世界Ⅱ――階級と国民国家の「長い19世紀」』上下（ＮＴＴ出版、2005年)。〕
Mao, Haijian. 2016. *The Qing Empire and the Opium War: The Collapse of the Heavenly Dynasty*. Cambridge: Cambridge University Press.
March, James G., and Johan P. Olsen. 1989. *Rediscovering Institutions: The Organizational Basis of Politics*. New York: Free Press.〔ジェームス・G・マーチ＆ヨハン・P・オルセン著／遠田雄志訳『やわらかな制度――あいまい理論からの提言』(日刊工業新聞社、1994年)。〕
March, James G., and Johan P. Olsen 1998. "The Institutional Dynamics of International Political Orders." *International Organization* 52(4): 943–969.
Marks, Robert B. 2002. *The Origins of the Modern World: A Global and Environmental Narrative from the Fifteenth to the Twenty-First Century*. Lanham, MD: Rowman and Littlefield.
Marshall, P. J. 1980. "Western Arms in Maritime Asia in the Early Phases of Expansion." *Modern Asian Studies* 14(1): 13–28.
Marshall, P. J. 2005. *The Making and Unmaking of Empires: Britain, India, and America c.1750–1783*. Oxford: Oxford University Press.
Matthew, Laura E., and Michel R. Oudijk(eds.). 2007. *Indian Conquistadors: Indigenous Allies in the Conquest of Mesoamerica*. Norman: University of Oklahoma Press.

Keene, Edward. 2002. *Beyond the Anarchical Society: Grotius, Colonialism and Order in World Politics*. Cambridge: Cambridge University Press.

Kemper, Simon. 2014. "War-Bands on Java: Military Labour Markets in VOC Sources," Masters Thesis, Leiden University.

Kennedy, Paul. 1988. *The Rise and Fall of the Great Powers*. New York: Vintage. 〔ポール・ケネディ著／鈴木主税訳『大国の興亡——1500年から2000年までの経済の変遷と軍事闘争』上下（草思社、1993年）。〕

Kian, Kwee Hui. 2008. "How Strangers Became Kings: Javanese-Dutch Relations in Java 1600–1800." *Indonesia and the Malay World* 36(105): 293–307.

Klein, P. W. 1981. "The Origins of Trading Companies." In *Companies and Trade: Essays on Overseas Trading Companies During the Ancien Regime*, edited by Leonard Blussé and Femme Gaastra, 17–28. Leiden: Leiden University Press.

Knight, Ian J. 1994. *Warrior Chiefs of Southern Africa*. New York: Firebird Books.

Kolff, Dirk H. A. 2001. "The Peasantry and the Polity." In *Warfare and Weaponry in South Asia 1000–1800*, edited by Jos J. L. Gommans and Dirk H. A. Kolff, 202–231. New Delhi: Oxford University Press.

Koshy, K. O. 1989. *The Dutch Power in Kerala (1729–1758)*. New Delhi: Mittal.

Kumar, Amarendra. 2015. "The Politics of Military Control in the West Coast: Marathas, Mughals and the Europeans, 1650–1730." In *Chinese and Indian Warfare: From the Classical Age to 1870*, edited by Kaushik Roy and Peter Lorge, 181–199. Abingdon, UK: Routledge.

Lake, David A., and Angela O'Mahony. 2004. "The Incredible Shrinking State: Explaining Change in the Territorial Size of Countries." *Journal of Conflict Resolution* 48(5): 699–722.

Lan, David. 1985. *Guns and Rain: Guerillas and Spirit Mediums in Zimbabwe*. Berkeley: University of California Press.

Lane, Frederick C. 1958. "The Economic Consequences of Organized Violence." *Journal of Economic History* 18(4): 401–417.

Lee, Wayne E. 2011a. "The Military Revolution of Native North America: Firearms, Forts and Polities." In *Empires and Indigenes: Intercultural Alliances, Imperial Expansion, and Warfare in the Early Modern World*, edited by Wayne E. Lee, 49–80. New York: New York University Press.

Lee, Wayne E. 2011b. "Projecting Power in the Early Modern World: The Spanish Model?" In *Empires and Indigenes: Intercultural Alliances, Imperial Expansion, and Warfare in the Early Modern World*, edited by Wayne E. Lee, 1–16. New York: New York University Press.

Lee, Wayne E. 2015. *Waging War: Conflict, Culture and Innovation in World History*. Oxford: Oxford University Press.

Lemke, Douglas. 2003. "African Lessons for International Relations Research." *World Politics* 56(1): 114–138.

Levy, Jack S. 1983. *War in the Modern Great Power System 1495–1795*. Lexington: University Press of Kentucky.

Liberman, Peter. 1996. *Does Conquest Pay? The Exploitation of Occupied Industrial Societies*. Princeton: Princeton University Press.

Lieberman, Evan. 2003. *Strange Parallels: Southeast Asia in Global Context, c.800–1830*. Cambridge: Cambridge University Press.

Locher-Scholten, Elsbeth. 1994. "Dutch Expansion in the Indonesian Archipelago around 1900 and the Imperialism Debate." *Journal of Southeast Asian Studies* 25(1): 91–111.

Lockhart, James. 1999. *Of Thing of the Indies: Essays Old and New in Early Latin American History*. Cambridge: Cambridge University Press.

Lorge, Peter. 2005. *War, Politics and Society in Early Modern China 900–1795*. London: Routledge.

Hobsbawm, Eric. 2010. *Age of Empire 1875–1914*. London: Hachette.〔E・J・ホブズボーム著／野口建彦・野口照子訳『帝国の時代——1875-1914』全２巻（みすず書房、1993〜98年）。〕
Hobson, John M. 2004. *The Eastern Origins of Western Civilization*. Cambridge: Cambridge University Press.
Hobson, John M. 2012. *The Eurocentric Conception of World Politics: Western International Theory 1760–2010*. Cambridge: Cambridge University Press.
Hodgson, Marshall G. S. 1974. *The Venture of Islam: Conscience and History in a World Civilization*. Chicago: University of Chicago Press.
Hoffman, Philip T. 2015. *Why Did Europe Conquer the World?* Princeton: Princeton University Press.
Howard, Michael. 1976. *War in European History*. Oxford: Oxford University Press.〔マイケル・ハワード著／奥村房夫・奥村大作訳『ヨーロッパ史における戦争』（中央公論新社、2010年）。〕
Hui, Victoria Tin-bor. 2005. *War and State Formation in Ancient China and Early Modern Europe*. Cambridge: Cambridge University Press.
Hyam, Ronald. 2010. *Understanding the British Empire*. Cambridge: Cambridge University Press.
Isaacman, Allen. 1972. *Mozambique: The Africanization of a European Institution: Zambezi Prazos, 1750–1902*. Madison: University of Wisconsin Press.
Jackson, Robert H. 1993. "The Weight of Ideas in Decolonization: Normative Change in International Relations." In *Ideas and Foreign Policy: Beliefs, Institutions and Political Change*, edited by Judith Goldstein and Robert O. Keohane, 111–138. Ithaca, NY: Cornell University Press.
Jenkinson, Tim, Howard Jones, and Jose Vincente Martinez. 2016. "Picking Winners? Investment Consultants' Recommendation of Fund Managers." *Journal of Finance* 71(5): 2333–2370.
Johnston, Alastair Iain. 2012. "What (If Anything) Does East Asia Tell us About International Relations Theory?" *Annual Review of Political Science* 15: 53–78.
Jones, Eric. 2003. *The European Economic Miracle: Environments, Economies and Geopolitics in the History of Europe and Asia*. Cambridge: Cambridge University Press.〔E・L・ジョーンズ著／安元稔・脇村孝平訳『ヨーロッパの奇跡——環境・経済・地政の比較史』（名古屋大学出版会、2000年）。〕
Judd, Dennis, and Keith Surridge. 2002. *The Boer War: A History*. London: I. B. Taurus.
Kadercan, Burak. 2013/2014. "Strong Armies, Slow Adaption: Civil-Military Relations and the Diffusion of Military Power." *International Security* 38(3): 117–152.
Kahler, Miles. 1999. "Evolution, Choice, and International Change." In *Strategic Choice and International Relations*, edited by David A. Lake and Robert Powell, 164–96. Princeton: Princeton University Press.
Kamen, Henry. 2002. *Empire: How Spain Became a World Power 1492–1763*. London: Penguin.
Kang, David C. 2003. "Getting Asia Wrong: The Need for New Analytical Frameworks." *International Security* 27(4): 57–85.
Kang, David C. 2010. *East Asia Before the West: Five Centuries of Trade and Tribute*. New York: Columbia University Press.
Kang, David C. 2014. "Why Was There No Religious War in Pre-Modern East Asia?" *European Journal of International Relations* 20(4): 965–986.
Karaman, K. Kivanç, and Şevket Pamuk. 2010. "Ottoman State Finances in European Perspective, 1500–1914." *Journal of Economic History* 70(3): 593–629.
Keegan, John. 1976. *The Face of Battle*. London: Jonathan Cape.〔ジョン・キーガン著／高橋均訳『戦場の素顔——アジャンクール、ワーテルロー、ソンム川の戦い』（中央公論新社、2018年）。〕
Keegan, John. 1993. *A History of Warfare*. London: Hutchinson.〔ジョン・キーガン著／遠藤利國訳『戦略の歴史』（中央公論新社、2015年）。〕

University Press.
Gommans, Jos J. L. 1995. *The Rise of the Indo-Afghan Empire, c.1710–1780.* Leiden: Brill.
Gommans, Jos J. L., and Dirk H. A. Kolff. 2001. "Introduction: Warfare and Weaponry in South Asia 1000–1800 AD." In *Warfare and Weaponry in South Asia 1000–1800*, edited by Jos J. L. Gommans and Dirk H. A. Kolff, 1–42. New Delhi: Oxford University Press.
Gommans, Jos J. L. 2001. "Indian Warfare and Afghan Innovation During the Eighteenth Century." In *Warfare and Weaponry in South Asia 1000–1800*, edited by Jos J. L. Gommans and Dirk H. A. Kolff, 365–386. New Delhi: Oxford University Press.
Gommans, Jos. 2002. *Mughal Warfare: Indian Frontiers and the High Road to Empire 1500–1700.* London: Routledge.
Grant, Jonathan. 1999. "Rethinking Ottoman 'Decline': Military Technology Diffusion in the Ottoman Empire, Fifteenth to Eighteenth Centuries." *Journal of World History* 10(1): 179–201.
Gray, Colin S. 2007. *Another Bloody Century: Future War.* New York: Phoenix.
Guilmartin, John F. 1974. *Gunpowder and Galleys: Changing Technology and Mediterranean Warfare at Sea in the 16th Century.* Cambridge: Cambridge University Press.
Guilmartin, John F. 1995. "The Military Revolution: Origins and First Tests Abroad." In *The Military Revolution Debate: Readings in the Military Transformation of Early Modern Europe*, edited by Clifford J. Rogers, 299–333. Boulder, CO: Westview.
Guilmartin, John F. 2002. *Galleons and Galleys.* London: Cassel.
Guilmartin, John F. 2011. "The Revolution in Military Warfare at Sea During the Early Modern Era: Technological Origins, Operational Outcomes and Strategic Consequences." *Journal for Maritime Research* 13(2): 129–137.
Hager, Robert P., and David A. Lake. 2000. "Balancing Empires: Competitive Decolonization in International Politics." *Security Studies* 9(3): 108–148.
Hale, J. R. 1986. *War and Society in Renaissance Europe, 1450–1620.* Baltimore: Johns Hopkins University Press.
Hanes, W. Travis, and Frank Sanello. 2002. *Opium Wars: The Addiction of One Empire and the Corruption of the Other.* Naperville, IL: Sourcebooks.
Hanson, Victor Davis. 1989. *The Western Way of War: Infantry Battle in Ancient Greece.* Berkeley: University of California Press.
Hanson, Victor Davis. 2002. *Carnage and Culture: Landmark Battles in the Rise of Western Power.* New York: Anchor.
Hasan, Farhat. 1991. "Conflict and Cooperation in Anglo-Mughal Trade Relations during the Reign of Aurangzeb." *Journal of the Economic and Social History of the Orient* 34(4): 351–360.
Hasan, Farhat. 2004. *State and Locality in Mughal India: Power Relations in Western India c. 1572–1730.* Cambridge: Cambridge University Press.
Hassig, Ross. 2006. *Mexico and the Spanish Conquest.* Norman: University of Oklahoma Press.
Hassner, Ron E. 2016. *Religion on the Battlefield.* Ithaca, NY: Cornell University Press.
Headrick, Daniel R. 1981. *Tools of Empire: Technology and European Imperialism in the Nineteenth Century.* Oxford: Oxford University Press.〔D・R・ヘッドリク著／原田勝正・多田博一・老川慶喜訳『帝国の手先――ヨーロッパ膨張と技術』（日本経済評論社、1989年）。〕
Headrick, Daniel R. 2010. *Power Over Peoples: Technology, Environments, and Western Imperialism, 1400 to the Present.* Princeton: Princeton University Press.
Hess, Andrew C. 1978. *The Forgotten Frontier: A History of the Sixteenth-Century Ibero-African Frontier.* Chicago: University of Chicago Press.
Hobden, Stephen and John M. Hobson (eds.). 2002. *Historical Sociology of International Relations.* Cambridge: Cambridge University Press.

Farrell, Theo. 2005. "World Culture and Military Power." *Security Studies* 14(3): 448-488.

Farrell, Theo. 2007. "Global Norms and Military Effectiveness: The Army in Early Twentieth-Century Ireland." In *Creating Military Power: The Sources of Military Effectiveness*, edited by Risa A. Brooks and Elizabeth Stanley, 136-157. Palo Alto: Stanford University Press.

Fay, Peter Ward. 1998. *Opium War, 1840-42: Barbarians in the Celestial Empire in the Early Part of the Nineteenth Century and the War by Which They Forced her Gates*. Chapel Hill: University of North Carolina Press.

Fazal, Tanisha M. 2007. *State Death: The Politics and Geography of Conquest, Occupation and Annexation*. Princeton: Princeton University Press.

Ferguson, Niall. 2011. *Civilization: The West and the Rest*. New York: Penguin. 〔ニーアル・ファーガソン著／仙名紀訳『文明――西洋が覇権をとれた6つの真因』(勁草書房、2012年)。〕

Finnemore, Martha. 1996. *National Interests in International Society*. Ithaca, NY: Cornell University Press.

Finnemore, Martha. 2003. *The Purpose of Intervention: Changing Beliefs about the Use of Force*. Ithaca, NY: Cornell University Press.

Frank, André Gunder. 1998. *ReORIENT: Global Economy in the Asian Age*. Berkeley: University of California Press. 〔アンドレ・グンダー・フランク著／山下範久訳『リオリエント――アジア時代のグローバル・エコノミー』(藤原書店、2000年)。〕

Friedman, Milton. 1953. *Essays in Positive Economics*. Chicago: University of Chicago Press.

Frost, Robert I. 2000. *The Northern Wars 1558-1721*. Harlow: Pearson.

Fuller, J. F. C. 1954. *A Military History of the Western World*. New York: Funk and Wagnalls.

Furber, Holden. 1976. *Rival Empires of the Trade in the Orient 1600-1800*. Minneapolis: University of Minnesota Press.

Gaastra, Femme. 1981. "The Shifting Balance of Trade of the Dutch East India Company." In *Companies and Trade: Essays on Overseas Trading Companies During the Ancien Regime*, edited by Leonard Blussé and Femme Gaastra, 47-69. Leiden: Leiden University Press.

Gaastra, Femme. 2003. *The Dutch East India Company: Expansion and Decline*. Amsterdam: Walburg Pers.

Galbraith, J. S. 1970. "Italy, the British East Africa Company, and the Benadir Coast, 1888-1893." *Journal of Modern History* 42(4): 549-563.

Gat, Azar. 2006. *War in Human Civilization*. Oxford: Oxford University Press. 〔アザー・ガット著／歴史と戦争研究会訳『文明と戦争』上下 (中央公論新社、2012年)。〕

Gberie, Lansana. 2005. *A Dirty War in West Africa: The RUF and the Destruction of Sierra Leone*. Bloomington: Indiana University Press.

Gennaioli, Nicola, and Hans-Joachim Voth. 2015. "State Capacity and Military Conflict." *Review of Economic Studies* 82(4): 1409-1448.

George, Alexander L., and Andrew Bennett. 2004. *Case Studies and Theory Development in the Social Sciences*. Cambridge, MA: MIT Press. 〔アレキサンダー・ジョージ＆アンドリュー・ベネット著／泉川泰博訳『社会科学のケース・スタディ――理論形成のための定性的手法』(勁草書房、2013年)。〕

Giordani, Paolo. 1916. *The German Colonial Empire: Its Beginning and Ending*. London: G. Bell and Sons.

Glete, Jan. 2000. *Warfare at Sea 1500-1650: Maritime Conflicts and the Transformation of Europe*. New York: Routledge.

Glete, Jan. 2002. *War and State in Early Modern Europe: Spain, the Dutch Republic and Sweden as Fiscal-Military States, 1500-1660*. London: Routledge.

Go, Julian, and George Lawson (eds.). 2017. *Global Historical Sociology*. Cambridge: Cambridge

Davies, Brian. 2007. *Warfare, State and Society on the Black Sea Steppe 1500–1700*. Abingdon, UK: Routledge.

Davis, Lance Edwin, and Robert A. Huttenback. 1986. *Mammon and the Pursuit of Empire: The Political Economy of British Imperialism 1860–1912*. Cambridge: Cambridge University Press.

de Armond, Louis. 1954. "Frontier Warfare in Colonial Chile." *Pacific Historical Review* 23(2): 125-132.

de la Garza, Andrew. 2016. *The Mughal Empire at War: Babur, Akbar and the Indian Military Revolution, 1500–1605*. Abingdon, UK: Routledge.

Diamond, Jared. 1997. *Guns, Germs and Steel: The Fates of Human Societies*. New York: W. W. Norton.〔ジャレド・ダイアモンド著／倉骨彰訳『銃・病原菌・鉄――１万3000年にわたる人類史の謎』(草思社、2000年)。〕

DiMaggio, Paul J., and Walter W. Powell. 1983. "The Iron Cage Revisited: Institutional Isomorphism and Collective Rationality in Organizational Fields." *American Sociological Review* 48(2): 147–160.

Disney, A. R. 2009. *A History of Portugal and the Portuguese Empire*. Vol. 2: *The Portuguese Empire*. Cambridge: Cambridge University Press.

Downing, Brian M. 1992. *The Military Revolution and Political Change: The Origins of Democracy and Autocracy in Early Modern Europe*. Princeton: Princeton University Press.

Doyle, Michael W. 1986. *Empires*. Ithaca, NY: Cornell University Press.

Dunne, Tim, and Christian Reus-Smit(eds.). 2017. *The Globalization of International Society*. Oxford: Oxford University Press.

Eaton, Richard M., and Phillip B. Wagoner. 2014 "Warfare on the Deccan Plateau, 1450-1600: A Military Revolution in Early Modern India?" *Journal of World History* 25(1): 5-50.

Elman, Colin, and Miriam Fendius Elman. 1999. "Diplomatic History and International Relations Theory: Respecting Difference and Crossing Boundaries." *International Security* 22(1): 5–21.

Elman, Colin and Miriam Fendius Elman. 2008. "The Role of History in International Relations." *Millennium* 37(2): 357-364.

Ellis, Stephen. 1999. *Mask of Anarchy: The Destruction of Liberia and the Religious Dimension of an African Civil War*. New York: New York University Press.

Elster, Jon. 1989. *The Cement of Society: A Survey of Social Order*. Cambridge: Cambridge University Press.

Elster, Jon. 1995. "Functional Explanation: In Social Science." In *Readings in the Philosophy of Social Science*, edited by Michael Martin and Lee C. McIntyre, 402–413. Cambridge, MA: MIT Press.

Elster, Jon. 2000. "Rational Choice History: A Case of Excessive Ambition." *American Political Science Review* 94(3): 685–695.

Elster, Jon. 2007. *Explaining Social Behavior: More Nuts and Bolts for the Social Sciences*. Cambridge: Cambridge University Press.

Erikson, Emily. 2014. *Between Monopoly and Free Trade: The English East India Company 1600–1757*. Princeton: Princeton University Press.

Erikson, Emily, and Valentina Assenova. 2015. "New Forms of Organization and the Coordination of Political and Commercial Actors." In *Chartering Capitalism: Organizing Markets, States, and Publics*. Special issue of *Political Power and Social Theory* 29(1): 1–13.

Ertman, Thomas. 1997. *Birth of Leviathan: Building States and Regimes in Medieval and Early Modern Europe*. Cambridge: Cambridge University Press.

Eyre, Dana P., and Mark C. Suchman. 1996. "Status, Norms and the Proliferation of Conventional Weapons: An Institutional Theory Approach." In *The Culture of National Security: Norms and Identity in World Politics*, edited by Peter J. Katzenstein, 79–104. New York: Columbia University Press.

Casale, Giancarlo. 2010. *The Ottoman Age of Exploration*. Oxford: Oxford University Press.

Cavanagh, Edward. 2011. "A Company with Sovereignty and Subjects of Its Own? The Case of the Hudson's Bay Company, 1670–1763." *Canadian Journal of Law and Society* 26(1): 25–50.

Caverley, Jonathan D. 2014. *Democratic Militarism: Voting, Wealth and War*. Cambridge: Cambridge University Press.

Chamberlain, M. E. 1974. *The Scramble for Africa*. Harlow: Pearson.

Chang, Tom Y., David H. Solomon, and Mark Westerfield. 2016. "Looking for Someone to Blame: Delegation, Cognitive Dissonance, and the Disposition Effect." *Journal of Finance*. 71(1): 267–302.

Charney, Michael W. 2004. *Southeast Asian Warfare 1300–1900*. Leiden: Brill.

Chase, Kenneth. 2003. *Firearms: A Global History to 1700*. Cambridge: Cambridge University Press.

Chaudhuri, K. N. 1965. *The English East India Company: The Study of an Early Joint Stock Company*. London: Frank Cass.

Chaudhuri, K. N. 1985. *Trade and Civilisation in the Indian Ocean: An Economic History from the Rise of Islam to 1750*. Cambridge: Cambridge University Press.

Chaudhuri, K. N. 1990. "Reflections on the Organizing Principle of Pre-Modern Trade." In *The Political Economy of Merchant Empires: State Power and World Trade 1350–1750*, edited by James D. Tracy, 421–442. Cambridge: Cambridge University Press.

Cipolla, Carlo M. 1965. *Guns, Sails and Empires: Technological Innovation and the Early Phases of European Expansion*. New York: Minerva.〔C・M・チポラ著／大谷隆昶訳『大砲と帆船——ヨーロッパの世界制覇と技術革新』（平凡社、1996年）。〕

Clayton, Anthony. 1999. *Frontiersmen: Warfare in Africa Since 1950*. London: Routledge.

Clulow, Adam. 2009. "European Maritime Violence and Territorial States in Early Modern Asia, 1600–1650." *Itinerario*, 33(3): 72–94.

Clulow, Adam. 2014. *The Company and the Shogun: The Dutch Encounter with Tokugawa Japan*. New York: Columbia University Press.

Colas, Alejandro. 2016. "Barbary Coast in the Expansion of International Society: Privacy, Privateering, and Corsairing as Primary Institutions." *Review of International Studies* 42(5): 840–857.

Cook, Noble David. 1998. *Born to Die: Disease and New World Conquest 1492–1650*. Cambridge: Cambridge University Press.

Cook, Weston F. 1994. *The Hundred Years War for Morocco: Gunpowder and the Military Revolution in the Early Modern Muslim World*. Boulder, CO: Westview.

Cooke, J. J. 1973. *New French Imperialism: The Third Republic and Colonial Expansion*. London: David and Charles.

Cooper, R. G. S. 2003. *The Anglo-Maratha Campaigns and the Contest for India: The Struggle of Control of the South Asian Military History*. Cambridge: Cambridge University Press.

Craven, Matthew. 2015. "Between Law and History: The Berlin Conference of 1884–85 and the Logic of Free Trade." *London Review of International Law* 3(1): 31–59.

Crawford, Neta C. 2002. *Argument and Change in World Politics: Ethics, Decolonisation and Humanitarian Intervention*. Cambridge: Cambridge University Press.

Dale, Stephen F. 2010. *The Muslim Empires of the Ottomans, Safavids, and Mughals*. Cambridge: Cambridge University Press.

Darwin, John. 2007. *After Tamerlane: The Rise and Fall of Global Empires 1400–2000*. London: Penguin.〔ジョン・ダーウィン著／秋田茂・川村朋貴・中村武司・宗村敦子・山口育人訳『ティムール以後——世界帝国の興亡、1400～2000年』上下（国書刊行会、2020年）。〕

Darwin, John. 2014. *Unfinished Empire: The Global Expansion of Britain*. London: Bloomsbury.

Trading Companies During the Ancien Regime. Leiden: Leiden University Press.

Blussé, Leonard, and Femme Gaastra. 1981. "Companies and Trade: Some Reflections on a Workshop and a Concept." In *Companies and Trade: Essays on Overseas Trading Companies During the Ancien Regime*, edited by Leonard Blussé and Femme Gaastra, 3-16. Leiden: Leiden University Press.

Borekci, Gunhan. 2006. "A Contribution to the Military Revolution Debate: The Janissaries Use of Volley Fire during the Long Ottoman-Habsburg War of 1593-1606 and the Problem of Origins." *Acta Orientalia Academiae Scientarium Hungaricae* 59(4): 407-438.

Bose, Sugata. 2009. *A Hundred Horizons: The Indian Ocean in an Age of Global Empire*. Cambridge, MA: Harvard University Press.

Bosworth, R. J. B. 1979. *Italy, Least of the Great Powers: Italian Foreign Policy before the First World War*. Cambridge: Cambridge University Press.

Bosworth, R. J. B. 1996. *Italy and the Wider World 1860-1960*. London: Routledge.

Boxer, C. R. 1965. *The Dutch Seaborne Empire 1600-1800*. New York: Alfred Knopf.

Boxer, C. R. 1969. "A Note on Portuguese Reactions to the Revival of the Red Sea Spice Trade and the Rise of Atjeh." *Journal of Southeast Asian History* 10(3): 415-428.

Brewer, John. 1989. *The Sinews of Power: War, Money and the English State 1688-1783*. London: Unwin Hyman.〔ジョン・ブリュア著／大久保桂子訳『財政=軍事国家の衝撃――戦争・カネ・イギリス国家1688-1783』(名古屋大学出版会、2003年)。〕

Brooks, Risa A. 2007. "Introduction: The Impact of Culture, Society, Institutions, and International Forces on Military Effectiveness." In *Creating Military Power: The Sources of Military Effectiveness*, edited by Risa A. Brooks and Elizabeth Stanley, 1-26. Palo Alto: Stanford University Press.

Brunschwig, Henri. 1966. *French Colonialism, 1871-1914: Myths and Realities*. New York: Prager.

Bryant, G. J. 2013. *The Emergence of British Power in India 1600-1784: A Grand Strategic Interpretation*. Woodbridge: Boydell Press.

Bryant, Joseph M. 2006. "The West and the Rest Revisited: Debating Capitalist Origins, European Colonialism, and the Advent of Modernity." *Canadian Journal of Sociology/Cahiers Canadien de Sociologie* 31(4): 403-444.

Bull, Hedley, and Adam Watson(eds.). 1984. *The Expansion of International Society*. Oxford: Oxford University Press.

Busse, Jeffrey A., Amit Goyal, and Sunil Wahal. 2010. "Performance and Persistence in Institutional Investment Management." *Journal of Finance* 65(2): 765-790.

Butcher, Charles R. and Ryan D. Griffith. 2017. "Between Eurocentrism and Babel: A Framework for the Analysis of States, State Systems, and International Orders." *International Studies Quarterly* 61(2): 328-336.

Buzan, Barry, and George Lawson. 2013. "The Global Transformation: The Nineteenth Century and the Making of Modern International Relations." *International Studies Quarterly* 57(3): 620-634.

Buzan, Barry and George Lawson. 2015. *The Global Transformation: History, Modernity and the Making of International Relations*. Cambridge: Cambridge University Press.

Buzan, Barry, and Richard Little. 2000. *International Systems in World History: Remaking the Study of International Relations*. Oxford: Oxford University Press.

Cain, P. J., and A. G. Hopkins. 1993. *British Imperialism: Innovation and Expansion 1688-1914*. London: Longman.〔P・J・ケイン&A・G・ホプキンズ著／竹内幸雄・秋田茂訳『ジェントルマン資本主義の帝国――創生と膨張1688-1914』(名古屋大学出版会、1997年)。〕

Carlos, Ann M., and Frank D. Lewis. 2010. *Commerce by a Frozen Sea: Native Americans and the Fur Trade*. Philadelphia: University of Pennsylvania Press.

Origins of Capitalism. London: Pluto.

Anievas, Alexander, and Kerem Nişancioglu. 2017. "How Did the West Usurp the Rest? Origins of the Great Divergence over the Longue Durée." *Comparative Studies in Society and History* 59(1): 34–67.

Arreguin-Toft, Ivan. 2005. *How the Weak Win Wars: A Theory of Asymmetric Conflict*. Cambridge: Cambridge University Press.

Asselbergs, Florine. 2008. *Conquered Conquistadors: The Lienzo de Quauquechollan, a Nahua Vision of the Conquest of Guatemala*. Boulder, CO: University Press of Colorado.

Bacevich, Andrew J. 2016. *America's War for the Greater Middle East: A Military History*. New York: Random House.

Barkawi, Tarak. 2005. *Globalization and War*. Langham, MD: Rowman and Littlefield.

Barkawi, Tarak. 2017. *Soldiers of Empire: India and British Armies in World War II*. Cambridge: Cambridge University Press.

Barkey, Karen. 2008. *Empire of Difference: The Ottomans in Comparative Perspective*. Cambridge: Cambridge University Press.

Barnhart, Joslyn. 2016. "Status Competition and Territorial Aggression: Evidence from the Scramble for Africa." *Security Studies* 25(3): 385–419.

Bayly, C. A. 1998. "The First Age of Global Imperialism, c.1760–1830." *Journal of Imperial and Commonwealth History* 26(2): 28–47.

Bayly, C. A. 2004. *The Birth of the Modern World 1780–1914*. Oxford: Blackwell. 〔C・A・ベイリ著／平田雅博・吉田正広・細川道久訳『近代世界の誕生――グローバルな連関と比較1780–1914』上下（名古屋大学出版会、2018年）。〕

Behrend, Heike. 1999. *Alice Lakwena and the Holy Spirits: War in Northern Uganda 1986–97*. Athens: Ohio University Press.

Bethencourt, Francisco, and Diogo Ramada Curto(eds.). 2007. *Portuguese Oceanic Expansion, 1400–1800*. Cambridge: Cambridge University Press.

Bickers, Robert. 2012. *The Scramble for China: Foreign Devils in the Qing Empire 1832–1914*. London: Penguin.

Biddle, Stephen. 2004. *Military Power: Explaining Victory and Defeat in Modern Battle*. Princeton: Princeton University Press.

Biedermann, Zoltan. 2009. "The Matrioshka Principle and How It Was Overcome: The Portuguese and Hapsburg Imperial Attitudes in Sri Lanka and the Responses of the Rulers of Kotte(1506–1598)." *Journal of Early Modern History* 13(4): 265–310.

Black, Jeremy. 1991. *A Military Revolution? Military Change and European Society 1550–1800*. London: Palgrave.

Black, Jeremy. 1995. "A Military Revolution? A 1660–1792 Perspective." In *The Military Revolution Debate: Readings in the Military Transformation of Early Modern Europe*, edited by Clifford J. Rogers, 95–116. Boulder, CO: Westview.

Black, Jeremy. 1998. *War and the World: Military Power and the Fate of Continents 1450–2000*. New Haven: Yale University Press.

Black, Jeremy. 2004a. "A Wider Perspective: War Outside the West." In *Early Modern Military History, 1450–1815*, edited by Geoff Mortimer, 212–226. Houndmills, UK: Palgrave.

Black, Jeremy. 2004b. *Rethinking Military History*. Abingdon, UK: Routledge.

Blaydes, Lisa, and Eric Chaney. 2013. "The Feudal Revolution and Europe's Rise: Political Divergence of the Christian West and the Muslim World before 1500 CE." *American Political Science Review*, 107(1): 16–34.

Blussé, Leonard, and Femme Gaastra(eds.). 1981. *Companies and Trade: Essays on Overseas*

参考文献

Adams, Julia. 1996. "Principals and Agents, Colonials and Company Men: The Decay of Colonial Control in the Dutch East Indies." *American Sociological Review* 61(1): 12–28.

Adams, Julia. 2005. *The Familial State: Ruling Families and Merchant Capitalism in Early Modern Europe*. Ithaca, NY: Cornell University Press.

Agoston, Gabor. 1998. "Habsburgs and Ottomans: Defense, Military Change and Shifts in Power." *Turkish Studies Association Bulletin* 22(1):126–141.

Agoston, Gabor. 2005. *Guns for the Sultan: Military Power and the Weapons Industry in the Ottoman Empire*. Cambridge: Cambridge University Press.

Agoston, Gabor. 2012. "Empires and Warfare in East-Central Europe, 1550–1750: The Ottoman-Habsburg Rivalry and Military Transformation." In *European Warfare 1350–1750*, edited by Frank Tallet and D. J. B. Trim, 110–135. Cambridge: Cambridge University Press.

Agoston, Gabor. 2014. "Firearms and Military Adaptation: The Ottomans and the European Military Revolution, 1450–1800." *Journal of World History* 15(1): 85–124.

Aksan, Virginia. 1993. "The One-Eyed Fighting the Blind: Mobilization, Supply, and Command in the Russo-Turkish War of 1768–1774." *International History Review* 15(2): 221–238.

Aksan, Virginia. 2002. "Breaking the Spell of Baron de Tott: Reframing the Question of Military Reform in the Ottoman Empire 1760–1830." *International History Review* 24(2): 253–277.

Aksan, Virginia H. 2007a. *Ottoman Wars 1700–1870: An Empire Besieged*. Harlow: Pearson.

Aksan, Virginia H. 2007b. "The Ottoman Military and State Transformation in a Globalizing World." *Comparative Studies of South Asia, Africa and the Middle East* 27(2): 259–272.

Aksan, Virginia H. 2011. "Ottoman Military Ethnographies of Warfare, 1500–1800." In *Empires and Indigenes: Intercultural Alliances, Imperial Expansion, and Warfare in the Early Modern World*, edited by Wayne E. Lee, 141–163. New York: New York University Press.

Alam, Muzaffar, and Sanjay Subrahmanyam(eds.). 1998. *The Mughal State 1526–1750*. Delhi: Oxford University Press.

Alchian, Armen A. 1950. "Uncertainty, Evolution and Economic Theory." *Journal of Political Economy* 58(3): 211–221.

Anderson, M. S. 1988. *War and Society in Europe of the Old Regime, 1618–1789*. Montreal: McGill-Queen's University Press.

Andrade, Tonio. 2004. "The Company's Chinese Pirates: How the Dutch East India Company Tried to Lead a Coalition of Pirates to War against China, 1621–1662." *Journal of World History* 15(4): 415–444.

Andrade, Tonio. 2011. *Lost Colony: The Untold Story of China's First Victory over the West*. Princeton: Princeton University Press.

Andrade, Tonio. 2015. "Cannibals with Cannons: The Sino-Portuguese Clashes of 1521–22 and the Early Chinese Adoption of Western Guns." *Journal of Early Modern History* 19(4): 311–335.

Andrade, Tonio. 2016. *The Gunpowder Age: China Military Innovation and the Rise of the West in World History*. Princeton: Princeton University Press.

Andrade, Tonio, Hybok Hweon Kang, and Kirsten Cooper. 2014. "A Korean Military Revolution: Parallel Military Innovations in East Asia and Europe." *Journal of World History* 25(1): 51–84.

Anievas, Alexander, and Kerem Nişancioglu. 2015. *How the West Came to Rule: The Geopolitical*

＊49　Biddle 2004.
＊50　Mack 1975; Merom 2003; Record 2007.
＊51　Bacevich 2016.
＊52　Black 2004b: x.
＊53　Andrade 2016: 115–116.
＊54　Nelson and Winter 1982.
＊55　Alchian 1950.
＊56　McNeill 1982: 147.〔マクニール『戦争の世界史』上巻、295頁。ただし、訳文を一部改めた。〕
＊57　Hoffman 2015: 53.
＊58　March and Olsen 1989, 1998; Pierson 2004; Sharman 2015.
＊59　Gennaoili and Voth 2015: 1409.
＊60　Rogowski 1999: 115.
＊61　Glete 2002: 2–3. またp. 28も参照。
＊62　Tuck 2008: 470. また以下も参照。Waltz 1979: 77; Resende-Santos 2007: 6; Reid 1982: 1; Posen 1993: 120; Walt 2002: 203.
＊63　Gray 2007: 84. また以下も参照。Chase 2003: xv.
＊64　Biddle 2004; Brooks 2007.
＊65　March and Olsen 1989: 55; 1998: 954.
＊66　Lorge 2008: 86.〔ロージ『アジアの軍事革命』、103頁。ただし訳文を一部改めた。〕
＊67　Meyer and Rowan 1977; March and Olsen 1989; Powell and DiMaggio 1991.
＊68　Farrell 2005, 2007.
＊69　Farrell 2007: 147.
＊70　Eyre and Suchman 1996.
＊71　雑誌『戦争と社会』（*War and Society*）および同名の書籍シリーズを参照。
＊72　この進化論的観点に関する概説的文献については、以下を参照。Modelski and Poznanski 1996; Kahler 1999; Thompson 2001; Rapkin 2001; Spruyt 2001.
＊73　Chase 2003: xv.
＊74　Sharman 2015.
＊75　Strang 1991; Lake and O'Mahony 2004; Fazal 2007.
＊76　Kahler 1999: 164.
＊77　Rogowski 1999: 137.
＊78　Buzan and Little 2000; Hobden and Hobson 2002.

1993; Mommsen 1980; Hobsbawm 2010; Hyam 2010; Darwin 2014.
＊9　この「能力集約」(capacity aggregation) 概念については、以下を参照。Morrow 1991; Liberman 1996; Hager and Lake 2000; Spruyt 2005.
＊10　Spruyt 2005: 39.
＊11　Reus-Smit 2011.
＊12　Bosworth 1979; Suzuki 2009; Barnhart 2016.
＊13　Bosworth 1996: 99.
＊14　Bosworth 1996: 101.
＊15　Vandervort, 1998: 32-33.
＊16　Bosworth 1996: 94.
＊17　Suzuki 2005: 154.
＊18　Brunschwig 1966; Cooke 1973; Barnhart 2016.
＊19　Locher-Scholten 1994.
＊20　Lorge 2008: 98.〔ロージ『アジアの軍事革命』、134頁、注13。ただし訳文を一部改めた。〕
＊21　Lorge 2008: 110.〔ロージ『アジアの軍事革命』、131～132頁。〕また以下も参照。Black 2004b: 154.
＊22　Giordani 1916; Galbraith 1970; Slinn 1971; Vail 1976; Neil-Tomlinson 1977.
＊23　Hoffman 2015: 208. また以下も参照。Davis and Huttenback 1986.
＊24　Spruyt 2005: 55-77; MacDonald 2009: 61-62.
＊25　Barkawi 2005, 2017.
＊26　Headrick 1981.
＊27　Headrick 2010: 146-147. 対照的に、19世紀には、北アメリカ先住民による抵抗は、相次ぐ疫病で多くの死者を出したことにより一貫して弱体化させられた。この点については以下を参照。Headrick 2010: 123-127.
＊28　Charney 2004: 72; Black 2004b: 159.
＊29　Vandervort 1998; Charney 2004; Darwin 2007; MacDonald 2014.
＊30　Vandervort 1998; Thompson 1999; Newbury 2003; Spruyt 2005; Darwin 2007; MacDonald 2014.
＊31　Ralston 1990; Charney 2004: 243, 263; Black 2004b: 219; Roy 2013: 1152; Gommans and Kolff 2001: 40; Headrick 2010: 139; Wickremesekera 2015.
＊32　Vandervort 1998.
＊33　Headrick 2010: 168.
＊34　Vandervort 1998: 185.
＊35　Judd and Surridge 2002.
＊36　MacDonald 2014: 231-232. また以下も参照。MacDonald 2013.
＊37　Fay 1998; Wong 2000; Lovell 2011; Bickers 2012.
＊38　Hanes and Sanello 2002; Bickers 2012.
＊39　Perdue 2005.
＊40　Lorge 2005: 1.
＊41　Andrade 2016: 243; Mao 2016: 30.
＊42　Lorge 2008: 168.
＊43　Polachek 1991.
＊44　Mao 2016.
＊45　Ralston 1990.
＊46　Finnemore 1996; Wendt 1999; Finnemore 2003; Phillips 2011; Reus-Smit 2013.
＊47　Jackson 1993; Philpott 2001; Crawford 2002; Reus-Smit 2013.
＊48　Merom 2003; Arreguin-Toft 2005; Lyall and Wilson 2009; Caverley 2014.

＊114　Brewer 1989; North and Weingast 1989.
＊115　Andrade 2011: 11. また以下も参照。Glete 2000: 11.
＊116　Black 2004a: 212.
＊117　Parker 1995b: 338.
＊118　Mortimer 2004b.
＊119　Rogers 1995c.
＊120　Levy 1983: 10.
＊121　Downing 1992; Ertman 1997.
＊122　Ralston 1990. Ertman 1997に対するMahoney 1999の批判を参照。
＊123　Roberts [1955] 1995: 20.
＊124　Roberts [1955] 1995: 29.
＊125　例えば、Parker 1996: 3; Bayly 1998: 30; Rogers 1995b: 61-62, 74-75; Black 2004a: 218; Lorge 2008: 5-6.
＊126　Gat 2006.
＊127　Lorge 2008: 1.〔ロージ『アジアの軍事革命』、1頁。〕
＊128　また以下も参照。Lorge 2005; Sun 2003; Swope 2005, 2009; Andrade 2011, 2016; Andrade, Kang, and Cooper 2014.
＊129　Sun 2003; Lorge 2008; Andrade 2016.
＊130　Lorge 2008: 5-6, 20-21, 177-178. また以下も参照。Gommans 2002: 134-135, 159; Charney 2004: 72, 278-279; Lee 2015: 269-287.
＊131　Gommans 2002; Streusand 2011.
＊132　Gommans and Kolff 2001; Gommans 2002.
＊133　Eaton and Wagoner 2014.
＊134　Hodgson 1974; McNeill 1982: 95-96.
＊135　Gommans 2002; Streusand 2011; Lorge 2008; Swope 2009; Eaton and Wagoner 2014; Andrade 2011, 2016; de la Garza 2016; Gommans and Kolff 2001.
＊136　Johnston 2012; Kang 2010, 2014; Suzuki et al. 2014; Hobson 2004; Hui 2005; Ringmar 2012.
＊137　Fazal 2007; Kang 2014; Butcher and Griffiths 2017.
＊138　Hui 2005.
＊139　Hui 2005: 1.
＊140　Hui 2005: 36.
＊141　また以下も参照。Lorge 2005: 2.
＊142　Lorge 2008: 6-7, 178. また以下も参照。Black 2004b: 153.
＊143　Lorge 2008: 99-100.〔ロージ『アジアの軍事革命』、120頁。ただし訳文を一部改めた。〕
＊144　Black 2004a: 215, 223-224; 2004b: 67-72.
＊145　Thornton 1999: 8. また以下も参照。Hobson 2012; Kadercan 2013/2014; Suzuki et al. 2014.
＊146　Agoston 2005; Subrahmanyam 2006; Aksan 2007; Lorge 2008; Gommans 2002.

結論

＊1　Philpott 2001; Crawford 2002; Keene 2002; Spruyt 2005; Reus-Smit 2013.
＊2　MacDonald 2014: 10.
＊3　Doyle 1986; Mann 1993; Gat 2006; Darwin 2007.
＊4　Vandervort 1998: 1.
＊5　MacDonald 2014: 17.
＊6　ベルリン会議そのものの重要性に関する別の見方については、以下を参照。Craven 2015.
＊7　Vandervort 1998: 30.
＊8　多くの文献があるが、特に以下を参照。Chamberlain 1974; Snyder 1991; Cain and Hopkins

＊68　Agoston 2012: 130.
＊69　Aksan 2007b: 262.
＊70　Aksan 2002: 256.
＊71　Aksan 2007a: 56-57; Agoston 2012: 127.
＊72　Guilmartin 1995: 321; Murphey 1999: 49.
＊73　Aksan 2011: 159; Agoston 2005: 204; Agoston 2012: 133-134.
＊74　Grant 1999; Aksan 2002; Agoston 2014; Kadercan 2013/2014.
＊75　Murphey 1999: 14; Grant 1999: 182, 200; Chase 2003: 93-95.
＊76　Agoston 2012: 125.
＊77　Aksan 2007a: 53.
＊78　Tuck 2008: 498.
＊79　Ralston 1990; Stevens 2007.
＊80　Frost 2000: 13.
＊81　Hoffman 2015: 90; Aksan 1993: 222. 実際には、ロシア皇帝は1683年にいたるまでタタール人の君主（カン）に年貢を納めていた（Black 1998: 15）。
＊82　Aksan 1993: 224.
＊83　Frost 2000: 320.
＊84　Hess 1978; Cook 1994; Black 2004b: 79.
＊85　Cook 1994: 83.
＊86　Cook 1994: 85; Disney 2009: 2.
＊87　Disney 2009: 11; Cook 1994: 84.
＊88　Hess 1978: 12.
＊89　Hess 1978: 32.
＊90　Pedreira 2007: 56, 59.
＊91　Hess 1978: 42.
＊92　Cook 1994: 124.
＊93　Cook 1994: 247-254.
＊94　Cook 1994.
＊95　Disney 2009: 19.
＊96　Hess 1978: 95.
＊97　Hess 1978: 121.
＊98　Cook 1994: 181.
＊99　Disney 2009: 2, 13.
＊100　Disney 2009: 13.
＊101　Cook 1994: 144. また以下も参照。Glete 2000: 78.
＊102　Murphey 1993; Colas 2016.
＊103　Hess 1978: 193.
＊104　Rogers 1995b; Guilmartin 1995.
＊105　Black 1995: 100.
＊106　Parker 1995b: 355-356.
＊107　Parker 1995b: 356.
＊108　Black 2004b: ix.
＊109　Murphey 1999: 13.
＊110　Hoffman 2015: 147-148, 169-170.
＊111　Gennaioli and Voth 2015: 1409-1413.
＊112　Gennaioli and Voth 2015: 1437. また以下も参照。Karaman and Pamuk 2010.
＊113　例えば、Blaydes and Chaney 2013; Hoffman 2015: 148.

＊22　例外としては、以下を参照。Rudolph and Rudolph 2010.
＊23　Guilmartin 1995: 318.
＊24　Parker 1995b: 341.
＊25　Rogers 1995b: 56, 60-61.
＊26　Black 1995: 104. また以下も参照。Guilmartin 1995: 302-304.
＊27　Guilmartin 1974, 1995; Glete 2000.
＊28　Hess 1978: 15.
＊29　Murphey 1993.
＊30　Murphey 1999: 37-39; Aksan 2011: 149; Agoston 2012: 115.
＊31　Murphey 1999: 45; Aksan 2011: 149-150.
＊32　Murphey 1999: 19, 32; Glete 2002: 39; Parrott 2012: 30; Agoston 2014: 93.
＊33　Agoston 2005: 23.
＊34　Borekci 2006; Agoston 2014: 96-98.
＊35　Aksan 2011.
＊36　Davies 2007.
＊37　Murphey 1999: 20.
＊38　Agoston 2014: 123.
＊39　Murphey 1999: 15; Chase 2003; Agoston 1998: 138-140; 2005.
＊40　Hodgson 1974; McNeill 1982.
＊41　Agoston 2005.
＊42　Chase 2003: 97.
＊43　Murphey 1999: 106.
＊44　Murphey 1999: 30-32.
＊45　Murphey 1999: 49; Dale 2010: 107; Aksan 2011: 143.
＊46　Glete 2002: 142-143.
＊47　Agoston 1998: 128.
＊48　Aksan 2007b: 268.
＊49　Agoston 2005.
＊50　Glete 2000: 96.
＊51　Murphey 1993; Colas 2016.
＊52　Murphey 1999: 32.
＊53　Agoston 2012: 117; Borekci 2006: 430.
＊54　Guilmartin 1995: 303.
＊55　Murphey 1999: 15.
＊56　Agoston 2012: 118.
＊57　Borekci 2006: 424-425; Agoston 2012: 111-112.
＊58　Murphey 1999: 21.
＊59　Murphey 1999: 10; Borekci 2006: 409; Agoston 2014: 124.
＊60　Black 1998: 108; Chase 2003: 203.
＊61　Aksan 2007a: 1.
＊62　Murphey 1999: 1.
＊63　Agoston 2005: 201.
＊64　Aksan 2007a: 55; Aksan 2011: 149; Dale 2010: 133.
＊65　Murphey 1999: 16.
＊66　Agoston 2012: 129.
＊67　Aksan 2007a: 38; Aksan 2011: 152, 156-158; Agoston 2012: 112; Agoston 2014: 123; Barkey 2008: 228-229.

＊144　Gommans 2002: 69; Hasan 2004: 126; de la Garza 2016: 190.
＊145　Washbrook 2004: 501-502; Roy 2011a: 213-214.
＊146　Roy 2011a; Roy 2013.
＊147　Gommans 2001: 365-369.
＊148　Roy 2013: 1152.
＊149　Roy 2011a: 215.
＊150　Peers 2011: 83.
＊151　Black 2004a: 219.
＊152　Marshall 2005: 124; Roy 2011a: 212.
＊153　Cooper 2003: 452; Peers 2011: 101.
＊154　Peers 2011: 99.
＊155　Gommans and Kolff 2001: 21.
＊156　Roy 2013: 1151.
＊157　Marshall 2005: 230, 251.
＊158　Roy 2013: 1139.
＊159　Roy 2013: 1138-1139.
＊160　Lynn 2008: 157.
＊161　逆の視点については、以下を参照。Bryant 2013.
＊162　Washbrook 2004: 512.
＊163　Parker 1996: 4.
＊164　Eaton and Wagoner 2014: 19-21から引用。

第三章

＊1　Scammel 1989: 2.
＊2　Davies 2007.
＊3　Black 2004b: 76.
＊4　Agoston 2012: 113.
＊5　Casale 2010; Chase 2003; Black 1998: 31.
＊6　Tuck 2008: 497.
＊7　Wheatcroft 2008.
＊8　Parker 1996: 136.
＊9　Hodgson 1974; McNeill 1982.
＊10　Black 2004b: 2. また以下も参照。MacDonald 2014: 27.
＊11　Black 1995: 99; Guilmartin 1995: 302-304; Agoston 1998: 129; Agoston 2005: 6; Agoston 2012: 110; Borekci 2006: 408.
＊12　Parker 1996: 35-37.
＊13　例えば、Downing 1992; Ertman 1997; Glete 2002. この見方への批判については、以下を参照。Frost 2000; Davies 2007; Stevens 2007.
＊14　Parker 1996: 37.
＊15　Parker 1995b: 337.
＊16　Parker 1996: 173. ハプスブルク帝国と軍事革命に関するパーカーの見解をめぐる議論については、以下を参照。Agoston 1998: 128 footnote 9.
＊17　Parker 1990: 173.
＊18　Agoston 1998, 2012.
＊19　Agoston 2012: 125.
＊20　Black 1995: 99.
＊21　Boxer 1965: 13.

＊97　Kumar 2015.
＊98　Richards 1993: 241.
＊99　Roy 2013: 1127; Hoffman 2015: 15.
＊100　Prakash 2002.
＊101　Gommans 2002.
＊102　Alam and Subrahmanyam 1998.
＊103　Gommans 1995, 2001.
＊104　Koshy 1989.
＊105　Koshy 1989.
＊106　Black 2004a: 220-221.
＊107　Parker 1996: 133.
＊108　Watson 1980: 80.
＊109　Parker 1996: 133.
＊110　Tagliacozzo 2002: 87; Marshall 2005: 135, 156; Lynn 2008: 159.
＊111　Blussé and Gaastra 1981: 8; Pearson 1990: 95-96; Chaudhuri 1985: 86.
＊112　Howard 1976: 52.
＊113　Parker 1996: 133.
＊114　Marshall 2005; Roy 2011b.
＊115　Stern 2009.
＊116　Bayly 1998: 33; Marshall 2005: 230; Peers 2007: 246.
＊117　Roy 2011b.
＊118　Cooper 2003.
＊119　Washbrook 2004: 481-482; Peers 2015: 303.
＊120　Cooper 2003: 538.
＊121　Marshall 2005: 207.
＊122　Parker 1996: 133; Headrick 2010: 149-151; Hoffman 2015: 86-87.
＊123　Roy 2013: 1130. また以下も参照。Roy 2011a: 199, 217.
＊124　Chase 2003: 97-98.
＊125　Gommans and Kolff 2001: 40; Roy 2011a: 217; Peers 2011: 81; Washbrook 2004: 293.
＊126　Black 2004b; Peers 2011: 82; Cooper 2003: 540-541.
＊127　Eaton and Wagoner 2014: 16-17. また以下も参照。Gommans and Kolff 2001: 34-35.
＊128　Roy 2011a: 199-201. また以下も参照。Gommans 2002: 152; Peers 2011: 82.
＊129　Chase 2003: 136.
＊130　Cooper 2003; Roy 2011b.
＊131　Rogers 1995a: 6.
＊132　Roy 2013: 1143.
＊133　Marshall 2005: 126.
＊134　Kolff 2001.
＊135　Brewer 1989; Tilly 1985, 1992.
＊136　Streusand 1989, 2001; Gommans 2002; de la Garza 2016.
＊137　Richards 1993: 24-25.
＊138　Richards 1993: 19-25; Gommans 2002: 80-91; Streusand 2001: 353.
＊139　Gommans and Kolff 2001: 23.
＊140　Streusand 2011: 206.
＊141　Streusand 2011: 208.
＊142　Richards 1993: 75, 185.
＊143　Gommans 2002; Lorge 2008; de la Garza 2016.

＊51　Charney 2004: 56.
＊52　Reid 1982; Kemper 2014.
＊53　Mostert 2007: 22.
＊54　Parker 2002.
＊55　Mostert 2007: 28-29.
＊56　Charney 2004: 278-279.
＊57　Lorge 2008: 110.〔ロージ『アジアの軍事革命』、132頁。ただし訳文を一部改めた。〕
＊58　Lorge 2008: 98, 110. また以下も参照。Boxer 1965: 100; Pearson 1998: 139.
＊59　Locher-Scholten 1994.
＊60　Charney 2004: 243.
＊61　Charney 2004: 263-264.
＊62　Black 1998: 64.
＊63　Andrade 2011: 36-37.
＊64　Andrade 2011: 47.
＊65　Andrade 2011: 13-15; Andrade 2016: 5.
＊66　Clulow 2014: 16.
＊67　Clulow 2009: 85.
＊68　Clulow 2014: 135に引用されている。
＊69　Koshy 1989.
＊70　Odegard 2014: 14.
＊71　Wickremesekera 2015.
＊72　Marshall 1980: 22.
＊73　Tagliacozzo 2002: 87.
＊74　Mostert 2007: 11.
＊75　Weststeijn 2014: 18に引用されている。
＊76　Weststeijn 2014: 22に引用されている。
＊77　Boxer 1965: 95に引用されている。
＊78　Adams 1996.
＊79　Stern 2009.
＊80　Stern 2009.
＊81　Washbrook 2004: 513-514.
＊82　Watson 1980: 77.
＊83　Watson 1980: 77.
＊84　Parker 2002: 200.
＊85　Pearson 1990: 91.
＊86　Chaudhuri 1965: 64.
＊87　Erikson 2014.
＊88　Chaudhuri 1965; Clulow 2009.
＊89　Hasan 1991: 357.
＊90　Hasan 1991: 356.
＊91　Subrahmanyam 1992; Richards 1993; Alam and Subrahmanyam 1998; Gommans 2002; Roy and Lorge 2015; de la Garza 2016.
＊92　Hasan 2004.
＊93　Vigneswaran 2014.
＊94　Watson 1980: 73.
＊95　Richards 1993: 239-240.
＊96　Hasan 1991: 360; Chaudhuri 1985: 87; Kumar 2015: 188.

＊8　Klein 1981.
＊9　Steensgaard 1973; Blussé and Gaastra 1981; Stern 2009; Erikson and Assenova 2015.
＊10　Ward 2008: 15.
＊11　Weststeijn 2014: 28.
＊12　Stern 2011: viii.
＊13　Wilson 2015: 258.
＊14　Boxer 1965: 24.
＊15　Clulow 2014: 14; Adams 1996: 19.
＊16　Steensgaard 1973: 131; Pearson 1990: 85; Adams 2005.
＊17　Gaastra 1981; 2003.
＊18　Boxer 1965: 23-24.
＊19　以下を参照。The Charter Of The Dutch East India Company. http://rupertgerritsen.tripod.com/pdf/published/VOC_Charter_1602.pdf.〔これは英訳からの重訳である。オランダ語の原史料に基づく同特許状の翻訳については、田淵保雄「1602年のオランダ東インド会社の特許状について」『東南アジア——歴史と文化』第3号（1972年）、82~96頁を参照されたい。〕
＊20　Tracy 1990: 2. また以下も参照。North 1990b: 24.
＊21　Clulow 2014: 63に引用されている。〔羽田正『東インド会社とアジアの海』（講談社学術文庫、2017年）、108頁。〕
＊22　Boxer 1965: 69; Mostert 2007: 19.
＊23　Tracy 1990: 7; Ward 2008: 31.
＊24　Weststeijn 2014: 15.
＊25　Chaudhuri 1985, 1990; Pearson 2003; Bose 2009.
＊26　Chaudhuri 1985: 84-85.
＊27　Biedermann 2009: 272-274.
＊28　Boxer 1965: 104; Kian 2008: 293; Locher-Scholten 1994: 94.
＊29　Milton 1999.
＊30　Boxer 1965: 94; Ward 2008: 15-18; Tagliacozzo 2002: 77; Weststeijn 2014: 15.
＊31　Ward 2008: 31.
＊32　Kian 2008: 297-301.
＊33　Koshy 1989: 4; Odegard 2014: 9.
＊34　Tagliacozzo 2002: 79. ただし、他の場所では彼はもっと言葉を濁している。E.g., 2002: 81, 87.
＊35　Lieberman 2003.
＊36　Mostert 2007: 6.
＊37　Kemper 2014: 30.
＊38　Lorge 2008: 20.
＊39　Sun 2003: 495.
＊40　Sun 2003: 501-506.
＊41　Eaton and Wagoner 2014: 10-15.
＊42　Ricklefs 1993: 13.
＊43　Chase 2003; Casale 2010.
＊44　例えば、Cipolla 1965; Parker 1996; Hoffman 2015.
＊45　Ricklefs 1993; Charney 2004.
＊46　Marshall 1980: 20.
＊47　Reid 1982; Lorge 2008; Andrade 2016.
＊48　Ricklefs 1993: 5; Kemper 2014: 14.
＊49　Nagtegaal 1996; Moertono 2009.
＊50　Ricklefs 1993: 37-38.

＊106　Boxer 1969; Marshall 1980: 19; Chaudhuri 1985: 66; Disney 2009: 151; Subrahmanyam 1995: 786.
＊107　Winius 1971: 92.
＊108　Pearson 1990: 77.
＊109　Subrahmanyam 2012: 201-202. また以下も参照。Marshall 1980: 22; Black 2004a: 216.
＊110　Andrade 2015, 2016.
＊111　Andrade 2016: 127-128.
＊112　Andrade 2016: 129-130.
＊113　Andrade 2016: 130.
＊114　Cipolla 1965; Clulow 2009.
＊115　Glete 2000: 77, 87; Richards 1993: 4, 68, 75; Alam and Subrahmanyam 1998: 13-16; Tagliacozzo 2002: 85; Washbrook 2004: 512.
＊116　Clulow 2014: 139.
＊117　Biedermann 2009: 276.
＊118　Headrick 2010: 76.
＊119　Chaudhuri 1985: 78; Gommans 2002: 77; Darwin 2007: 54.
＊120　Cipolla 1965: 138に引用されている。〔チポラ『大砲と帆船』、140頁。ただし訳文を一部改めた。〕
＊121　Clulow 2014: 2.
＊122　Swope 2009: 67.
＊123　Chaudhuri 1985: 78-79.
＊124　Phillips and Sharman 2015.
＊125　Biedermann 2009. この他に、ビルマとカンボジアでの不成功に終わった試みもあった。Subrahmanyam and Thomas 1990: 305; Subrahmanyam 2007: 1372.
＊126　Subrahmanyam 2012: 178.
＊127　Winius 1971: 76.
＊128　Winius 1971: 22.
＊129　Wickremesekera 2015.
＊130　Winius 1971: 33.
＊131　Wellen 2015: 460; Wickremesekera 2015: 289.
＊132　Guilmartin 1995: 316; Black 1998: 33.
＊133　Parker 1996: 131.〔パーカー『長篠合戦の世界史』、179頁。〕
＊134　Parker 1996: 130.
＊135　Parker 1996: 131.
＊136　Parker 1996: 14.
＊137　Parker 2002: 203.
＊138　Disney 2009: 302-305, 319-320; Subrahmanyam 2012: 202-206.
＊139　Subrahmanyam 1990.

第二章

＊1　Tilly 1985, 1992.
＊2　Tilly 1975, 1985, 1992; Downing 1992; Ertman 1997; Glete 2002.
＊3　Steensgaard 1973; Phillips and Sharman 2015.
＊4　例えば、North 1990a.
＊5　Erikson and Assenova 2015; Erikson 2014; Ward 2008; Weststeijn 2014; Stern 2009, 2011.
＊6　Stern 2006; Cavanagh 2011.
＊7　Galbraith 1970; Slinn 1971; Vail 1976; Neil-Tomlinson 1977.

＊59　Hassig 2006: 3.
＊60　Thornton 1999, 2011; Quirk and Richardson 2014; Pearson 1998; Cook 1994; Hess 1978.
＊61　Quirk and Richardson 2014.
＊62　Thornton 2011: 167.
＊63　Parker 1996: 136.
＊64　Thornton 2007: 148. また以下も参照。Vandervort 1998: 26; Lee 2015: 259.
＊65　Disney 2009: 28–30.
＊66　Disney 2009: 138.
＊67　Thornton 2011: 186.
＊68　Thornton 1999: 103–104.
＊69　Pearson 1998; Prestholdt 2001.
＊70　Thornton 2007: 145.
＊71　Pearson 1998: 131.
＊72　Casale 2010.
＊73　Disney 2009: 302; Casale 2010: 69; Headrick 2010: 144.
＊74　Casale 2010: 59–60; Black 1998: 35.
＊75　Thornton 2007: 153; Disney 2009: 166.
＊76　Pearson 1998: 144.
＊77　Isaacman 1972.
＊78　Subrahmanyam 2012: 205.
＊79　Thornton 2011: 187.
＊80　Vandervort 1998: 26. また以下も参照。Cipolla 1965: 141.
＊81　Parker 1996: 136.
＊82　Scammel 1989: 35–38; Thornton 2007: 148.
＊83　Bethencourt and Curto 2007; Disney 2009; Subrahmanyam 2012.
＊84　Guilmartin 1995: 313.
＊85　Thornton 1999: 23 and 29.
＊86　Disney 2009: 32.
＊87　Disney 2009: 302.
＊88　Prestholdt 2001: 398.
＊89　Headrick 2010: 143.
＊90　Thornton 1999.
＊91　Casale 2010: 72–74.
＊92　Andrade 2011: 7. また以下も参照。Clulow 2014: 4.
＊93　Subrahmanyam and Thomas 1990: 301.
＊94　Disney 2009: 130.
＊95　Tracy 1990: 5–6.
＊96　Subrahmanyam 1995: 756.
＊97　Disney 2009: 131.
＊98　Glete 2000: 80; Matthews 2015: 174–176.
＊99　Glete 2000: 79; Matthews 2015: 177.
＊100　Cipolla 1965.
＊101　Guilmartin 1995: 315.
＊102　Casale 2010: 69.
＊103　Marshall 1980: 18; Glete 2000: 81; Headrick 2010: 64 and 71.
＊104　例えば、Hoffman 2015.
＊105　Casale 2010: 70.

＊12　Tilly 1992; Glete 2002; Gat 2006; Lynn 2008; Parrott 2012; Hoffman 2015.
＊13　Thompson and Rasler 1999: 13.
＊14　van Creveld 1977; Hale 1986; Anderson 1988; Lynn 1994.
＊15　Clulow 2014: 4.
＊16　Cipolla 1965: 85.
＊17　Kamen 2002: 13. また以下も参照。Tyce 2015.
＊18　Kamen 2002: 95-96.
＊19　Hassig 2006; Kamen 2002; Restall 2003.
＊20　Restall 2003: 33-34.
＊21　Hoffman 2015: 9-12.
＊22　Headrick 2010; Hoffman 2015.
＊23　Roland 2016: 5-6.
＊24　Hoffman 2015: 8.
＊25　Guilmartin 1995: 312.
＊26　Lee 2011b: 4.
＊27　Thompson 1999: 163; Chase 2003: 80; Steele 1994: 8.
＊28　Headrick 2010: 97 and 114. また以下も参照。Guilmartin 1995: 311.
＊29　Restall 2003: 143.
＊30　Lee 2011b: 4.
＊31　Guilmartin 1995: 311-312.
＊32　Restall 2003: 32.
＊33　Hassig 2006: 53; Lee 2015: 256.
＊34　Matthew and Oudijk 2007; Asselbergs 2008.
＊35　Lee 2011b: 11.
＊36　Hassig 2006: 5.
＊37　Lockhart 1999: 99.
＊38　Hoffman 2015: 12. また以下も参照。Hassig 2006: 87; Glete 2000: 88.
＊39　Black 1998: 33-34; Headrick 2010: 95, 117.
＊40　Gat 2006: 483.
＊41　Disney 2009.
＊42　de Armond 1954: 126.
＊43　Headrick 2010: 115-120; Lee 2011b: 7.
＊44　de Armond 1954: 126; Padden 1957: 111.
＊45　de Armond 1954: 126.
＊46　de Armond 1954: 130.
＊47　Padden 1957: 111.
＊48　Padden 1957: 121に引用されている。
＊49　Restall 2003: 70-72; Steele 1994: 6-37.
＊50　Secoy 1953; Spicer 1967; Schilz and Worcester 1987.
＊51　Lee 2011a: 52; Charney 2004: 18-20.
＊52　Malone 1991.
＊53　Steele 1994.
＊54　Watt 2002.
＊55　Lee 2011a: 69; Chase 2003: 81.
＊56　Steele 1994.
＊57　Carlos and Lewis 2010.
＊58　Black 1998; Headrick 2010.

＊77　Charney 2004: 14-15; Kemper 2014: 26.
＊78　Reid 1982: 2.
＊79　Behrend 1999: 57-59.
＊80　Knight 1994.
＊81　Weigert 1996.
＊82　Vandervort 1998; Clayton 1999.
＊83　Wlodarczyk 2009.
＊84　Vandervort 1998.
＊85　Turner 1971.
＊86　Behrend 1999; Wlodarczyk 2009.
＊87　Weigert 1996.
＊88　Clayton 1999.
＊89　Wlodarczyk 2009.
＊90　Weigert 1996.
＊91　Behrend 1999; Weigert 1996.
＊92　Lan 1985.
＊93　Ellis 1999.
＊94　Gberie 2005; Wlodarczyk 2009.
＊95　Weigert 1996: 2.
＊96　Wlodarczyk 2009: 6, 35, 40; Ellis 1999: 261.
＊97　Ellis 1999: 264.
＊98　Wlodarczyk 2009: 14. また以下も参照。Behrend 1999: 60.
＊99　George and Bennett 2004: 122.
＊100　Behrend 1999: 8.
＊101　Thornton 1999.
＊102　Wlodarczyk 2009: 1.
＊103　Behrend 1999: 61; Weigert 1996: 59, 90, 102.
＊104　Vandervort 1998: 139.
＊105　Weigert 1996: 94.
＊106　Gberie 2005: 83.
＊107　Powell and DiMaggio 1991b: 13.
＊108　Meyer and Rowan 1977.
＊109　Meyer 2010.
＊110　Busse et al. 2010; Jenkinson et al. 2016; Chang et al. 2016; Pace et al. 2016.

第一章

＊1　Marshall 2005: 4.
＊2　Vandervort 1998: 1; Darwin 2007: 52.
＊3　Cook 1998.
＊4　Tucker 2012.
＊5　Lee 2015: 259-260; Gat 2006: 483.
＊6　Parker 1996: 23.
＊7　Roberts [1955] 1995: 14.
＊8　Parker 1996: 18.
＊9　Fuller 1954: 64.
＊10　Parker 1996: 24.〔パーカー『長篠合戦の世界史』、35頁。〕
＊11　Parker 1996: 24, 45.

Lawson 2013, 2015; Hoffman 2015.
*33　Pomeranz 2001; Marks 2002; Rosenthal and Wong 2011.
*34　Gray 2007: 85.
*35　Elman and Elman 1999, 2008.
*36　Thompson 1999; Spruyt 2005; MacDonald 2014.
*37　Black 2004b: x. 例外については、以下を参照。Thompson 1999; Hobson 2004; Barkawi 2005; MacDonald 2014; Anievas and Nişancioglu 2015.
*38　March and Olsen 1989, 1998; Powell and DiMaggio 1991b.
*39　Black 2004b: 3.
*40　Lee 2015: 2.
*41　Elster 1989: viii.
*42　Elster 2000: 693.
*43　Von Clausewitz, 2008: 101, 193.〔クラウゼヴィッツ『戦争論』上巻、96、275頁。ただし、英文に合わせて訳文を改めた。〕
*44　Hoffman 2015: 45 and 39.
*45　Rosen 1994.
*46　Brooks 2007: 1. 以下も参照。Rosen 1996.
*47　Andrade 2016: 271.
*48　March and Olsen 1998: 954. また以下も参照。Pierson 2003: 190-191.
*49　Lee 2015: 2. また以下も参照。Gat 2006: 448.
*50　Posen 1993: 82.
*51　Waltz 1979: 77.〔ウォルツ『国際政治の理論』、101頁〕
*52　Resende-Santos 2007: 6.
*53　Elster 2007: 274.
*54　Alchian 1950; Friedman 1953; Nelson and Winter 1982.
*55　Elster 1995: 404.
*56　Elster 2000: 693.
*57　Fazal 2007.
*58　Sharman 2015, 2017.
*59　すでに言及した著作に加えて、以下も参照。Keegan 1976; Hanson 1989.
*60　Meyer et al. 2006: 27-28. また以下も参照。Meyer 2010.
*61　Black 2004b: 169.
*62　Black 2004b: 233.
*63　Lynn 2008: xx.
*64　Black 2004b: 124; Lynn 2008: xxviii.
*65　Lee 2015: 6.
*66　ただし、この術語を考案したのはPowell and DiMaggio 1991aである。
*67　また以下も参照。Hassner 2016.
*68　Meyer and Rowan 1977.
*69　Meyer and Rowan 1977: 354.
*70　Powell and DiMaggio 1991b: 3.
*71　Parrott 2012: 259.
*72　Parrott 2012: 306.
*73　Parrott 2012: 309-310. また以下も参照。Thomson 1994; Lynn 2008: 139.
*74　Lynn 2008: 115.
*75　Eyre and Suchman 1996; Farrell 2005.
*76　Hassner 2016.

原注

序論

＊1　Andrade 2016: 119. また以下も参照。Roy and Lorge 2015: 1.
＊2　Diamond 1997.
＊3　Marshall 2005: 4. また以下も参照。Bull and Watson 1984; Dunne and Reus-Smit 2017.
＊4　Black 1998; Agoston 2005; Andrade 2016: 2-3; Rodger 2011: 119.
＊5　Roberts 1955 [1995]: 18.
＊6　Thompson and Rasler 1999.
＊7　Tilly 1985: 78.
＊8　McNeil 1982: 117, 143; Rogers 1995a: 7; Glete 2002: 7; Gat 2006: 447; Andrade 2016: 115-116; de la Garza 2016: 7-9.
＊9　Peers 2011: 83.
＊10　Brewer 1989.
＊11　Parker 1996: 4.〔パーカー『長篠合戦の世界史』、7頁〕
＊12　Glete 2000; Rose 2001; Guilmartin 1974, 2002, 2011; Rommelse 2011.
＊13　Parker 1990: 163.
＊14　この数値の出所については、以下を参照。Hoffman 2015: 3 footnote 5.
＊15　他にも多くの議論があるが、特に以下の議論を参照。Black 1991; Rogers 1995a; Glete 2002; Gat 2006; Parrott 2012.
＊16　例えば、Bryant 2006; Gat 2006; Hoffman 2015; Karaman and Pamuk 2010; Gennaioli and Voth 2015. 軍事革命論の持続的な影響力を指摘するものとしては、以下を参照。MacDonald 2014; Roy and Lorge 2015; Lee 2015; Andrade 2016.
＊17　Kennedy 1988; North and Thomas 1973; North 1990a.
＊18　Mann 1986; Hanson 1989; 2002; Keegan 1993; Diamond 1997; Jones 2003; Ferguson 2011.
＊19　Chase 2003; Hoffman 2015.
＊20　例えば、Buzan and Little 2000: 246-250.
＊21　Thompson 1999.
＊22　MacDonald 2014: 18.
＊23　North 1990b: 24.
＊24　Anievas and Nişancioglu 2017: 48.
＊25　この点を指摘してくれた匿名レビュアーの一人に感謝する。
＊26　Frank 1998; Keene 2002; Hobson 2004, 2012.
＊27　Andrade 2011: 7.
＊28　これに対する批判については、以下を参照。Lemke 2003; Hobson 2004, 2012; Kang 2003, 2014; Hui 2005; Johnston 2012; Suzuki 2009; Zarakol 2010; Barkawi 2005, 2017; Dunne and Reus-Smit 2017; Go and Lawson 2017.
＊29　Black 2004b; Subrahmanyam 2006; Thornton 1999; Suzuki et al. 2014.
＊30　Lorge 2008: 7.〔ロージ『アジアの軍事革命』、7頁。ただし訳文を一部改めた。〕また以下も参照。Black 2004b: 153.
＊31　Frank 1998.
＊32　Pomeranz 2001; Bayly 2004; Glete 2002; Gat 2006; Darwin 2007; Headrick 2010; Buzan and

訳者あとがき

本書は Jason C. Sharman, *Empires of the Weak: The Real Story of European Expansion and the Creation of the New World Order*（Princeton: Princeton University Press, 2019）の全訳である。ただし、誤植等については著者と相談して修正しているため、必ずしも訳文が原文と一致しないことに注意されたい。（……）および［……］は著者による補足説明、〔……〕は訳者による補注や訳注である。なお、読者の便のために地図を追加した。

著者について

ジェイソン・C・シャーマン（Jason Campbell Sharman）は、国際的な資金洗浄《マネー・ロンダリング》や政治腐敗、タックス・ヘイヴンに関するグローバル・ファイナンス規制に加えて、近世の国際関係を専門とする政治学者である。ケンブリッジ大学政治・国際関係学科（POLIS）のサー・パトリック・シーヒー国際関係論教授であり、二〇一八年から同学科長を務めている。米国イリノイ大学アーバナ・シャンペーン校で博士号を取得したのち、ブルガリア・アメリカン大学、オーストラリアのシドニー大学およびグリフィス大学で教鞭を執った。

当初は東欧の共産主義国を研究対象とし、最初の著書は博論を基にした *Repression and Resistance in Communist Europe*（London: Routledge Curzon, 2003）である。その後、国際的な資金洗浄や政治腐敗、タックス・ヘイヴンに研究の軸足を移し、共著を含めて多数の論文や著書を出版している。この問題に関してはコンサルタントとして世界銀行や国連にも協力している。

二〇一〇年代半ばから歴史上の国際システムの研究に関心を向けており、ここで訳出した『〈弱者〉の帝国』とは別に、豪クイーンズランド大学准教授のアンドルー・フィリップス（Andrew Phillips）と共著で *International Order in Diversity: War, Trade and Rule in the Indian Ocean* (Cambridge: Cambridge University Press, 2015)〔『多様性の中の国際秩序』（未邦訳）〕および *Outsourcing Empire: How Company-States Made the Modern World* (Princeton: Princeton University Press, 2020)〔『帝国のアウトソーシング』（未邦訳）〕を出版している。

いずれの著作も、従来の国際関係論の研究があまり目を向けてこなかったテーマを扱う。例えば『多様性の中の国際秩序』では、多様なアクターが共存する国際秩序が近世のインド洋でどのようにして登場し、またなぜ長期にわたって存続したのかを、「差異」（difference）、「一致」（congruence）、「現地化」[*1]（localization）という三つの要素を用いて説明する。一方、『帝国のアウトソーシング』では、近世の国際政治の研究でしばしば無視されている「会社国家」（company-state）に着目し、この公私ハイブリッドの重要なアクターの比較研究を試みている。

シャーマンは、規範や理念、信条、認識などの概念的要素の作用を重視し、国際関係における主体《エージェント》と構造《ストラクチャー》の相互作用に焦点を当てるコンストラクティヴィズム（構成主義）の立場をとる。[*2] 具体的な研究アプローチについては、『多様性の中の国際秩序』第一章において、リアリズムとラショナリズム、コンストラクティヴィズム、社会学的制度主義（sociological institutionalism）を対比しながら明らかにしている。『多様性の中の国際秩序』の結論部において示唆される論点を発展させ、対象を拡大しつつ、（二次文献に依拠して）実証を試みたのが『〈弱者〉の帝国』である。

『〈弱者〉の帝国』

なぜ西洋は「勃興」し、東洋は「没落」したのだろうか？　これは世界史上で最大の問いと言っても過言ではない。ウォーラーステインの世界システム論に端を発し、主に経済史の観点から西洋の勃興を説明ないし相対化しようとする議論は、現在のグローバル・ヒストリーの潮流の一つとなっている。これと深く関わるのが、東洋に対する西洋の軍事的優位をめぐる議論である。

ヨーロッパ諸国が一五〇〇年以降に非ヨーロッパ諸国に対して軍事的優位に立ち、それが西洋の勃興をもたらしたという理解は、歴史学だけでなく国際関係論の分野でも根強く残っている。その根拠となる軍事革命論は、もともと一九五〇年代にマイケル・ロバーツが提唱したものであるが、その後ジェフリー・パーカーが西洋の勃興と結びつけて世界史的な議論へと発展させ、歴史学における重要な論点の一つとなった。[*3]日本でも、少なくとも西洋史学分野においては、こうした見解は広く受け入れられている。[*4]

『〈弱者〉の帝国』は、歴史学と国際関係論を横断する学際的な視点からこうした見解に異を唱え、通説的理解を批判する論争の書である。著者は、ヨーロッパ人が海外で用いた戦争方式は、軍事革命の結果としてヨーロッパに登場した戦争方式（新兵器の導入にともなう新戦術、大規模な軍隊、またそれを支える洗練された国家機構など）とは異なっていることを指摘する。例えば、マスケット銃兵の斉射はヨーロッパ外ではほとんど用いられず、軍隊の規模も小規模に留まったし、多くの場合において拡大の尖兵となったのは私的な部隊であって国家の軍隊ではなかった。したがって、海外での戦術や軍隊の規模、組織のいずれも、軍事革命論の類型に合致していないのである。

少数の有名な勝利を根拠としてヨーロッパの全般的な軍事的優位が存在したとされているが、こうした勝利は例外的な事例に過ぎない。ヨーロッパの外の政体と衝突した際には、ヨーロッパ人は往々にして敗北を喫することになった。より強大なアジアの諸帝国に対しては、恭順や服従という姿勢をとるのが一般的であった。ヨーロッパ人はほとんど常に現地人の支援者や同盟者を必要としたし、ヨーロッパにおいてさえ一八世紀まで非ヨーロッパ人に対して軍事的優位に立っていなかった。

しかし、ヨーロッパ人の勢力圏が徐々に拡大したことは事実である。著者は、このヨーロッパ拡大は決してヨーロッパ人による支配や征服と同義ではないと指摘する。海洋における拠点や権益を追求するヨーロッパ人と、陸上の領土と人の支配を重視する現地政体との間には相補的な選択の一致があり、荒削りな共存が可能となったのである。『〈弱者〉の帝国』という表題には、まさにこうしたヨーロッパ人の「弱さ」を強調する意図が込められていると言えよう。

以上の主張を裏付けるために、著者は地理的にも時期的にも多様な事例をとりあげている。第一章で扱うのは、イベリア半島人の経験、すなわち南北アメリカ大陸を征服したスペイン人およびアフリカから中東、東アジアにいたる海洋ネットワークを築き上げたポルトガル人の経験である。第二章では、著者が「主権会社」と呼ぶオランダとイギリスの東インド会社のアジア全域における活動を扱う。第三章では、ヨーロッパおよび北アフリカにおけるオスマン帝国とヨーロッパ諸国の対立に焦点が当てられる。

このように、自身が依拠する国際関係論の枠組みを背景に、近年の歴史学の知見を取り入れた大きな物語を提示したうえで、著者は自身の議論の妥当性を検証するために、一八世紀半ば以降の変化についても選択的に概観する。著者は一八世紀半ば以降の産業革命を経て西洋と東洋の勢力バランスが大きく変化した（それ以前は両者の経済発展の度合いに大きな差はなかった）という「大分岐」論の立場をとるが、[*5]同時に西洋の軍事的優位は長期的にみれば一時的なものだと指摘する。脱植民地化と対反乱戦争を経た二一世紀の視点からすれば、現在形をとりつつある多極的なグローバル国際秩序は過去の歴史的実態への回帰に過ぎない、という主張である。[*6]

本書の議論は東洋に対する西洋の軍事的優位の再考を迫るものであるが、これは同時にヨーロッパにおける軍事革命の相対化にもつながる。すなわち、近代国家の典型とされるものを生み出したヨーロッパでの発展の道筋は、普遍的でも必然的でもなかったかもしれないのである。軍事革命論に対しては、さまざまな研究者によって個別的な批判が積み重ねられており、本書は歴史学者だけでなく社会科学者や一般読者向けにこれらの批判を総合するグローバルな物語を描き出している。

ヨーロッパ中心主義を超えて

軍事革命が近世における西洋のグローバルな覇権の原動力だったというテーゼの論拠が薄弱だとすれば、このテーゼが影響力を持ち続けている理由は何なのだろうか？　著者は、場所と時のバイアスが認識を歪めていると指摘する。

場所のバイアスとは、ヨーロッパにおける一連の出来事を普遍的かつ必然的な因果関係として解釈するヨーロッパ中心主義である。軍事革命論はヨーロッパという一地域の証拠に依拠して導き出された議論であって、ヨーロッパで観測された軍事や制度の発展の道筋が歴史的規範であると想定する。

時のバイアスとは、歴史家にとってなじみ深い時期区分の問題である。いつからいつまでを分析の対象とするかは、研究者が描き出す物語の枠組みを規定する。「西洋の勃興」をめぐる議論は、しばしば西洋が東洋に対して圧倒的優位に立っていた一九世紀から二〇世紀半ばを結末として、この結末にいたる変化を辿るという目的論の性質を帯びている。それ以前の歴史は、西洋の勝利という時代錯誤の色眼鏡を通して解釈されてしまうのである。

しかし、他の地域に目を向けることで、歴史的発展における偶然性および因果関係の複雑さを強調することになり、ヨーロッパにおける軍事革命や近代国家の誕生などに新しい光を当てることができる。また脱植民地化を経た二一世紀の視点から歴史を振り返れば、従来とは異なる歴史像が見えてくる。

こうした視点は、日本の歴史学の文脈では決して目新しいものではないかもしれない。何となれば、「日本の歴史研究者は、第二次世界大戦終了後かれこれ五〇年以上に亘ってヨーロッパ中心史観の克服に取り組んできた」のである。[*7]また、国際関係論や国際政治学の文脈でも、最近の欧米におけるヨーロッパ中心主義批判が紹介され、批判的に受容されているようだ。[*8]しかし、一般的な世界史像という点では日本にもヨーロッパ中心主義が根強く残っているとされ、近年では新しい世界史の構築を目指す動きが加速している。[*9]

歴史学と社会科学の架橋

また著者は、歴史学と社会科学の架橋を強く意識している。[*10]著者によれば、歴史家と社会科学者の間には溝があると一般的に考えられているが、軍事革命とヨーロッパ拡大の結びつきに関する両者の議論は非常に類似しているという。著者の議論は歴史学の著作に大幅に依拠しており、歴史学の知見を社会科学者に紹介することが意図されている。

その一方で、社会科学から歴史学への貢献として、著者は組織や制度の変化をもたらすメカニズムを検討する。歴史家はしばしば学習と淘汰という社会科学的モデルに暗黙のうちに依拠する傾向があるが、実際には学習や淘汰を通じて組織や制度が効率的なものに収斂していくとは限らない。むしろ最近注目されている「非対称戦」が示唆するように、模倣ではなく差異化こそが非ヨーロッパ人に勝利をもたらすことすらあったのである。

学習や淘汰の代わりに、著者は軍事史や社会科学における文化的アプローチを踏まえた文化的モデルを提唱する。あらゆる時代のアクターは必ずしも合理的に行動するとは限らないし、軍事競争を通じて非効率な組織が淘汰されるための条件を満たすのは難しい。本文中の魔術による防弾という事例が示すように、文化的環境は「各アクターがそれを通して世界を、また構造、行動、思考のカテゴリそのものを見るレンズ」を作り出し、アクターの見解や行動を強く規定している。文化という要素に着目することにより、なぜ人々は戦場における因果関係を誤解し、誤った教訓を引き出してしまうのかを説明することができるのである。

訳語について

いくつかの訳語について、若干の説明を加えておきたい。英蘭両国の東インド会社に代表されるcompany sovereignはシャーマンとフィリップスの造語であって、基本的には史料に登場する歴史用語ではない。[*11] イギリス帝国史家フィリップ・スターン（Philip J. Stern）が用いるcompany-state（会社国家）という表現を踏まえて、「会社の形態をとる主権体」という性格を強調する意図と思われるが、本書では簡単に「主権会社」と訳出した。ただし、『帝国のアウトソーシング』ではこの表現は使われておらず、その代わりにスターンの「会社国家」を採用している。その意図を著者に問い合わせたが、これは主に表現上の選択である（company sovereignという用語を放棄したわけではない）との回答を得ている。

本書に登場するヨーロッパのアクターの多くは非国家主体であり、「ヨーロッパ人」や「オランダ人」など「〇〇人」という表現が頻出する。これに対応する形で、「ムガル人」や「オスマン人」などの表現も登場する。厳密には、近世のムガル帝国やオスマン帝国は多民族帝国であり、近現代的な意味合いでの民族アイデンティティは存在しない。歴史学においては、それぞれ人種や民族としての一体性や、国民としてのアイデンティティがいつ成立したのかなどを含めて議論があり、注意を要する用語である。しかし、政治学者である著者はそこまで厳密な議論に立ち入らず、「ムガル帝国の人々」「オスマン帝国の人々」などの一般的な意味でこれらの用語を用いているようである。したがって本訳書でも特に細かく区別することなく一般的な表現を用いたが、通称であることにご留意いただきたい。

また現在イギリスと呼ばれているのは、実際にはイングランド、スコットランド、ウェールズ、(北)アイルランドという四つの地域からなる連合王国である。一七〇七年の合同法により、イングランドとスコットランドが合同して「グレート・ブリテン王国」が誕生する。歴史学においては、これ以前については「イングランド(人)」や「スコットランド(人)」などを明確に区別し、これ以後については「イギリス(人)」と総称するのが一般的である。著者もこの観点からEnglish/Britishを使い分けており、本訳書でもイングランド(人)とイギリス(人)を訳し分けた。ただし、特許会社についてはしばしばこの時期区分をまたいで存続しているため、慣例に従って、例えば「イギリス東インド会社」とした。

社会科学の術語については原語を示すとともに、必要と思われる場合には説明を加えた。

＊＊＊

二〇一九年二月に出版された本書は、著者の狙い通りに論争を引き起こしているようだ。訳者が確認した限りで、新聞等での書評に加えて、多分野の学術誌にすでに一〇本以上の書評が掲載されている。大半は著者の試みを好意的に評価しているが、本書のように大きな物語を描く著作にしばしば寄せられる――妥当かつ重要な――批判もある。[*12] しかし本書が刺激的な著作であることは間違いなく、訳者としては世界史像をめぐる日本の議論に一石を投じることを期待している。

謝辞

本訳書の刊行に当たっては多くの方にお世話になった。著者のジェイソン・C・シャーマン氏には、多忙のなか誤植等に関する訳者の問い合わせに素早くご対応いただいた。マンチェスター大学の鈴木章悟氏には、英語著書からの引用箇所の翻訳をご確認いただいた。広島大学の薩摩真介氏、防衛省事務官の中西杏実氏には、今回も校正中の原稿に目を通していただき、多数の有益なコメントをいただいた。担当編集者の登張正史氏には、コロナ禍の影響を受けるなかで柔軟に対応していただいた。謹んで謝意を表したい。

二〇二〇年一一月　二度目のロックダウン下のロンドンにて

矢吹　啓

＊1　現地の状況に適合するよう国際規範が修正されることを指す。国際関係論の文献では他に「地域化」「在地化」「ローカル化」などの訳語が用いられている。

＊2　コンストラクティヴィズムについては、大矢根聡編『コンストラクティヴィズムの国際関係論』（有斐閣、二〇一三年）を参照。また政所大輔・赤星聖「コンストラクティビズム研究の先端——規範のライフサイクル・モデルを越えて」『神戸法学雑誌』第六七巻第二号（二〇一七年九月）、一四七〜七八頁は、近年の研究動向を紹介する。

＊3　古谷大輔「軍事革命」金澤周作監修『論点・西洋史学』（ミネルヴァ書房、二〇二〇年）、一六六〜六七頁も参照。同書では、この他にも「世界システム論」「スペイン帝国論」「オランダの黄金時代」「ヨーロッパとオスマン帝国」「財政軍事国家論」「大分岐」など、本書の議論に関連するさまざまな論点が各二頁で簡潔に紹介されている。

＊4　例えば、玉木俊明『ヨーロッパ覇権史』（ちくま新書、二〇一五年）、第一章「軍事革命と近代国家」。また福

井憲彦『近代ヨーロッパの覇権』（講談社学術文庫、二〇一七年）も、「火砲製造や要塞構築の技術は、ポルトガルやスペインが海外進出を本格化したころには、武力の点でヨーロッパに、非ヨーロッパ世界にたいする圧倒的有利な地位をあたえはじめていた」（四七頁）と述べる。

＊5　大分岐については、ケネス・ポメランツ著／川北稔監訳『大分岐――中国、ヨーロッパ、そして近代世界経済の形成』（名古屋大学出版会、二〇一五年）を参照。

＊6　アンドレ・グンダー・フランク著／山下範久訳『リオリエント――アジア時代のグローバル・エコノミー』（藤原書店、二〇〇〇年）、五二四～二八頁も同様の指摘をしている。

＊7　羽田正「新しい世界史とヨーロッパ史」『パブリック・ヒストリー』（二〇一〇年二月）、四頁。

＊8　例えば、遠藤誠治「序論　歴史的文脈の中の国際政治理論」『国際政治』第一七五号（二〇一四年三月）、七～八頁や山下範久・安高啓朗・芝崎厚士編『ウェストファリア史観を脱構築する――歴史記述としての国際関係論』（ナカニシヤ出版、二〇一六年）などを参照。

＊9　近年「ヨーロッパ中心主義」や「西洋中心主義」から脱却した世界史を謳う著作の刊行が相次いでいる。例えば、羽田正『新しい世界史へ――地球市民のための構想』（岩波新書、二〇一一年）を参照。

＊10　社会科学と歴史学を架橋する一つの方法を論じる邦語著作として、保城広至『歴史から理論を創造する方法――社会科学と歴史学を統合する』（勁草書房、二〇一五年）がある。

＊11　ただし、sovereign company という表現は一八世紀末～一九世紀の文献に登場する。

＊12　例えば、英語の二次文献しか参照していない、事例を選択的に取り上げている、議論を単純化ないし誇張している、など。世界史を専門とするユルゲン・オスターハンメルによる書評は、訳者が目を通したなかでは最も痛烈に本書を批判しており、一読に値する。Jürgen Osterhammel, "J. Sharman, J.C.: Empires of the Weak. The Real Story of European Expansion and the Creation of the New World Order, 216 S., Princeton UP, Princeton, NJ/Oxford 2019," *Neue Politische Literatur* 65 (2020): 302-304.

ヤ行

ラ行

ワ行

マ行

ナ行

ハ行

タ行

サ行

カ行

索　引

英記号

ア行

著　者

ジェイソン・C・シャーマン　Jason C. SHARMAN

1973年生まれ。国際的な資金洗浄（マネー・ロンダリング）や政治腐敗、タックス・ヘイヴンに関するグローバル・ファイナンス規制に加えて、近世の国際関係を専門とする政治学者。ケンブリッジ大学政治・国際関係学科（POLIS）のサー・パトリック・シーヒー国際関係論教授および同学科長。米国イリノイ大学アーバナ・シャンペーン校で博士号を取得したのち、ブルガリア・アメリカン大学、オーストラリアのシドニー大学およびグリフィス大学で教鞭を執る。授賞多数。英国学士院（ブリティッシュ・アカデミー）フェロー。主な著書は *International Order in Diversity: War, Trade and Rule in the Indian Ocean* (2015)、*The Despot's Guide to Wealth Management* (2017)、*Outsourcing Empire: How Company-States Made the Modern World* (2020)など。

訳　者

矢吹啓（やぶき・ひらく）

東京大学大学院博士課程満期退学（西洋史学）。キングス・カレッジ・ロンドン戦争研究科博士課程留学。訳書に『近代戦争論』『第二次世界大戦』『海戦の世界史』『マハン海戦論』『コーベット海洋戦略の諸原則』、研究業績として「二十世紀初頭の英国海軍史における修正主義——フィッシャー期、1904～1919」『歴史学研究』第851号（2009年）、"Britain and the Resale of Argentine Cruisers to Japan before the Russo-Japanese War," *War in History*, Vol. 16, No. 4 (November 2009)、「ドイツの脅威——イギリス海軍から見た英独建艦競争、1898～1918」『ドイツ史と戦争——「軍事史」と「戦争史」』（三宅正樹・石津朋之他編、2011年）など。

装　幀　中央公論新社デザイン室

〈弱者《じゃくしゃ》〉の帝国《ていこく》
——ヨーロッパ拡大《かくだい》の実態《じったい》と新世界秩序《しんせかいちつじょ》の創造《そうぞう》

2021年1月25日　初版発行

著　者　ジェイソン・C・シャーマン
訳　者　矢《や》吹《ぶき》　啓《ひらく》
発行者　松田陽三
発行所　中央公論新社
〒100-8152　東京都千代田区大手町1-7-1
電話　販売 03-5299-1730　編集 03-5299-1740
URL http://www.chuko.co.jp/

ＤＴＰ　嵐下英治
印　刷　大日本印刷
製　本　小泉製本

Published by CHUOKORON-SHINSHA, INC.
Printed in Japan　ISBN978-4-12-005373-3 C0031

神と金《カネ》と革命がつくった世界史

キリスト教と共産主義の危険な関係

竹下節子 著

偶像崇拝なくして歴史はつくられなかった。「普遍」を標榜する神と金と革命思想は、理想を追求する過程で偶像化され共闘や排斥を繰り返す。壮大な歴史から三すくみのメカニズムを解明する

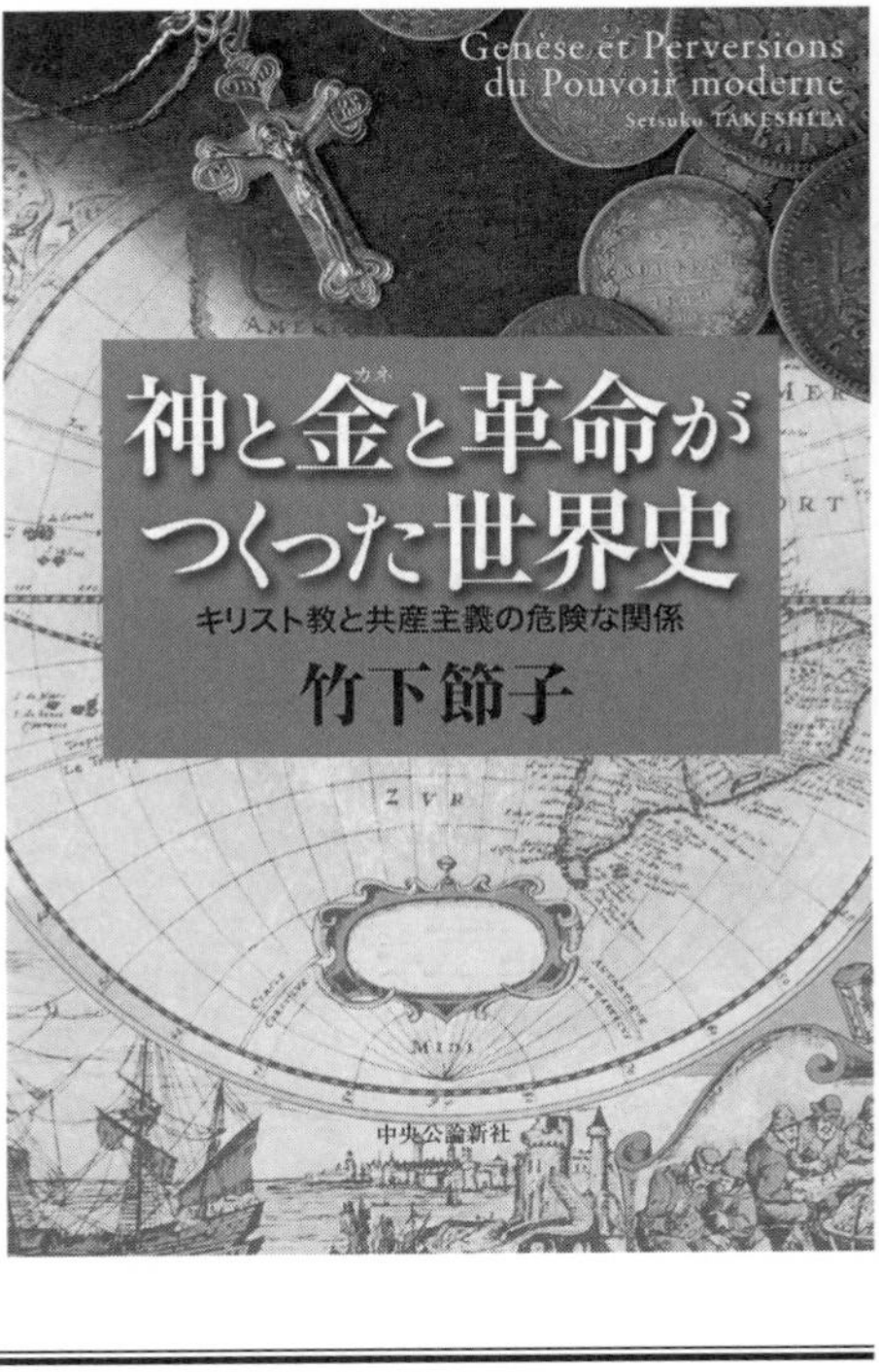

第一章　キリスト教の神と金
　一　自然法思想と神
　二　神から金へ
　　　コラム　この世の富の意味

第二章　神と革命
　一　ロシア革命とキリスト教
　二　ラテン・アメリカでの共闘
　三　ヨーロッパの場合
　四　神の生き延び方
　　　コラム　革命から神へそして金へ

第三章　三位一体
　一　シャルル・ペギー
　二　エリック・サティ
　三　岡本公三の場合
　四　ガイヨー司教

第四章　近代日本の革命とキリスト教
　一　近代日本とキリスト教
　二　近代日本と社会主義
　三　明治日本と信教の自由
　　　コラム　日本的無宗教の裏事情

第五章　東アジアの神と革命
　一　孔教論争
　二　朝鮮半島と孔教

終章　仮置きの神

海戦の世界史

Naval Warfare: A Global History since 1860 by Jeremy Black

技術・資源・地政学からみる戦争と戦略

ジェレミー・ブラック 著／矢吹 啓 訳

甲鉄艦から大艦巨砲時代を経て水雷・魚雷、潜水艦、空母、ミサイル、ドローンの登場へ。技術革新により変貌する戦略と戦術、地政学と資源の制約を受ける各国の選択を最新研究に基づいて分析する海軍史入門

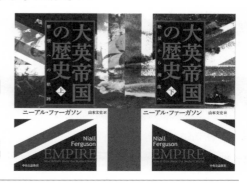